인도어(힌디어) 회화 첫걸음

김 우 조 지음

EBS FM 주파수 안내

수도권	104.5Mhz	태백/영월	107.1Mhz	여수/순천	106.3Mhz
부산	107.7Mhz	원주	104.9Mhz	거창	104.7Mhz
대구	105.1Mhz	충주	104.1Mhz	안동	107.7Mhz
광주	105.3Mhz	청주	104.1Mhz	포항	106.7Mhz
대전	105.7Mhz		105.1Mhz	창원	104.3Mhz
	107.9Mhz	서산/공주	102.3Mhz	진주	101.5Mhz
울산	105.9Mhz	전주/군산	106.9Mhz	양산	105.7Mhz
춘천	106.5Mhz	남원	107.5Mhz	제주	107.3Mhz
강릉/속초	104.9Mhz	목포	106.7Mhz	서귀포	104.9Mhz

EBS 방송 시간표

시간	월	화	수	목	금	토
AM: 1시20분 ~ 1시40분	몽골어	몽골어	태국어	태국어	인도어	인도어
AM: 1시40분 ~ 2시	프랑스어	프랑스어	스페인어	스페인어	독일어	독일어

입에서 톡(talk) 인도어(힌디어)

초판 인쇄 : 2011년 8월 16일

초판 발행 : 2011년 8월 20일

저　　자 : 김 우 조

기획·방송 : EBS 한국교육방송공사

발 행 인 : 서 덕 일

발 행 처 : 도서출판 문예림

등　　록 : 1962. 7. 12　제2-110호

주　　소 : 서울특별시 광진구 군자동 1-13 문예하우스 101호

전　　화 : (02)499-1281~2

팩　　스 : (02)499-1283

http://www.bookmoon.co.kr, www.ebs.co.kr

E-mail : book1281@hanmail.net

ISBN 978-89-7482-609-3 (13790)

머 리 말

이전에는 많은 사람들이 주로 인도의 문화에 관심을 보였습니다. 그러나 인도가 세계 2대 신흥경제대국으로 부상하면서 사람들은 주로 인도 경제를 떠올리게 되었습니다. 인도에서 생활하고 인도인과 지속적인 관계를 유지할 실질적인 이유가 생긴것입니다. 이와 함께 인도의 언어를 배우려는 사람들이 증가하는 것이 세계적인 추세입니다. 이때, EBS에서 인도어(힌디어) 방송을 기획한 것은 매우 시의적절하다고 생각합니다.

이 교재는 인도어(힌디어)를 처음 배우는 사람들을 대상으로 총 19개의 테마와 52강으로 구성되었습니다. 기본대화(वार्तालाप)는 인도인과 인도문화의 특성을 잘 드러낼 수 있는 맥락에서 인도어(힌디어)의 기본 문형이 다루어지도록 만들었습니다. 어휘(शब्दावली)는 기본대화에 나와 있는 단어의 형태를 그대로 가져다 풀이하였고, 여성명사 뒤에는 🔥를 붙여 주었고 아랍어-페르시아어에서 온 어휘는 눅끄따(नुक्ता, 점)를 표시하였습니다. 그리고 한 단어의 같은 뜻은 ,(숨표)로 다른 말뜻이나 품사는 :(콜론)을 사용하여 구별하였습니다. 표현설명(अभिव्यक्तियाँ)에서는 주요 문형을 중심으로 어휘, 다른 표현법 등을 설명하였고 문법(व्याकरण)에서는 기본대화에 나와 있는 문법적인 사항 중에서 하나를 중점적으로 다루었습니다. 주요 문형을 다루었을 때 연습문제(अभ्यास)를 넣었고, 그 외에는 다른 표현이나 활용에 관한 내용 등을 팁(टिप)에서 보충했습니다. 문화정보(सांस्कृतिक जानकारी)에는 기본대화에 나오는 내용과 관련된 내용을 현지에서 촬영한 사진들과 함께 다루어 인도 문화와 사회에 대한 이해가 가능하도록 구성했습니다. 독자의 편의를 위해 힌디어 음역을 하였고 음역의 기준은 힌디어의 문자와 조음을 참조하시기 바랍니다. 또한 문장에서도 성을 구별하기 위해 [남성/ 🔥여성]으로 표시하였고, 주요 어휘들은 정리하여 부록으로 만들어 넣었습니다.

다양한 독자의 시각을 고려하여 이 교재를 만들려고 노력했습니다. 그럼에도 문법 용어를 많이 사용할 수 밖에 없었습니다. 고기를 몇 마리를 던져 놓은 것보다는 고기 낚는 법을 알려드리고 싶었기 때문입니다. 그러나 이러한 점들이 인도어(힌디어)로 들어가는 길목에 걸림돌이 되지 않기를 바랍니다. 한 나라의 언어를 안다는 것은 그 나라사람들의 마음의 문을 여는 열쇠를 갖고 있다는 것을 의미합니다. 꼭 여러분이 이런 열쇠를 갖게 되시길 소망합니다.

마지막으로 어려운 여건에서 인도어(힌디어)방송을 결단하신 EBS당국자, 팔에 통증을 느끼면서도 열정적으로 사진을 찍으시던 EBS의 왕PD 김성숙 선생님, 문예림의 서덕일 사장님과 Sun & Media의 여러분들께 감사 드립니다. 이 교재가 나오는데 도움을 주신 K.S. Chauhan, R. Gargesh 교수님과 녹음에 협조해 준 인도친구들에게도 감사의 마음을 보냅니다. 또한 춘호, 용정, 민하, 동원, 신혜에게도 고맙다는 말을 전하고 싶습니다. 특히 동원의 수고는 결코 잊을 수 없을 것입니다. 마지막으로 묵묵히 격려해주는 오빠들, 기도로 내내 함께 하셨던 목사님들 그리고 나의 힘이 되신 하나님께 감사 드립니다.

2011.8.

김우조

अनुक्रम

힌디어의 문자와 조음

힌디어는 인도유럽어족의 인도–이란어파에 속하며 데브나그리(**देवनागरी**)문자를 쓰는 언어입니다. 데브나그리문자는 모두 46자로 모음 11개와 자음 35개로 이루어진 표음문자입니다. 이 책에서는 힌디어의 소리를 되도록 원음에 가깝게 표기하려고 한글의 서체와 조합을 일부 변경하였으니 주의해서 보시기 바랍니다.

1. 모음 11개

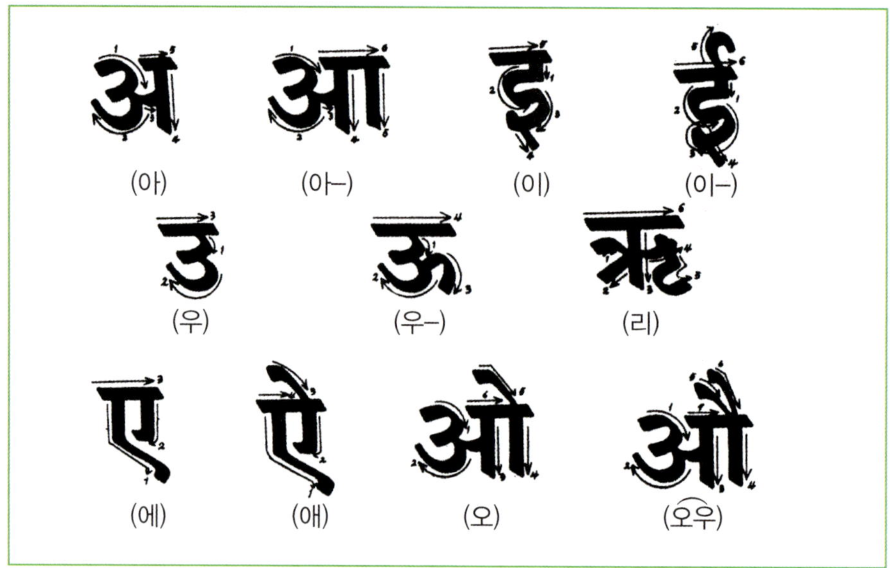

※번호와 화살표에 따라 문자를 쓰시면 됩니다.

관례적으로 모음에 들어가 있지만 자음 r(**र**)과 모음 i(**इ**)의 결합인 **ऋ**(리)를 제외한 10개의 모음을 혀의 높낮이에 따라 고모음, 중모음, 저모음으로 또한 혀의 앞뒤의 위치에 따라 전설모음, 중설모음, 후설모음으로 나누어 볼 때 다음과 같이 표로 나타낼 수 있습니다.

	전		중		후	
고	ई(이—)	ई̃(잉̃—)			ऊ̃(웅̃—)	ऊ(우—)
	इ(이)	इ̃(잉̃)			उ̃(웅̃)	उ(우)
중	ए(에)	ए́(엥̃)			ओ̃(옹̃)	ओ(오)
	ऐ(애)	ऐ̃(앵̃)	अ(아)	अ̃(앙̃)	औ̃(오웅̃)	औ(오우)
저					आँ(앙̃—)	आ(아—)

혀를 입천장에 가장 가까이에 높이 올려 발음하는 ई(이-), ऊ(우-)와 이것 보다 약간 낮은 इ(이) उ(우)가 고모음에 해당합니다. 혀의 높이가 중간보다 약간 높은 위치에서 발음되는 ए(에)와 ओ(오), 혀의 위치가 중간보다 다소 낮은 위치에서 발음되는 ऐ(애), औ(오우), अ(아)가 중모음입니다. 그리고 혀의 위치가 가장 낮은 곳에서 발음되는 आ(아-)가 저모음에 해당됩니다. 🎧

혀의 앞부분이 경구개와 작용하여 발음되는 전설모음에는 ई(이-), इ(이), ए(에), ऐ(애)가 있고, 혀의 뒷 부분이 연구개와 작용하여 발음되는 후설모음에는 ऊ(우-), उ(우), ओ(오), औ(오우), आ(아-)가 해당됩니다. 혀의 중앙 부분이 경구개의 뒤쪽과 작용하여 발음되는 중설모음에는 अ(아)가 있습니다. 🎧

(1) 관례적으로 모음에 들어가 있는 ऋ(리)를 제외하면 모음의 순서는 대략적으로 아, 이, 우, 에, 오입니다. 아, 이, 우는 단, 장모음으로 구별되어 있습니다(여기에서는 장모음을 – 로 표기하였습니다). 우리말에서는 장–단모음의 구별이 거의 없어졌는데, 힌디어의 생명은 장–단모음을 구별하는 데 있습니다. 특히 아, 이, 우의 경우에는 상응하는 장–단모음이 있으니 더욱 신경을 써야 하겠습니다. 단모음은 빠르고 짧게 끊어주며 अ(아), इ(이), उ(우)라고 발음하고, 장모음은 입 모양을 크고 분명하게 만들어 주면서 आ(아-), ई(이-), ऊ(우-)라고 발음하면 그 입 모양을 만드는 데 지연하는 시간에 저절로 장모음을 발음하게 됩니다. 🎧

(2) अ(아)의 실제 음은 우리말의 /어/와 /아/의 중간발음이므로 /어/에 가깝게 발음되는 경우도 있습니다.

(3) ऋ(리)는 자음 र(라)와 모음 इ(이)가 결합된 것으로, 순수한 모음이라고 보기 어렵습니다.

(4) ए(에), ऐ(애), ओ(오), औ(오우)도 하나의 장모음이며, औ(오우)음은 /오우/를 빠르게 이어 발음하여 하나의 장모음으로 발음하셔야 합니다. (편의상 장모음 표시, (–)를 장–단음 구별의 표기가 불가능한 아, 이, 우에만 첨가하기로 합니다.)

(5) ऐ(애)와 औ(오우)가 중모음으로 사용될 때도 있습니다. ऐ(애)의 뒤에 य(야)가 오면 ऐ(애)는 /아이/로 발음되고[예: भैया바ʰ이야-; 형제], औ(오우)의 경우, 뒤에 व(바)가 뒤에 오면 중모음, /오우/로 발음되기도 합니다[कौवा꼬우와-; 까마귀].

(6) 힌디에는 코를 통해 발음되는 비모음도 있습니다. 비모음은 '짠드르 빈두'(̃)로 표기합니다.

🎧 अँ(앙̃), आँ(앙-̃), इँ(잉̃), ईँ(잉-̃), उँ(웅̃), ऊँ(웅-̃), एँ(엥̃), ऐँ(앵̃), ओँ(옹̃), औँ(오우)

이 발음도 우리말에는 없기 때문에 조심하여야 합니다. (여기에서는 비모음을 'ㅇ̊'로 표기했습니다. 예를 들면, मैं(맹)는 맹으로, हाँ(항-)은 항-으로 표기되어 있습니다. 이 책에서 '~'표시와 'ㅇ'이 함께 온 것은 비모음이라는 것을 기억해 두십시오.)

2. 자음 35개 🎧

※ 자음글자는 기본 소리에 모음 अ(아)가 추가되어 발음됩니다.

힌디어의 자음 35개를 조음의 위치와 방법에 따라 아래와 같은 표로 분류할 수 있습니다.

방법＼위치	양순	순치	치음	치경음	반전음(권설음)	경구개음	연구개음	성문음
파열음	प (빠)		त (따)		ट (따)		क (까)	
	फ (파)		थ (타)		ठ (타)		ख (카)	
	ब (바)		द (다)		ड (다)		ग (가)	
	भ (바ʰ)		ध (다ʰ)		ढ (다ʰ)		घ (가ʰ)	
파찰음						च (짜)		
						छ (차)		
						ज (자)		
						झ (자ʰ)		
마찰음		व (바v)		स (싸)	ष (샤)	श (샤)		ह (하)
		फ़ (파)		ज़ (자z)				
비음	म (마)			न (나)	ण (나)	ञ (냐)	ङ (앙)	
설측음				ल (래)				
설전음				र (라r)				
설탄음					ड़ (라)			
					ढ़ (라ʰ)			
반모음	व (와w)					य (야)		

1) 힌디 자음 중에서 다섯 음 다섯 줄은 수직적으로 자음들이 소리가 나는 위치, 즉 연구개에서 입술까지로, 수평적으로는 무성무기음(क까, च짜, ट따, त따, प빠), 무성유기음(ख카, छ차, ठ타, थ타, फ파), 유성무기음(ग가, ज자, ड다, द다, ब바), 유성유기음(घ가ʰ, झ자ʰ, ढ다ʰ, ध다ʰ, भ바ʰ), 비음(ङ앙, ञ냐, ण나, न나, म마)의 순으로 체계적으로 정리되어 있습니다.

(1) 우리에게 생소한 자음들을 살펴보면, 다섯째 줄까지의 네 번째 유성유기음(घ가ʰ, झ자ʰ, ढ다ʰ, ध다ʰ, भ바ʰ)입니다. 🎧 이 음들은 ग(가), ज(자), ड(다), द(다) ब(바)와 동시에 ह(h)의 바람을 내보내는 소리를 내면 비슷하게 발음할 수 있습니다(한글로 표기할 때에는 한글 위에 h를 첨가하여 유기음임을 나타내었습니다). 그러나 우리의 언어습관에 없던 발음을 내는 것은 쉬운 일이 아닙니다. 그래도 /h/의 유무에 따라 의미가 달라지기 때문에 신경을 써서 발음해야 합니다.

(2) 세 번째 줄의 ट(따), ठ(타), ड(다), ढ(다ʰ), ण(나)는 잇몸의 두들두들한 곳의 안쪽의 입천장 쪽에서 혀를 세워 구부리고 발음하면 됩니다. ड़(라), ढ़(라ʰ)는 설탄음으로 ट(따), ठ(타), ड(다), ढ(다ʰ), ण(나)와 같은 위치이나, 혀가 잇몸의 두들두들한 곳의 안쪽의 입천장을 치면서 원래의 위치로 돌아가며 내는 음입니다(ट(따), ठ(타), ड(다), ढ(다ʰ), ण(나)를 한글로 표기할 때에는 치음의 त(따), थ(타), द(다), ध(다ʰ), न(나)와 구별하기 위해 한글 밑에 줄을 그었습니다). ट(따), ठ(타), ड(다), ढ(다ʰ), ण(나), ड़(라), ढ़(라ʰ)도 우리의 언어습관에 없기 때문에 많은 연습이 필요한 어려운 발음입니다. 🎧

2) 조음의 위치에 따라 힌디어 자음을 살펴보면, **प**(빠), **फ**(파), **ब**(바), **भ**(바ʰ)는 양순음으로 두 입술로 발음합니다. **फ़**(파)는 순치음으로 아랫입술에 윗니를 대어 발음하고, **त**(따), **थ**(타), **द**(다), **ध**(다ʰ)는 치음으로 혀끝을 윗니에 대어, **स**(싸), **ज़**(자z), **न**(나), **ल**(래), **र**(라)는 치경음으로 혀의 날을 잇몸에 대어 발음합니다. **ट**(따), **ठ**(타), **ड**(다), **ढ**(다ʰ), **ष**(샤), **ण**(나), **ड़**(라), **ढ़**(라ʰ)는 반전음으로 혀끝을 잇몸 바로 안쪽 경구개에 대고 발음합니다. **च**(짜), **छ**(차), **ज**(자), **झ**(자ʰ), **श**(샤)는 경구개음으로 혀의 날을 경구개에 대어 발음합니다. **क**(까), **ख**(카), **ग**(가), **घ**(가ʰ)는 연구개음으로 혀 뒷부분을 연구개에 대어 발음한다. **ह**(하)는 성문음으로 후두에서 소리를 냅니다.

3) 조음의 방법에 따라 힌디 자음을 살펴보면, **प**(빠), **फ**(파), **ब**(바), **भ**(바ʰ), **त**(따), **थ**(타), **द**(다), **ध**(다ʰ), **ट**(따), **ठ**(타), **ड**(다), **ढ**(다ʰ), **क**(까), **ख**(카), **ग**(가), **घ**(가ʰ)는 파열음으로 구강을 완전히 막아 압력이 높아진 공기의 흐름을 순간에 내뱉으면서 발음합니다. **च**(짜), **छ**(차), **ज**(자), **झ**(자ʰ)는 파찰음으로 막힌 공기가 파열된 후 구강이 서서히 개방되어 좁은 간격으로 공기가 마찰되어 나가면서 발음됩니다. **फ़**(파), **स**(싸), **ष**(샤), **श**(샤), **ह**(하)는 마찰음으로 공기의 흐름이 좁은 간격으로 마찰되어 나가면서 발음됩니다. **र**(라)는 설전음으로 잇몸 위치에서 혀끝을 떨면서 울려 발음합니다. **ल**(래)는 설측음으로 혀끝을 윗치경에 밀착시켜 공기의 중앙 통로를 폐쇄하고 혀의 양쪽으로 공기가 빠져나가며 내는 소리입니다. **ड़**(라), **ढ़**(라ʰ)는 설탄음으로 혀끝을 말아 올렸다가 아래 앞니 뒤쪽의 제자리로 돌아가는 도중에 치경돌기의 뒷부분을 툭 쳐서 내는 소리입니다. **म**(마), **न**(나), **ण**(나), **ञ**(냐), **ङ**(앙)는 비음으로 공기를 비강을 통해서 내뿜으며 내는 소리입니다. **व**(바/와)가 양순음으로 발음될 때는 우리말의 와(w)에 해당되고 순치음으로 발음될 때는 영어의 v와 같습니다. **य**(야)는 경구개음으로 우리말의 '여'에 해당됩니다.

4) 몇 가지 주의할 점을 살펴보면 아래와 같습니다.

(1) **य**(야)와 **व**(바)는 활음(전이음)으로 사용되고 **व**(바)는 영어의 v, w와 같이 사용됩니다. 장모음 /아-/ 앞에 또는 **अ**(아) 없는 자음 뒤에 올 때는 /와-/로 발음되고[예: **दरवाज़ा**다르와-자-; 문, **स्वर**쓰와르; 소리], 단어의 끝에서는 모음 /우/와 같이 발음됩니다[예: **नाव**나-우; 배]

(2) 설전음 **र**(라)와 설측음 **ल**(래)는 영어의 r과 l과 같이 구별하시면 됩니다.

(3) **श**(샤)와 **ष**(샤)는 모두 /샤/로 발음하시면 되는데, **ष**(샤)는 싼쓰끄리뜨어에서 온 어휘에만 볼 수 있고 잇몸 안쪽의 경구개에 대고 발음합니다. 🎧

(4) 위의 표에 나와 있는 **फ**(파) 밑에 점을 찍은 **फ़**(파)는 아랍–페르시아어와 영어에서 온 어휘에서 발견할 수 있습니다. 영어의 /f/로 발음하시면 됩니다. **फ़**(파) 외에 **क़**, **ख़**, **ग़**, **ज़**가 아랍–페르시아어에서 온 어휘에서 발견됩니다. **क**(까), **ख**(카), **ग**(가), **ज**(자)와 **क़**(까), **ख़**(카), **ग़**(가), **ज़**(자z)의 발음에 차이가 있는데 현재 힌디어에서는 일반적으로 구별 없이 발음합니다. 🎧

◉• 자음과 모음의 결합

힌디어도 한글처럼 음절 단위로 표기되며, 자음과 모음이 결합되어 음절을 이룰 때 모음은 기호로 표시되는데 자음에 연결되는 모음 기호는 아래와 같습니다.

□ा	ि□	□ी	□ु	□ू	□ृ	□े	□ै	□ो	□ौ
아	아–	이	이–	우	우–	리	에	애	오	오우

※ 첫 번째 모음 अ(아)는 모든 자음글자의 기본 소리에 추가되어 있으므로 별도의 기호가 없습니다.

위의 기호들은 아래와 같이 자음과 연결되어 힌디의 음절을 이룹니다.

क्	+	अ ( )	=	का	(까)
क्	+	आ (□ा)	=	का	(까–)
क्	+	इ (ि□)	=	कि	(끼)
क्	+	ई (□ी)	=	की	(끼–)
क्	+	उ (□ु)	=	कु	(꾸)
क्	+	ऊ (□ू)	=	कू	(꾸–)
क्	+	ऋ (□ृ)	=	कृ	(끄리)
क्	+	ए (□े)	=	के	(께)
क्	+	ऐ (□ै)	=	कै	(깨)
क्	+	ओ (□ो)	=	को	(꼬)
क्	+	औ (□ौ)	=	कौ	(꼬우)
क्	+	अँ (□ँ)	=	कँ	(깡)
क्	+	अं (□ं)	=	कं	(깡, 깐, 깜 등)
क्	+	अः (□ः)	=	कः	(까흐)

उ(우)와 ऊ(우–)가 र(라)과 결합될 때는 변형된 형태가 나타납니다.

र(라)+ उ(우)=रु(루)　　　र(라)+ ऊ(우–)=रू(루–)

비모음은 '짠드라빈두'(चंद्रबिंदु) 로 표기 합니다. 그러나 비자음에 사용되는 '빈두'(बिंदु; 점)를 쓰기도 하고 특히 모음기호를 나타내는 것이 줄 위로 있을 때는 '빈두'만을 사용합니다.

कहाँ　　　　　कहीं

(까항~; 어디)　　(까힝~; 어딘가)

'빈두'로 표시된 비자음기호를 '아누스와르'(अनुस्वार), 비모음의 '짠드라 빈두'는 '아누나씩'(अनुनासिक)이라고 합니다. (ः)는 '비싸르그'(विसर्ग)인데 이 음은 /흐/로 발음하면 됩니다. [예: प्रात:쁘라–따흐; 아침]

● 힌디어의 복자음

힌디어에는 복자음이 굉장히 많습니다. अ(아)가 없는 자음을 다른 자음에 이어 표기하는 방법이 서너 가지 있습니다.

1. 자음에 수직선이 있는 경우에는 대체로 오른쪽의 수직선을 지워줍니다. 힌디어의 문자는 대부분 수직선을 갖고 있습니다.

पक्का(빡까; 익은)   संख्या (쌍캬ㅡ; 수)   कच्चा(깟짜; 설은)   बत्ती (밧띠; 등)

2. 수직선을 갖고 있지 않은 자음에는 글자 밑에 '할'(हल्: ्)을 첨가하면 됩니다

ट → ट् : टट्टू(땃뚜; 조랑말)   ह → ह् : बाह्य(바ㅡ흐여; 외부의)

3. 복자음에서 그 형태가 변하는 경우가 있습니다.

क्(끄) + श(샤) = क्ष(끄샤) [예: प्रतीक्षा 쁘라띡샤ㅡ; 기다림]
द्(드) + य(야) = द्य(댜) [예: विद्या비댜ㅡ; 학문]
ज्(즈) + ञ(냐) = ज्ञ(갸) [예: विज्ञान비걍ㅡ; 과학 → 발음은 /갸/로 합니다.]

श(샤) 의 경우 복자음의 첫 글자로 올 때 (श) 의 형태로 변하는 경우가 있다.

श् + र(라) = श्र(슈라)   [예: श्रम슈람; 노동]
श् + च(짜) = श्च(슈짜)   [예: निश्चय니슈짜이; 결정]

र(라 r)의 경우도 그 형태가 달라지는데, अ(아)가 없는 र(라)는 오른쪽으로 터진 반원모양이 다음 수평선 위로 올라가 붙고 (ॅ)[예: अर्थ아르트; 의미, 목적, 경제, कुर्सी 꾸르씨ㅡ; 의자 등] अ(아)가 없는 자음 뒤에 र(라)가 올 때는 अ(아) 없는 자음에 (／) [예: क्रम끄람; 순서, प्रकाश쁘라까슈; 빛] 또는 (‸)[예: राष्ट्र라ㅡ슈뜨라; 국가, ट्रेन뜨렌; 기차] 기호를 씁니다.

4. 비자음이 음절의 종성에 올 때, 점('빈두': ·)으로 힌디어 문자 위에 표기해 줄 수도 있습니다[예: कङ्गी→कंघी(깡기ㅡ; 빗), चञ्चल→चंचल(짠짤; 요동하는), ठण्डा→ठंडा(탄다ㅡ; 찬), बन्द→बंद(반드; 닫힌), कम्बल→कंबल(깜발; 담요)].

그러나 비자음이 연속적으로 오는 경우 등에서 점(→빈두)으로 표기되지 않는 경우도 있습니다.

भिन्न(빈느; 다른)   निम्न(님느; 밑의)   तुम्हारा(뚬하ㅡ라; 자네의)

💿 힌디어를 읽을 때 주의할 점

데바나가리문자는 표음문자이기 때문에 소리 나는 대로 읽으면 되지만, 부분적으로 글자와 다르게 발음되는 경우도 있습니다. 이런 경우들을 잘 익혀 두면 힌디어로 듣고 말하는 데에 많은 도움이 될 것입니다.

1. 장-단모음 구별하여 발음하기

힌디에서 장-단모음을 구별하여 발음하는 것은 매우 중요하다고 이미 강조하였습니다. 상응하는 장-단모음이 있는 아, 이, 우는 특히 조심하여야 합니다. 왜냐하면 장-단모음에 따라 의미가 달라지기 때문입니다. 예를 들면, **कम**(깜)은 '적은' 이라는 뜻이지만, **काम**(깜-)은 '일'이라는 뜻입니다. 그러나 장-단모음이 아래와 같은 경우 표기된 대로 발음되지 않기도 합니다.

1) 장모음이 단어의 끝에 오는 경우, 짧게 발음됩니다.
2) [장모음 + 자음 + 장모음]의 2음절 이상의 단어에서 앞의 음절의 장모음은 짧게 발음됩니다.
3) अ(아) 없는 자음 앞에 오는 음절은 강세를 받아 단모음도 장모음화 합니다.
4) 문장에서 강조하거나 중요한 단어는 강세를 받아 장모음화하는 경향이 있습니다.
5) 평서문의 끝에 오는 장음은 대체로 단음화하는 경향이 있습니다.

2. 모음 अ(아)가 발음되지 않는 경우

모든 자음은 기본적으로 모음, अ(아)와 함께 발음합니다. 그러나 अ(아)가 발음되지 않는 경우를 많이 보게 됩니다. 어떤 음절에서 अ(아) 모음이 발음되지 않는지 찾는 것은 쉬운 일이 아닙니다. 그래도 두어 개의 일반적인 규칙이 있습니다.

1) 단어의 끝에서는 अ(아)는 발음되지 않습니다.

काम(까-마X → 깜-) 일

2) [(자음+)모음 + 자음 + अ(아) + 자음 + (장)모음]의 구성을 가진 음절에서 두 번째 음절의 अ (아) 는 발음되지 않습니다.

कमरा(까마라-X → 까므라-) 방   **दरवाज़ा**(다라와-자-X → 다르와-자-) 문]

※ 위의 규칙은 형태소가 기본단위로 적용됩니다. अ(아) 모음이 발음되지 않는 경우는 한글로는 [으]로 표기합니다. [으]는 짧게 발음하여야 합니다. 단어의 끝에 오는 경우는 받침으로도 표기합니다.

बहुत(바후뜨) 많이   **आप**(압-) 당신

※힌디어의 맞춤표의 형태는 점이 아니고 '비람'(**विराम**비람-, 'I') 입니다. 위의 열거한 규칙에 의해 힌디어의 한글 표기를 했습니다.

अध्याय 1
01 안녕
02 어떻게 지내세요?

하늘에서 본 델리

안녕 नमस्ते !
(나마쓰떼)

상대방을 존중하는 마음으로 힌디어의 기본적인 인사를 배워봅니다.

वार्तालाप

क: नमस्ते ।
나마쓰떼

ख: नमस्ते ।
나마쓰떼

क: नमस्ते जी ।
나마쓰떼 지–

ख: नमस्ते जी ।
나마쓰떼 지–

क: धन्यवाद ।
단ʰ야와–드

शब्दावली

नमस्ते (나마쓰떼) 안녕, 안녕하세요.

जी (지–) 존경을 나타내는 불변화사

धन्यवाद (단ʰ야와–드) 감사, 감사의 말

가 : 안녕

나 : 안녕

가 : 안녕하세요.

나 : 안녕하세요.

가 : 고마워/ 감사합니다.

◦• अभिव्यक्तियाँ

✎ नमस्ते
(나마쓰떼)

가장 일반적으로 사용되는 안녕(하세요)에 해당되는 인사말입니다. **नमस्**(나마쓰)가 '숙인다', **ते**(떼)는 산스끄리뜨어의 2인칭 대명사 **त्वम्**(뜨밤)의 여격 형태로 '당신에게 숙인다'라는 뜻으로 상대방을 존중하는 겸손한 마음이 담긴 인사말입니다. **नमस्ते**(나마쓰떼)는 만날 때뿐만 아니라 헤어질 때도 사용됩니다. 헤어질 때는 **नमस्ते**(나마쓰떼)와 함께 **फिर मिलेंगे**(피르 밀렝게; 또 보자)를 사용합니다.

✎ जी
(지ー)

नमस्ते(나마쓰떼) 뒤에 붙은 **जी**(지ー)는 존경을 표하고 싶을 때 사용하는 불변화사로 아주 광범위하게 사용됩니다. (불변화사는 인도유럽어족에서 어형 변화하지 않는 모든 단어를 일컫는 용어입니다).

✎ धन्यवाद
(단ʰ야와ー드)

धन्यवाद(단ʰ야와ー드)에서 **धन्य**(단ʰ야)는 '은혜를 입은'이라는 형용사이고 **वाद**(와ー드)가 합쳐서 '은혜를 말함, 인정함'이라는 뜻이 됩니다. **धन्यवाद**(단ʰ야와ー드)와 함께 널리 사용되는 단어는 **शुक्रिया**(슈끄리아ー)입니다. **शुक्रिया**(슈끄리아ー)는 아랍어 '슈크란'에서 나왔습니다.

◉• व्याकरण

🖊 힌디어에서 존칭

힌디어에서는 존경을 나타내는 다양한 표현법이 있습니다. 그 중에서 일상에서 가장 편하게 존경을 표하는 방법은 아마도 **जी**(지-)의 사용일 것입니다. 인사뿐만 아니라 고마움, 미안함 등을 표현할 때도 **जी**(지-)를 사용하면 상대방에 대한 정중한 표현이 됩니다.

> **धन्यवाद जी**(단ʰ야와-드 지-; 감사합니다)
> **क्षमा कीजिए जी**(끄샤마- 끼-지에 지-; 용서하십시오, 죄송합니다) [**क्षमा**⌀ 끄샤마-; 용서, **कीजिए**끼지에; 하십시오]
> **माफ़ कीजिए जी**(마-프 끼-지에 지-; 용서하십시오, 죄송합니다) [**माफ़**마-프; 면죄의]

जी(지-)는 사람, 성지, 강, 신분, 지위 등 존경을 표하고 싶은 대상이나 성스럽게 생각하는 모든 것에 첨가할 수 있습니다.

> **गाँधी जी**(강̃디ʰ- 지-; 간디님)
> **गंगा**⌀ **जी**(강가- 지-; 갠지스강)
> **माँ**⌀ **जी**(망̃- 지-; 어머님)

사람의 경우 **जी**(지-) 대신에 이름 앞에 남성에게는 **श्री**(슈리-; Mr.), 여성에게는 **श्रीमती**⌀ (슈리-마띠-; Mrs.)를 첨가하여 존경을 표시합니다. **श्री/श्रीमती**⌀ (슈리-/슈리-마띠-)는 이름 앞에, **जी**(지-)는 이름 뒤에 첨가하여 사용하기도 합니다.

> **श्री गाँधी जी**(슈리- 강̃디ʰ- 지-)

◉• टिप

🖊 नमस्ते (나마쓰떼) 외의 인사말

नमस्कार(나마쓰까-르) '고개 숙여 인사함', **नमस्ते**(나마쓰떼) 보다 좀더 격식이 있는 인사
राम, राम(람-, 람-) 농촌문화에서 나온 인사
प्रणाम(쁘라남-) 어른이나 자신보다 윗사람에게 하는 인사말
चरण स्पर्श(짜란 쓰빠르슈) 발등을 만지면서 어른에게 하는 인도의 전통적인 인사.
आदाब(아-답-) 주로 무슬림(**मुसलमान**무쌀만-)들 사이의 인사
ख़ुदा हाफ़िज़(쿠다- 하-피즈) 무슬림들이 헤어질 때 하는 인사 [**ख़ुदा**(쿠다-) 신, 최고신 + **हाफ़िज़**(하-피즈) 보호자]

सांस्कृतिक जानकारी

인도문화의 특성을 한마디로 말하라고 한다면 그것은 아마도 다양성일 것입니다. 이런 특징은 언어에서도 나타납니다. 인도에서 통용되는 언어가 수백 개가 넘는다고 합니다. 그 언어들의 어족(語族)만 보아도 크게 인도유럽어족, 드라비다어족, 오스트로아시아어족, 티벳-버어마어족이 있습니다. 인도의 헌법에는 언어에 관한 조항들이 있습니다. 제 8별 항에 인도의 국어로 무려 22개 언어를 인정하고 있습니다. 1993년에 발표한 Peoples of India Survey라는 인류학적 조사에 의하면 인도의 언어는 325개이고 그 언어들에는 수많은 방언이 포함되어 있다고 합니다. 다양한 어족에 속하는 수많은 인도의 언어들 중에서 힌디어가 유일하게 그 사용인구가 10%가 넘는 인도어입니다. 힌디어의 사용인구는 39.85%입니다. 참고로 힌디어 다음으로 사용인구가 많은 언어는 벵갈어(Bengali)로 사용인구는 8.22%입니다. 인도가 이렇게 다양하다는 것은 큰 힘이기도 하지만 또한 갈등의 소지가 되기도 합니다.

어떻게 지내세요? **आप कैसे हैं?**

(압–   깨쎄   행?)

2
पाठ

안부를 묻는 인사와 함께 성과 수에 따른 형용사의 변화를 익히도록 합니다.

🎧 वार्तालाप

क: नमस्ते जी ।
(나마쓰떼   지–)

ख: नमस्ते जी ।
(나마쓰떼   지–)

क: आप कैसी हैं?
(압–   깨씨–   행?)

ख: मैं अच्छी हूँ ।
(맹   앗치–   훙~)

आप कैसे हैं?
(압–   깨쎄   행?)

क: मैं भी अच्छा हूँ ।
(맹   비ʰ– 앗차–   훙~)

◉• शब्दावली

आप (압–) 당신(인칭대명사의 2인칭 복수)

कैसे (깨쎄) [의문형용사 कैसा 깨싸–; 어떠한]의 남성복수형

हैं (행) [होना 호나; 힌디어의 be 동사, –이다]의 1, 2, 3인칭 복수의 현재형

कैसी (깨씨–) [의문형용사 कैसा 깨싸–; 어떠한]의 여성형

मैं (맹) 나(인칭대명사의 1인칭 단수)

अच्छी (앗치–) [형용사 अच्छा 앗차–; 좋은, 우수한, 양질의]의 여성형

हूँ (훙~) [होना 호나; 힌디어 be 동사, –이다]의 1인칭 단수형

भी (비ʰ–) –도

가 : 안녕하세요.

나 : 안녕하세요.

가 : 어떻게 지내세요?

나 : 잘 지내요.

　　당신은요?

가 : 저도 잘 지냅니다.

◉• अभिव्यक्तियाँ

आप कैसी हैं?
(압– 깨씨– 행?)

주어 **आप**(압–)은 2인칭 복수형태입니다. 여기에서 **आप**(압–)은 단수에서 존경을 표하기 위해서 사용된 존칭복수입니다. **कैसी**(깨씨–)를 우리말로 '어떻게'로 해석했지만 힌디어에서는 부사적인 표현이 아니고 형용사적인 표현입니다. 힌디어에서 형용사는 성과 수에 따라 어형 변화합니다. '어떠한'이라는 의문형용사 **कैसा**(깨싸–)가 주어가 남성단수일 때는 그대로 **कैसा**(깨싸–), 남성복수일 때는 **कैसे**(깨쎄), 여성일 때는 **कैसी**(깨씨–)가 됩니다. 이 문장의 주어가 여성이므로 **कैसी**(깨씨–)가 왔습니다. 주어 **आप**(압–)이 존칭복수이므로 '–이다'에 해당되는 **होना**(호나–)동사의 현재복수형인 **हैं**(행)이 동사로 왔습니다. 남성에게 물어본다면 **आप कैसे हैं?**(압– 깨쎄 행?)이 될 것입니다.

मैं अच्छी हूँ।
(맹 앗치– 훙~)

मैं(맹)는 1인칭 단수 인칭대명사, '나', '저'입니다.

우리 말로 '잘'로 번역한 **अच्छी**(앗치–)는 형용사입니다. 직역하면 '내가 좋습니다'가 됩니다. –**आ**(아)로 끝난 형용사 **अच्छा**(앗차–)가 주어가 여성이기 때문에 **अच्छी**(앗치–)가 되었습니다. 만약 주어가. 남성단수라면 **अच्छा**(앗차–) 그대로, 남성복수라면 **अच्छे**(앗체)가 되었을 것입니다. 그리고 동사로 **होना**(호나–)동사의 1인칭 현재형 **हूँ**(훙~)이 왔습니다. 남성이 대답한다면 **मैं भी अच्छा हूँ।** (맹 비ʰ– 앗차– 훙~)이 될 것입니다.

※ 위의 문장에서 힌디어의 기본적인 문장구조가 [주어+목적어/보어+동사]로 우리말과 유사한 것을 알 수 있습니다. 그러나 힌디어는 굴절어(屈折語)의 특징을 가지고 있어 명사가 격을 나타내는 후치사와 함께 왔을 때 문장의 어순에서 상당히 자유로울 수 있습니다.

●• व्याकरण

인칭대명사

힌디어의 인칭대명사는 성과 수에 따라 아래와 같습니다.

인칭 \ 수	단수	복수
1 인칭	मैं(맹; 나)	हम(함; 우리)
2 인칭	तू(뚜-; 너)	तुम(뚬; 자네들) आप(압-; 당신)
3 인칭	वह(베헤; 그 사람) यह(예헤; 이 사람)	वे(베; 그들) ये(예; 이들)

형용사

형용사는 서술적으로 또는 관형적으로 사용됩니다. 힌디어에서는 −आ(아-)로 끝나는 형용사가 서술적으로 사용될 때 주어의 성과 수에 따라, 관형적으로 사용될 때는 한정하는 명사의 성과 수에 따라 변합니다. −आ(아-)로 끝나는 형용사가 남성 단수에서는 그대로 오고 남성 복수에서는 ए(에)로, 여성의 단수와 복수에서 모두 ई(이-)로 어형 변화합니다. −आ(아-)로 끝나지 않는 형용사는 성과 수에 따라 어형 변화하지 않습니다.

मैं अच्छा हूँ। (1인칭 남성)
(맹 앗차-ㆍ훙~)

मैं अच्छी हूँ। (1인칭 여성)
(맹 앗치- 훙~)

मैं ठीक हूँ। (1인칭 남성과 여성)
(맹 티-끄 훙~)

●• अभ्यास

[ ]에 주어진 형용사의 적합한 형태를 ( ) 안에 넣으면서 힌디어로 말해보십시오.

1. मैं ( ) हूँ। 내가 좋습니다. [अच्छा(앗차-) 각자의 성에 맞게]
   (맹   훙~)

2. आप ( ) हैं। 당신이 좋습니다. [अच्छा(앗차-) 여성에게]
   (압-   행~)

3. आप ( ) हैं? 당신이 어떠세요? (कैसा(깨싸-) 남성에게)
   (압-   행~?)

답− 1. 남성은 अच्छा(앗차-), 여성은 अच्छी(앗치-), 2. अच्छी(앗치-), 3. कैसे(깨쎄)

सांस्कृतिक जानकारी

힌디어는 어족으로 보면 70%이상의 인도의 언어들이 속해 있는 인도유럽어족의 인도-이란어파에 속하며 언어의 구조적 · 형태적 관점에서 보면 굴절어(屈折語)입니다. 인도유럽어족이 속해 있는 굴절어는 단어 자체가 어형 변화하여 문법적인 요소들을 드러냅니다. 그래서 굴절어에서는 문장의 어순이 중요하지 않고 단어의 문법적 분석으로 해석이 가능합니다. 힌디어가 모태로 하고 있는 산스끄리뜨어는 대표적인 굴절어로 8 격을 가지고 있습니다. 시간이 흐름에 따라 힌디어에서는 단어의 격을 후치사(postposition)로 나타내게 되었습니다. 그래도 힌디어는 성. 수. 격에 따라 어형변화하는 굴절어의 특성을 가지고 있습니다. 이러한 점 때문에 교착어(膠着語)의 언어구조에 익숙한 우리에게 힌디어가 어렵게 느껴질 수 있습니다.

अध्याय 2
03 당신을 환영합니다.
04 당신은 어디에서 오셨나요?

공항의 부처상

당신을 환영합니다. **आप का स्वागत है ।**

(압– 까– 쓰와–가뜨 해)

3
पाठ

의문사만 잘 기억해도 기본적인 회화가 어느 정도 가능해집니다.

वार्तालाप

क: नमस्ते जी, क्या आप ई साहब हैं?
(나마쓰떼 지–, 꺄– 압– 이– 싸–합 행?)

ख: जी हाँ, मैं ई दो वन हूँ । आप का नाम क्या है?
(지– 항–, 맹 이– 도원 훙–. 압– 까– 남– 꺄– 해?)

क: मैं सुशीला हूँ । मैं हिन्दुस्तान ट्रेवल एजंसी से हूँ ।
(맹 쑤쉴–라 훙–. 맹 힌두쓰딴– 트레블 에전씨– 쎄 훙–.)

वाराणसी में आप का स्वागत है ।
와–라–나씨– 멩 압– 까– 쓰와–가뜨 해)

ख: धन्यवाद ।
(단ʰ야와–드)

शब्दावली

स्वागत (쓰와–가뜨) 환영, 환대, 접대

क्या (꺄–) 무엇: 일반의문문의 의문표지

साहब (싸–합) 선생님: 나으리

हाँ (항–) 예

का (까–) –의(소유격 후치사)

नाम (남–) 이름

सुशीला (쑤쉴–라) 여자 이름

हिन्दुस्तान (힌두스딴–) 인도

ट्रेवल एजंसी (트레블 에전씨) travel agency, 여행사

से (쎄) –에서, –부터 (탈격 후치사)

वाराणसी (와–라–나씨–) 지명(힌두교의 최대 성지)

में (멩) –에(처소격 후치사)

가 : 안녕하세요, 당신이 이선생님이시지요?

나 : 네, 제가 이도원입니다. 당신의 이름은 무엇입니까?

가 : 저는 수쉴라입니다.

　　 저는 힌두스딴 여행사에서 나왔습니다.

　　 당신이 와라나시에 오신 것을 환영합니다

나 : 감사합니다.

◎• अभिव्यक्तियाँ

✎ क्या आप ई साहब हैं?
(꺄– 압– 이– 싸–합　 행?)

क्या(꺄–)를 의문표지로 사용한 일반의문문입니다. 일반의문문의 답은 **हाँ**(항~; 예)또는 **नहीं** (네힝~; 아니오)로 합니다. 상대방에 존경을 표하면서 대답할 때는 **जी**(지–)를 **हाँ**(항~) 또는 **नहीं**(네힝~) 앞에 첨가합니다. 또한 부정문에서는 부정어 **नहीं**(네힝~)가 본동사 앞에도 옵니다.

✎ आप का नाम क्या है?
(압– 까– 남– 꺄– 해?)

आप का नाम(압– 까– 남–; 당신의 이름) 이 주어이고 **क्या**(꺄–; 무엇)를 의문대명사로 사용한 특수의문문입니다. 특수의문문에서 의문사는 동사 앞에 오고 답으로 의문사 **क्या**(꺄–)에 대한 정보를 말해야 합니다. **का**(까–; –의)는 소유격을 만들어 주는 격후치사입니다. 후치사는 우리말에 격조사에 해당되며 (대)명사 뒤에 와서 격을 만들어 주기 때문에 후치사라고 부릅니다.

✎ वाराणसी में आप का स्वागत है ।
(와–라–나씨– 멩 압–　 까– 쓰와–가뜨 해)

힌디어 문장에, '오다', '하다'에 해당되는 동사가 없지만 처소격 후치사 **में**(멩; –에)와 소유격 후치사 **का**(까–; –의)의 용법을 고려하여 '당신이 와라나시에 오신 것을 환영합니다'라고 해석했습니다. 직역하면 '와라나씨에 당신의 환영이 있습니다'가 됩니다.

व्याकरण

1. 일반의문문(yes-no question)과 특수의문문(information question)

1) 일반의문문

(1) 문장 앞에 의문표지 **क्या**(까-)를 사용하고 문장의 끝을 올려 억양을 통해 의문문임을 표시합니다.

क्या आप ई साहब हैं? 당신이 이선생님이시지요?
(까- 압- 이- 싸-합 행?)

(2) 일반의문문에 대한 답이 긍정일 때는 **हाँ**(항~), 부정일 때는 **नहीं**(네힝~)를 문장 앞에 사용합니다.

हाँ, मैं ई दो वन हूँ | 예, 내가 이도원입니다.
(항~, 맹 이-도원   훙~)

상대방에 존경을 표하면서 대답할 때는 **जी**(지-)를 **हाँ**(항~) 또는 **नहीं**(네힝~) 앞에 첨가합니다.

(3) **नहीं**(네힝~)는 부정문에서 부정어로도 사용되고 부정어는 문장의 본동사 앞에 오는 것이 원칙입니다.

2) 특수의문문

(1) **कैसा**(깨싸-; 어떠한), **क्या**(까-; 무엇)과 같은 의문사가 온 문장을 특수의문문이라고 하는데 문장의 끝을 올리지 않습니다. **कैसा**(깨싸-), **क्या**(까-) 외에 주요 의문사로는 **कहाँ**(까항~; 어디), **कब**(깝; 언제), **कौन**(꼬운; 누구), **क्यों**(꽁; 왜), **किधर**(끼다ʰ르; 어디로), **कितना**(끼뜨나~; 얼마나) 등이 있습니다

(2) 의문사는 술부의 본동사 앞에 오는 것을 원칙으로 합니다.

आप का नाम क्या है? 당신의 이름은 무엇입니까?
(압- 까- 남- 까- 해?)

आप कहाँ हैं? 당신은 어디에서 있습니까?
(압-   까항~ 행?)

फिर कब मिलेंगे? 다시 언제 만나지요?
(피르 깝   밀렝게?)

आप कौन हैं? 당신은 누구십니까?
(압-   꼬운 행?)

그러나 형용사적인 성격을 가진 의문사는 수식하는 명사 앞에 오고 주어나 수식하는 명사의 성과 수에 일치합니다.

आप [कैसे/ ⚬कैसी] हैं? 당신은 어떠십니까?
(압-   깨쎄/ 깨씨-*   행?)

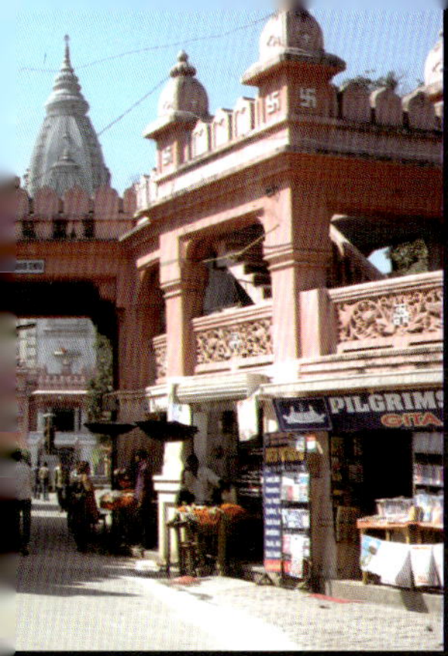

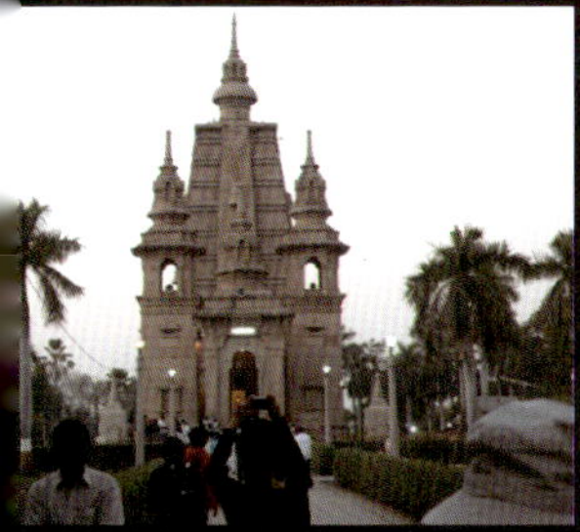

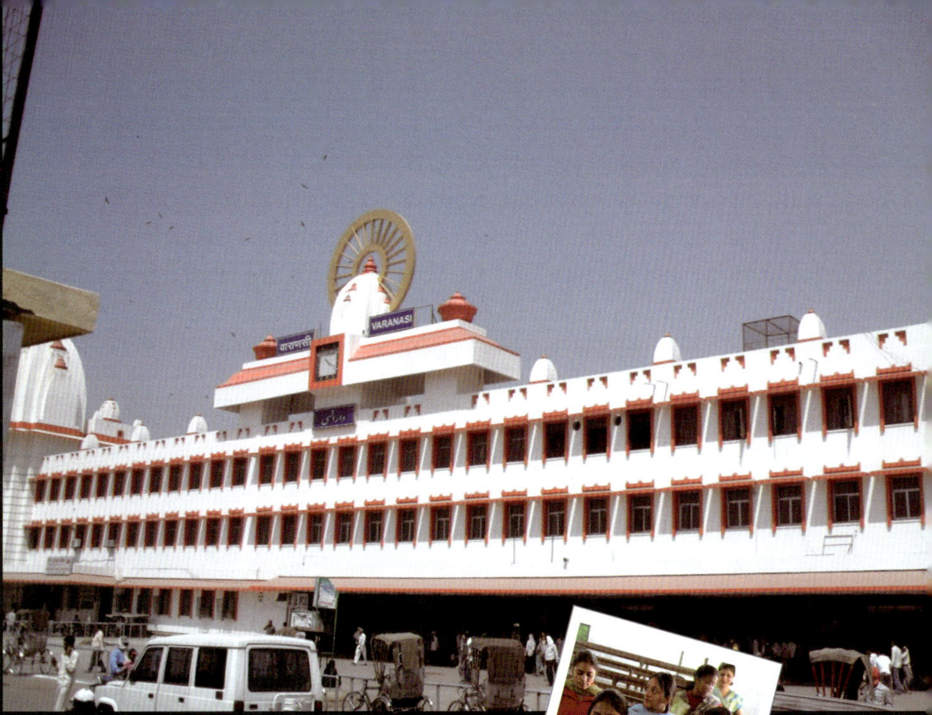

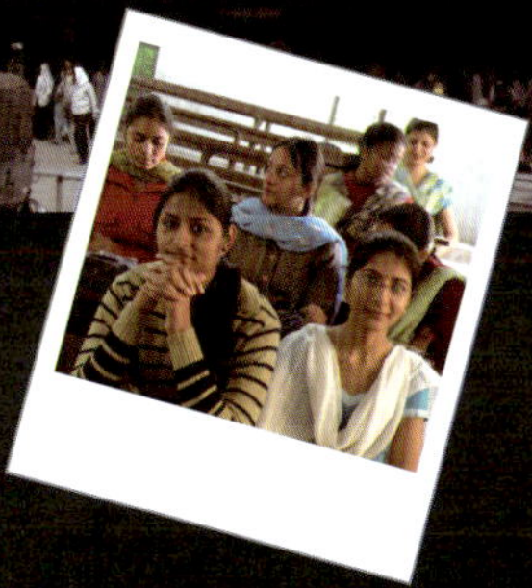

सांस्कृतिक जानकारी

인도(印度)라는 이름에 고대와 중세 인도가 숨어 있습니다. 인도의 공식적인 명칭으로 사용되는 바라뜨(भारत바^{h}라뜨)라는 이름은 인도 아리야인들의 문헌, 『리그베다』(기원전 15 세기–기원전 10 세기경)에 나오는 북부 인도에서 최초로 패권을 차지했던 바라뜨(भारत 바^{h}–라뜨)족에서 나왔습니다. 인도라는 또 다른 이름 힌두스딴(हिन्दुस्तान힌두스딴–)은 종교적인 색채가 없는 '힌두들의 땅'이라는 뜻이었습니다. 고대에 페르시아의 사람들이 씬두(सिन्धु씬두^{h})강 건너에 사는 인도 아리야인들을 지칭하여 힌두라고 불렀고 '스딴'은 지역이라는 뜻으로 '힌두스딴'는 '힌두의 땅'이라는 뜻입니다. 그런데 인도에서 '힌두스딴'이라는 이름이 중세에 이슬람문화의 유입과 함께 통용되었습니다. 그래서 힌두스딴은 이슬람문화의 색채를 지닌 어휘로 이해하는 사람들이 있습니다. 영어의 India 도 힌두에서 H 가 묵음화되어 만들어진 것입니다.

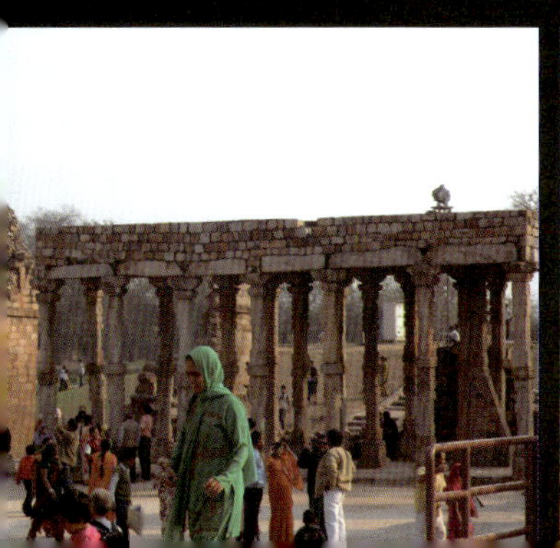

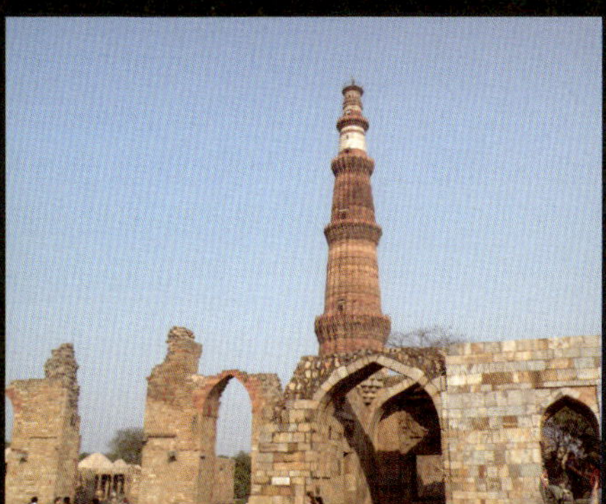

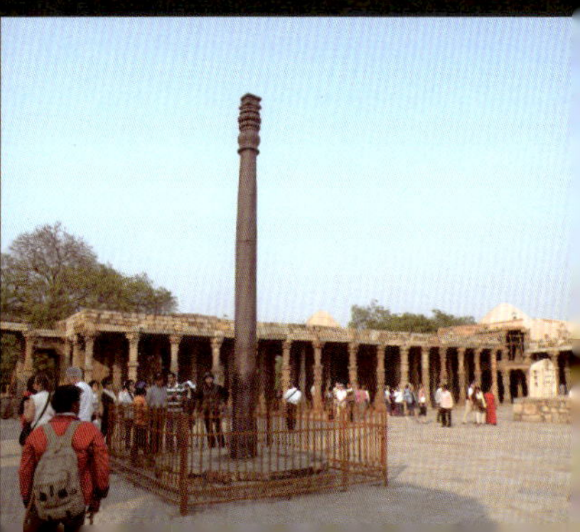

당신은 어디에서 오셨나요? **आप कहाँ से हैं?**

(압– 까항~ 쎄– 행?)

4
पाठ

힌디어의 Be동사의 현재형인 हूँ(훙~), है(해), हो(호), हैं(행)의 인칭에 따른 사용을 잘 익혀 둡시다.

वार्तालाप

क: आप कहाँ से हैं?
(압– 까항~ 쎄 행?)

ख: मैं दक्षिण कोरिया से हूँ ।
(맹 닥쉰 꼬리야– 쎄 훙~)

क: आप भारत में कब से हैं?
(압– 바ʰ라뜨 멩~ 깝 쎄 행?)

ख: एक महीने से हूँ ।
(에끄 마히–네 쎄 훙~)

क: एक बार मेरे घर आइए ।
(에끄 바–르 메레 가ʰ르 아–이에)

ख: ज़रूर ।
(저루–르)

शब्दावली

कहाँ(까항~) 어디에

दक्षिण(닥쉰) 남쪽(의): 오른 쪽(의)

कोरिया(꼬리야–) 한국

भारत(바ʰ–라뜨) 인도

कब(깝) 언제

एक(에끄) 일, 1, 하나(의), 한

महीने(마히–네) [महीना마히–나; 달, 월]의 사격단수형

बार(바–르) 번, 회(回): 시(時), 시간

मेरे(메레) [मैं(맹; 단수1인칭대명사) + का(까; 소유격 후치사) = मेरा(메라–; 나의)]의 사격형

घर(가ʰ르) 집, 가정, 가옥

आइए(아–이에) 오십시오 [आना아–나; 오다]동사의 आप(압–; 당신)에 대한 명령형(आ아– + इए이에)

ज़रूर(저루–르) 물론, 틀림없이, 분명히

가 : 당신이 어디에서 오셨어요?

나 : 제가 한국에서 왔습니다.

가 : 당신이 언제부터 인도에 계십니까?

나 : 한달 전부터입니다.

가 : 한 번 저의 집에 오세요.

나 : 물론이죠.

◉• अभिव्यक्तियाँ

आप कहाँ से हैं?
(압− 까항~ 쎄 행?)

의문사 **कहाँ**(까항~; 어디에)이 온 특수의문문입니다. 대답에서 장소에 관한 정보를 말할 것이 기대됩니다. **कहाँ से**(까항~ 쎄)와 같이 의문사와 격후치사가 결합될 수 있습니다. 탈격 후치사 **से**(쎄; 으로부터, −에서)가 일정한 장소로 이탈을 나타내고 있습니다.
आप कहाँ से हैं?(압− 까항~ 쎄 행?)의 힌디어 문장에 '오다'에 해당되는 동사가 없지만 탈격 후치사 **से**(쎄; −에서)의 용법을 고려하여 '당신이 어디에서 오셨어요?'해석하였습니다.

एक महीने से हूँ ।
(에끄 마히−네 쎄 훙~)

주어 **मैं**(맹; 나)가 생략되어 있다는 것을 힌디어의 be동사의 1인칭 현재형 **हूँ**(훙~)을 통해 알 수 있습니다. **एक महीने से**(에끄 마히−네 쎄; 한달전부터)에서 탈격후치사 **से**(쎄)가 일정한 시간으로부터 이탈을 표현했습니다. 격후치사가 오면 앞에 (대)명사는 사격(斜格)의 형태를 취하면서 어형변화 합니다. **−आ**(아)로 끝난 남성명사는 후치사가 오면 **ए**(에)로 변합니다. 그래서 (−**आ**(아)로 끝난 남성명사 **महीना**(마히−나; 달)가 뒤에 있는 후치사 **से**(쎄)의 영향을 받아 **महीने**(마히−네)로 어형 변화했습니다.

एक बार मेरे घर आइए ।
(에끄 바−르 메레 가ʰ르 아−이에)

आप(압−; 당신)에 대한 명령형으로 **आना**(아−나; 오다)동사의 어간 **आ**(아−)에 존칭 명령형 어미 **−इए**(이에)가 첨가된 것입니다(5강 문법 참조).

व्याकरण

1. 동사의 부정사

단어설명과 표현설명에서 나온 **आना**(아-나; 오다)는 동사의 부정사 형태입니다. 부정사는 법(Mood), 인칭(人稱), 수(數) 등의 문법범주가 표현되지 않고 단순히 동사라는 것만 알려줍니다. 힌디어의 부정사는 [동사어간 + **ना**(나-)]로 구성됩니다.

आ(아-; 동사어간(아-)) + **ना**(나-) = **आना**(아-나-)

2. होना(호나-) 동사

지금까지 우리가 배운 **हूँ**(훙~), **हैं**(행)의 부정사는 힌디어의 be 동사인 **होना**(호나-; –이다, 있다, –되다) 동사의 현재형입니다. **होना**(호나-) 동사는 대부분 시제에서 불규칙하게 변합니다.

인칭대명사의 인칭과 수에 따른 **होना**(호나-) 동사의 현재형/과거형

수 / 시제 / 인칭	단수		과거(남성/여성)	복수		과거(남성/여성)
		현재			현재	
1 인칭	मैं(맹~)	हूँ(훙~)	था / थी(타-/티-)	हम(함)	हैं(행~)	थे / थीं(테/팅~)
2 인칭	तू(뚜-)	है(해)	था / थी(타-/티-)	तुम(뚬) आप(압-)	हो(호) हैं(행~)	थे / थीं(테/팅~) थे / थीं(테/팅~)
3 인칭	वह(베헤) यह(예헤)	है(해) है(해)	था / थी(타-/티-) था / थी(타-/티-)	वे(베) ये(예)	हैं(행~) हैं(행~)	थे / थीं(테/팅~) थे / थीं(테/팅~)

अभ्यास

( ) 안에 인칭에 따른 적합한 **होना**(호나-)의 현재형을 넣으면서 힌디어로 말해보십시오.

1. **मैं अच्छा ( )** ǀ 나는 착하다.
   (맹~ 앗차-   )

2. **तुम कौन ( )?** 자네는 누군가?
   (뚬   꼬운   ?)

3. **यह क्या ( )?** 이것은 무엇입니까?
   (예흐 꺄-   ?)

답– 1. **हूँ**(훙~), 2. **हो**(호), 3. **है**(해)

सांस्कृतिक जानकारी

인도인구의 80% 이상이 힌두교도이기 때문에 인도를 힌두교의 나라로 이해할 수 있습니다. 그러나 인도에는 자생종교인 힌두교, 시크교, 자이나교, 불교와 함께 외래종교인 이슬람교, 기독교, 배화교, 유태교 등 다양한 종교가 공존하고 있습니다. 인도헌법은 인도가 세속국가임을 천명하는데 인도헌법에서 '세속'은 모든 종교를 대등하게 대한다는 것을 의미합니다. 인도 인구의 10%가 넘는 무슬림과 함께 들어온 이슬람문화는 북부 인도의 문화에 광범위하게 영향을 미쳤습니다. 이것을 우리가 배우고 있는 힌디어에 용해되어 있는 아랍-페르시아어의 어휘를 보아도 잘 알 수 있습니다. भारत(바ʰ-라뜨; 인도)의 동의어 हिन्दुस्तान(힌두스딴-), धन्यवाद(단ʰ야와-드; 감사)의 동의어 शुक्रिया(슈끄리야-), क्षमा कीजिए(끄샤마- 끼-지에; 용서하세요.실례합니다)의 동의어 माफ़ कीजिए(마-프 끼-지에), 등은 아랍-페르시아에서 온 어휘들입니다.

अध्याय 3

회교사원

어서 오세요 **आइए, आइए**
(아-이에, 아-이에)

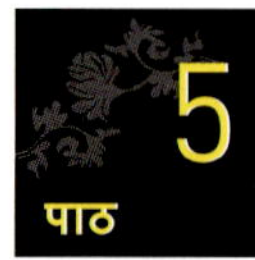

2인칭 대명사, आप(압-), तुम(뚬), तू(뚜-)에 따른 명령형을 익혀 둡시다.

वार्तालाप

क: आइए, आइए, अंदर आइए ।
(아-이에, 아-이에,   안다르 아-이에)

ख: धन्यवाद ।
(단ʰ야와-드)

क: यहाँ बैठिए, पानी लीजिए ।
(야항~ 배티에,   빠-니- 리-지에)

ग: खाना तैयार है । इधर आइए ।
(카-나- 때야-르 해. 이다ʰ르 아-이에)

वहाँ न बैठिए । यहाँ बैठिए । यह लीजिए ।
(바항~ 나 배티에.   야항~ 배티에.   예헤 리-지에)

शब्दावली

अंदर(안다르) 안, 내부: 안쪽의, 내부의: 안에, 안으로

यहाँ(야항~) 여기에, 이 곳에: 여기, 이 곳

बैठिए(배티에) [बैठना 배트나; 앉다]의 आप 압-에 대한
명령형

पानी(빠-니-) 물: 비: 눈물: 수분

लीजिए(리-지에) [लेना 레나; 받다, 갖다, 취하다]의
आप(압-)에 대한 명령형

खाना(카-나-) 음식물: 식사: 요리 :먹다

तैयार(때야-르) 준비된, 용의가 있는: 적극적

इधर(이다ʰ르) 이쪽: 이쪽으로

वहाँ(바항~) 거(저)기에, 그(저) 곳에: 거(저)기, 그(저) 곳

न(나) 문장의 부정어: 거부, 거절

가 : 어서 오세요. 안으로 들어오세요.

나 : 감사합니다.

가 : 여기 앉으세요. 물 드시지요.

다 : 식사가 준비됐어요. 이리로 오세요.

　　거기에 앉지 마세요. 여기에 앉으세요. 이것을 드세요.

◎• अभिव्यक्तियाँ

✍ आइए, आइए
(아－이에, 아－이에)

आइए(아－이에; 오십시오)는 **आप**(압-; 당신)에 대한 명령형으로 동사 어간 **आ**(아-)에 명령법을 만드는 어미 **–इए**(이에)가 결합한 것입니다. 명령법은 2인칭에게 하는 것인데 2인칭의 대명사에는 **तू**(뚜-)/**तुम**(뚬)/**आप**(압-) 세 개 있습니다. 본 강의 대화에는 존칭 **आप**(압-)의 경우만 나와 있습니다. **आइए**(아－이에)를 반복하여 말하여서 의미를 강조하고 있는데 힌디어에서 이런 표현을 많이 보게 될 것입니다.

✍ यहाँ बैठिए, पानी लीजिए ।
(야항~ 배티에,　빠－니- 리－지에)

बैठिए[배티에; 앉으십시오. 동사어간 **बैठ**(배트) + **इए**(이에)]는 **आइए**(아－이에)와 같이 규칙적으로 명령형이 되었지만 **लीजिए**(리－지에; 받으세요)는 **लेना**(레나-)의 명령형으로 불규칙하게 변합니다. **लेना**(레나-)는 무엇인가 취하는 행위에 광범위하게 사용할 수 있습니다. 이 문장에서 **लीजिए**는 '마시세요'(**पीजिए**삐－지에)라는 뜻입니다.

✍ इधर आइए, यहाँ बैठिए ।
(이다ʰ르 아－이에, 야항~ 배티에)

यहाँ(야항~)이 '여기, 여기에' 라면 **वहाँ**(바항~) 은 '거기, 거기에 또는 저기, 저기에'입니다. **इधर**(이다ʰ르), **उधर**(우다ʰ르)는 **यहाँ**(야항~), **वहाँ**(바항~)에 방향감각이 합쳐진 것입니다. 의문사의문사가 **किधर**(끼다ʰ르; 어디로)가 **कहाँ**(까항~; 어디)에 방향감각이 첨가된 것과 같습니다.

व्याकरण

명령법

1. 기본적으로 명령법은 2인칭에게 사용하게 되고 힌디어에 2인칭에 해당되는 인칭대명사는 **तू**(뚜-)/**तुम**(뚬)/**आप**(압-) 세 개입니다. 세 개의 2인칭 대명사에 따른 각각의 명령형은 아래와 같습니다,

तू(뚜-)에서	동사어간 ———————————	**आ**(아-; 와)
तुम(뚬)에서	동사어간+**ओ**(오) ———————	**आओ**(아-오; 와라)
आप(압-)에서	동사어간+**इए**(이에) —————	**आइए**(아-이에; 오십시오)

(तू) कल जल्दी उठ I 너는 내일 일찍 일어나.
((뚜-) 깔   잘디- 우트)

(तुम) कल जल्दी उठो I 자네는 내일 일찍 일어나게.
((뚬) 깔   잘디- 우토)

(आप) कल जल्दी उठिए I 당신은 내일 일찍 일어나십시오.
((압-) 깔   잘디- 우티에)

2. 명령법의 부정어는 **न**(나) 또는 **मत**(마뜨)입니다. **तू**(뚜-)와 **तुम**(뚬)에서는 **मत**(마뜨), 그리고 **आप**(압-)에서는 **न**(나)를 사용하고 부정어는 동사의 앞에 오는 것이 원칙입니다.

3. 동사의 부정사가 명령법으로 많이 사용됩니다. 그러나 공손한 표현은 아닙니다.

(तू) इधर आना I   **(तुम) इधर आना** I
((뚜-) 이다ʰ르 아-나-)   ((뚬) 이다ʰ르 아-나-)

टिप

명령법에 불규칙하게 변하는 동사들

	करना (까르나-; 하다)	**पीना** (삐-나-; 마시다)	**देना** (데나-; 주다)	**लेना** (레나-; 받다)
आप(압-)	**कीजिए**(끼-지에)	**पीजिए**(삐-지에)	**दीजिए**(디-지에)	**लीजिए**(리-지에)
तुम(뚬)	규칙적	규칙적	**दो**(도)	**लो**(로)

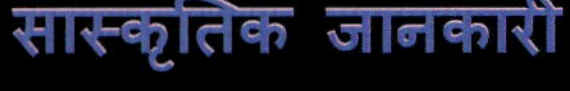

सांस्कृतिक जानकारी

인도사회는 잘 알다시피 카스트제도를 기반으로 하고 있습니다. 카스트제도를 이해하는 데에는 두 가지 용어가 있습니다. 하나는 '바르나'(Varna वर्ण)이고 하나는 '자띠'(Jati जाति)입니다. '바르나'는 우리가 알고 있는 사제계급, 무사계급, 상인-농민계급과 노예계급이라는 4개의 범주를 가리킵니다. 탄생으로 결정되는 자띠는 수없이 많습니다. 인도인들의 삶을 실질적으로 규정하는 것은 '자띠'입니다. 옛날에 그리고 지금도 많은 농촌에서는 같은 '자띠'끼리 모여 살고 함께 식사할 수 있고 결혼도 합니다. 자띠의 위계는 하는 일의 정-부정에 의해 결정됩니다. 고대인도의 문헌 『베다』와 관련된 일을하는 사제계급이 가장 정한 일이고 오물처리와 관련된 일은 가장 부정한 일입니다. 일반적으로 카스트제도가 많은 문제들을 가지고 있다고 생각하지만 카스트제도가 역사적으로 인도에 들어온 수많은 인종과 사회의 변화에 따라 나타나는 다양한 직종의 사람들을 그 틀 안에서 자리매김하여 인도사회를 하나로 유지시켜 왔다고 긍정적인 평가하는 사람들도 있습니다.

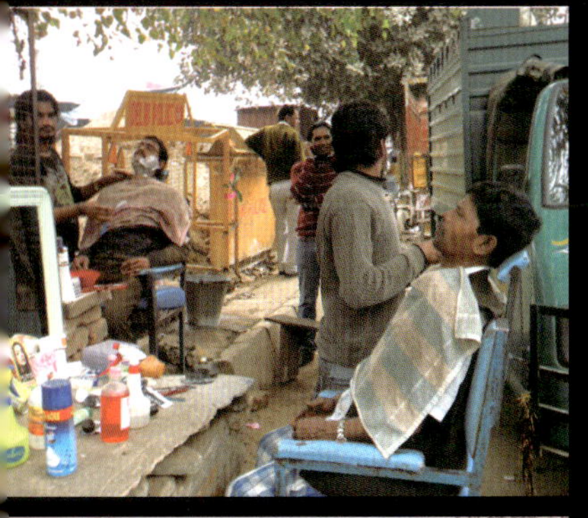

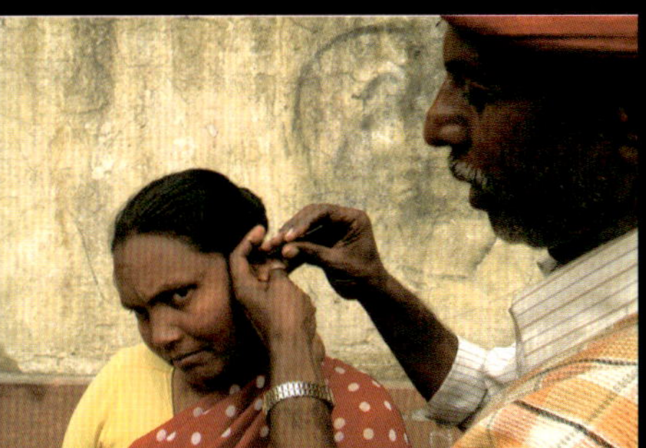

자녀가 몇이세요? कितने बाल-बच्चे हैं?

(끼뜨네 발– 밧쩨 행?)

힌디어의 명사의 성과 수와 격에 관해서 익혀둡시다.

🎧 वार्तालाप

क: आप के कितने बाल-बच्चे हैं?
(압– 께 끼뜨네 발– 밧쩨 행?)

ख: मेरा एक लड़का और एक लड़की है ।
(메라– 에끄 라르까 오우르 에끄 라르끼– 해)

क्या आप शादीशुदा हैं?
(꺄 압– 샤–디–슈다– 행?)

क: जी नहीं ।
(지– 네힝~)

ख: अच्छा, तो आप के कितने भाई-बहन हैं?
(앗차–, 또 압– 께 끼뜨네 바ʰ–이– 베헨 행?)

क: मेरे दो भाई और तीन बहनें हैं ।
(메레 도 바ʰ–이– 오우르 띤– 베헤넹 행)

मेरे दोनों भाई और तीनों बहनें सउल में हैं ।
(메레 도농 바ʰ–이– 오우르 띠–농 베헤넹 써울 멩 행)

🔵 शब्दावली

बाल(발–) 남자어린이, 소년(15–16세 이하): 털, 머리카락

बच्चे(밧쩨) [बच्चा밧짜–; 남자어린이: 자식: 새끼 동물] 의 직격 복수형태

लड़का(라르까) 아들: 남학생: 소년

और(오우르) 그리고: 더: 다른

लड़की(라르끼–) 딸: 여학생: 소녀

शादीशुदा(샤–디–슈다–) 결혼한: 기혼자 [शादी(샤–디–; 결혼, 결혼식) + शुदा(슈다–; 득한, 가진)]

तो(또) 그러면: –은, –는(강조사)

भाई(바ʰ–이–) 남자형제, 오빠, 형, 남동생

बहन(베헨) 여자형제, 언니, 누나, 여동생

दो(도) 둘/दोनों(도농) 둘 다

तीन(띤–) 셋, 세/तीनों(띠–농) 셋 다

가 : 당신은 자녀가 몇이세요?

나 : 아들 하나, 딸이 하나입니다. 당신이 기혼자입니까?

가 : 아니요.

나 : 그래요, 그럼 형제 자매가 몇이세요?

가 : 남자형제 둘과 여자형제 셋 있습니다.

　　 남자형제 둘과 여자형제 셋은 모두 서울에 있습니다.

◉ अभिव्यक्तियाँ

✍ अच्छा, तो आप के कितने भाई-बहन हैं?
(앗차-, 또 압- 께 끼뜨네 바ʰ-이- 베헨 ͂행?)

अच्छा(앗차-)가 이 문장에서는 이해를 표하는 감탄사로 사용되고 तो(또; 그러면)는 조건문의 주절을 이끄는 접속사로 사용되었습니다. 소유격 후치사 का(까-)가 인간관계를 표현하고 있습니다. 소유격 후치사 का(까-)는 -आ(아)로 끝나는 형용사와 같이 변화합니다. भाई-बहन(바ʰ-이- 베헨; 남매)과 같이 성이 다른 구성단어가 한 복합어를 이루었을 때는 그 명사는 남성복수를 취하게 됩니다. 그래서 소유격 후치사 का(까-)가 के(께)로 어형변화했습니다. कितना(끼뜨나-;얼마나)는 수량, 정도 등을 나타내는데 주어 또는 한정하는 명사의 성, 수, 격에 따라 변합니다. 그래서 의문사 कितना(끼뜨나-)는 कितने(끼뜨네)로 어형변화했습니다.

✍ मेरे दो भाई और तीन बहनें हैं ।
(메레 도 바ʰ-이- 오우르 띤- 베헤넹 ͂행)

भाई(바ʰ-이-)와 बहनें(베헤넹)은 명사의 복수형태입니다. भाई(바ʰ-이-; 남자형제)와 같이 -आ(아)로 끝나지 않은 남성명사는 격 후치사가 오지 않은 직격 복수에서 그 형태가 변하지 않습니다. 그래서 भाई(바ʰ-이-)는 복수에서도 그 형태가 변하지 않고 그대로 왔습니다. 또한 -ई(이-)로 끝나지 않은 여성명사는 -एँ(엥)을 첨가해주면 직격 복수가 됩니다. 그래서 여성명사 बहन(베헨)이 직격 복수로 बहनें(베헤넹)이 되었습니다.

व्याकरण

✎ 명사의 성과 수와 격.

1. 명사의 성

힌디어의 명사는 남성과 여성으로 나누어집니다. 자연성을 따라 **भाई**(바ʰ-이-; 남자형제)는 남성명사이고, **बहन**(베헨; 여자형제)은 여성입니다. 또한 많은 예외가 있지만 -**आ**(아-)로 끝나는 명사는 남성이고, -**ई**(이-)로 끝나는 명사는 여성입니다. **कमरा**(까므라-; 방)는 남성명사이고, **खिड़की**(키르끼-; 창문)는 여성명사이다.

2. 명사의 수

힌디어의 명사는 단수와 복수가 있습니다. 후치사가 없는 직격에서 -**आ**(아-)로 끝나는 남성명사는 복수에서 -**आ**(아-)가 -**ए**(에)로 변하고, -**आ**(아-)로 끝나지 않은 남성명사는 복수에서는 그 형태가 변하지 않습니다. -**ई**(이-)로 끝나는 여성명사는 -**इयाँ**(이양̃) 으로 변하고, -**ई**(이-)로 끝나지 않는 여성명사는 -**एँ**(엥)를 첨가하면 복수가 됩니다.

3. 명사의 격

명사는 격 후치사와 합쳐져 사격으로 여러 격을 갖게 되고 명사는 뒤에 나온 후치사의 영향을 받아 어형 변화합니다 후치사가 온 사격에서 명사의 형태는 단수에서는 -**आ**(아-)로 끝나는 남성명사(**कमरा**까므라-; 방)는 -**ए**(에-)로 변하고(**कमरे**까므레), -**आ**(아-)로 끝나지 않은 남성명사(**छात्र**차-뜨르; 남학생)는 그 형태가 변하지 않습니다(**छात्र**차-뜨르). 여성명사의 경우 단수에서는 변하지 않습니다.

복수에서는 -**आ**(아-)로 끝나는 남성명사는 -**ए**(에-)(**कमरे**까므레)가 탈락되고, -**ओं**(옹)이 첨가되고(**कमरों**까므롱) -**आ**(아-)로 끝나지 않은 남성명사(**छात्र**차-뜨르; 남학생들)에는 -**ओं**(옹)을 첨가하면 됩니다(**छात्रों**차-뜨롱). -**ई**(이-)로 끝나는 여성명사는 -**इयाँ**(이양)(**लड़कियाँ**라르끼양̃)이 -**इयों**(이용)으로 변하고(**लड़कियों**라르끼용̃) -**ई**(이-)로 끝나지 않는 여성명사 **छात्राएँ**(차-뜨라-엥; 여학생들)은 -**एँ**(엥)이 탈락되고 -**ओं**(옹)이 첨가됩니다(**छात्राओं**차-뜨라-옹).

명사의 성과 수와격에 따른 형태는 아래와 같습니다.

성＼수	단수		복수	
	후치사 없이	후치사와 함께	후치사 없이	후치사와 함께
남성	**लड़का**(라르까)	**लड़के का**(라르께 까-)	**लड़के**(라르께)	**लड़कों का**(라르꽁 까-)
	भाई(바ʰ-이-)	**भाई का**(바ʰ-이- 까-)	**भाई**(바ʰ-이-)	**भाइयों का**(바ʰ-이용 까-)
여성	**लड़की**(라르끼-)	**लड़की का**(라르끼- 까-)	**लड़कियाँ**(라르끼양̃)	**लड़कियों का**(라르끼용 까-)
	बहन(베헨)	**बहन का**(베헨 까-)	**बहनें**(베헤넹)	**बहनों का**(베헤농 까-)

सांस्कृतिक जानकारी

힌두교에서는 '손님을 접대하는 것(**अतिथि सत्कार**아띠티 싸뜨까-르)'을 현세에서 쌓을 수 있는 복덕(**पुण्य**뿐녀)이라고 가르칩니다. 이것은 아마도 옛날에 찾아오는 손님이 대부분 수도승 내지는 성자들이었다는 것과 연관되어 있는 것 같습니다. 이런 전통을 가진 인도에서 손님으로 그들의 집에 초대를 받거나 방문하게 되면 대부분의 경우 극진한 대접을 받게 됩니다. 그런데 한가지 당황스럽게 만드는 점은 처음 만나도 당사자의 결혼 여부 및 가족관계에 관해 상세하게 묻는 것입니다. 그것은 인도인들이 정도 많고 말도 많기 때문이라고 할 수 있습니다. 그러나 그보다는 그들의 가족 중시 사상 때문이라고 할 수 있습니다. 인도사람들은 상대방과 그의 가족상황에 관해 묻는 것이 상대방에 대해 관심을 표하는 것이고 예의라고 생각합니다.

당신은 어디에서 일하십니까? **आप कहाँ काम करते हैं?**

(압– 까항~ 깜– 까르떼 행?)

7
पाठ

우리의 일상을 표현하는 데에 유용한 현재미완료시제를 잘 익혀둡시다.

🎧 वार्तालाप

क: आप कहाँ काम करते हैं?
(압– 까항~ 깜– 까르떼 행?)

ख: मैं एक कंपनी में काम करता हूँ।
(멩 에끄 깜빠니– 멩 깜– 까르따– 훙~)

क्या आप भी काम करती हैं?
(꺄 압– 비ʰ– 깜– 까르띠– 행?)

ग: जी हाँ, स्कूल में पढ़ाती हूँ।
(지– 항~, 쓰꿀– 멩 빠라ʰ–띠– 훙~)

ख: आप का लड़का कितने साल का है?
(압– 까 라르까– 끼뜨네 쌀– 까– 해?)

ग: वह बीस साल का है। कमरे में है। अभी आ रहा है।
(베헤 비–쓰 쌀– 까– 해. 까므레 멩 해. 아비ʰ– 아– 라하– 해)

🔵• शब्दावली

काम(깜–) 일

करते(까르떼) [करना까르나–; 하다]의 복수 미완료형

कंपनी(깜빠니–) 회사

स्कूल(쓰꿀–) 학교

पढ़ाती(빠라ʰ–띠–) [पढ़ाना빠라ʰ–나–; 가르치다]의 여성
미완료형

साल(쌀–) 해, 년(年)

बीस(비–쓰) 스물, 20

कमरे(까므레) [कमरा까므라–; 방]의 사격단수형

अभी(아비ʰ–) 지금

가 : 당신은 어디에서 일하십니까?

나 : 저는 한 회사에서 일합니다.

　　 당신도 일하십니까?

다 : 예. 학교에서 가르칩니다.

가 : 당신의 아들은 몇 살입니까?

다 : 그는 스무 살입니다. 방에 있어요. 곧 올 거예요.

◉• अभिव्यक्तियाँ

आप कहाँ काम करते हैं?
(압– 까항~ 깜– 까르떼 행?)

현재미완료시제의 특수의문문입니다. 현재미완료시제는 [동사의 미완료형(=동사의 어간+미완료 표지 ता따+ होना호나–의 현재형]으로 표현됩니다. 주어는 존칭남성복수 आप(압–; 당신)이고 술부의 동사로 करना(까르나–; 하다)의 남성복수 미완료형, करते(까르떼) 그리고 시제를 나타내는 होना(호나–; –이다)의 복수 현재형 हैं(행)이 와서 현재미완료시제의 존칭 남성 복수의 형태가 되었습니다. 현재미완료시제는 현재까지 지속적으로 또한 습관적으로 행하는 행위를 표현하는 데에 사용됩니다. [काम(깜–; 일) + करना(까르나–; 하다)]는 힌디어에는 널리 사용되는 동사구인 [명사 또는 형용사 + करना(까르나–)]의 하나입니다(23강 문법 참조).

कमरे में है ।
(까므레 멩 해)

주어 वह(베헤; 그가)가 생략되어 있습니다. कमरे में(까므레 멩; 방에)에서 कमरे(까므레)는 'कमरा(까므라–; 방)'가 처소격 후치사 में(멩)의 영향을 받아 어형 변화한 것입니다. 여기서 कमरे(까므레)는 남성단수의 사격형태입니다. 직격의 남성복수형태와 구별하여야 합니다(6강 문법 참조).

वहाँ कितने कमरे हैं? 거기에 방이 몇 개가 있습니까?
(바항~ 끼뜨네 까므레 행?)
मेरी तीन बहनें एक कमरे में है । 나의 세 명의 여자형제는 한 방에 있습니다.
(메리– 띤– 베헤넹 에끄 까므레 멩 해)

◉ व्याकरण

현재미완료시제

1. 현재미완료시제는 [동사의 미완료형(=동사의 어간+ 미완료표지 **ता**(따–)+ **होना**(호나–)동사의 현재형]으로 표현됩니다. 미완료표지 **ता**(따–)는 성과 수에 따라 남성복수에서는 **ते**(떼), 여성에서는 **ती**(띠–)로 바뀝니다. 미완료 표지는 어간이 가리키는 동작이 미완료된 상태, 보편적인 사실, 습관적인 행위 등임을 나타냅니다. **होना**(호나–)동사의 현재형은 문장의 시제가 현재임을 나타냅니다.

2. 인칭 수, 성에 따른 현재미완료시제

인칭 \ 수		단수 남성/ 여성	복수 남성/ 여성
인칭	1인칭	मैं [जाता/ जाती] हूँ (맹 자–따–/ 자–띠– 훙~)	हम [जाते/ जाती]हैं (함 자–떼/ 자–띠– 행)
	2인칭	तू [जाता/ जाती] है (뚜– 자–따–/ 자–띠– 해)	तुम [जाते/ जाती]हों (뚬 자–떼 / 자–띠– 호) आप [जाते/जाती]हैं (압– 자–떼 / 자–띠– 행)
	3인칭	यह [जाता/ जाती] है (예헤 자–따–/ 자–띠– 해) वह [जाता/ जाती] है (베헤 자–따–/ 자–띠– 해)	ये [जाते / जाती] हैं (예 자–띠– / 자–띠– 행) वे [जाते/ जाती] हैं (베 자–떼 /자–띠– 행)

3. 현재미완료시제의 부정문에서는 시제표지인 **होना**(호나–)동사의 현재형이 생략됩니다.

◉ अभ्यास

[   ]에주어진 동사를 이용하여 현재미완료시제의 문장을 완성하고 힌디어로 말해보십시오.

1. **आप क्यों (   )?** 당신은 왜 일합니까? [**काम करना**깜– 까르나–, 여성에게]
   (압– 꾱~   ?)

2. **वे क्या (   )?** 그분은 무엇을 가르칩니까? [**पढ़ाना**빠라ʰ–나–]
   (베 꺄–   ?)

3. **वह घर कब (   )?** 그녀는 집에 언제 옵니까? [**आना**아–나–]
   (베헤 가ʰ르 깝   ?)

4. **हम कहाँ (   )?** 우리는 어디에 갑니까? [**जाना**자–나–]
   (함   까항~   ?)

답– 1. **काम करती हैं**(깜– 까르띠– 행), 2. **पढ़ाते हैं**(빠라ʰ–떼 행), 3. **आती है**(아–띠– 해), 4. **जाते हैं**(자–떼 행).

सांस्कृतिक जानकारी

인도의 전통적인 가족제도는 장자 중심의 대가족제도가 아니고 결혼한 후에도 남자형제들이 다 함께 모여 살며 재산을 공동으로 소유하는 공동가족제도(Joint Family System, संयुक्त परिवार व्यवस्था(쌍유끄뜨 빠리바ー르 뱌바스타ー))입니다. 사회의 변화와 함께 현재 전통적인 공동가족제도는 많이 와해되었지만 상인계급에는 그 틀이 잘 보존되어 있다고 할 수 있습니다. 이것은 인도의 기업구조의 특징을 이해하는 실마리가 되기도 합니다. 아직도 대부분의 인도사람들은 사촌들과 친형제처럼 지냅니다. 인도사람들은 우리보다 훨씬 더 확대된 가족개념을 가지고 있습니다.

나는 모든 신을 믿어요. **मैं सब देवताओं को मानती हूँ।**

(맹~ 쌉 데브따-옹 꼬 만-띠- 훙~)

우리말의 격조사와 같은 격후치사가 단어의 형태를 변화시킵니다.

वार्तालाप

क: मकान बहुत अच्छा है, ज़रा मकान दिखाइए।

(마깐- 바후뜨 앗차- 해, 자라 마깐- 디카-이에)

ख: ज़रूर, आइए, इधर आइए।

(저루-르, 아-이에, 이다ʰ르 아-이에)

क: यह क्या है?

(예헤 꺄- 해?)

ख: यह मंदिर है।

(예헤 만디르 해)

क: आप कौन से देवता को मानती हैं?

(압- 꼬운 쎄 데브따- 꼬 만-띠- 행?)

ख: मैं सब देवताओं को मानती हूँ।

(맹~ 쌉 데브따-옹 꼬 만-띠- 훙~)

शब्दावली

सब(쌉) 모든: 전체

देवताओं(데브따-옹) [देवता데브따-; 신(神)]의 복수 사격

मानती(만-띠-) [मानना만-느나; 인정하다: 존경하다: 숭배하다: 신뢰하다]의 여성미완료형

मकान(마깐-) 집

बहुत(바후뜨) 많은: 매우, 아주, 대단히

ज़रा(자라) 조금: 좀

दिखाइए(디카-이에) 보여주십시오 [दिखाना디카-나-; 보여주다']의 आप(압-)에게 하는 명령형 (दिखा디카- + इए이에)

इधर(이다ʰ르) 이쪽

मंदिर(만디르) 사원

कौन से(꼬운 쎄) [कौन सा꼬운 싸-; 어떤 종류의, 무슨]의 사격형

가 : 집이 아주 좋습니다. 집 좀 보여주세요.

나 : 물론이죠. 오세요. 이리로 오세요.

가 : 이것이 무엇입니까?

나 : 이것이 사원입니다.

가 : 당신은 어떤 신을 믿습니까?

나 : 나는 모든 신을 믿어요.

अभिव्यक्तियाँ

आप कौन से देवता को मानती हैं?
(압– 꼬운 쎄 데브따– 꼬 만–띠– 행?)

कौन सा(꼬운 싸–)는 '무슨, 무슨 종류의'라는 뜻으로 특히 여러 가능성이나 선택이 존재하는 것을 강조할 때 사용됩니다. **सा**(싸–)는 **आ**(아–)로 끝나는 형용사와 같이 어형 변화합니다.

आज कौन सा दिन है? 오늘 무슨 요일입니까?　　　[**आज**아–즈; 오늘, **दिन**딘; 날]
(아–즈 꼬운 싸– 딘 해?)

वह कौन सी पुस्तक है? 그것은 어떤 종류의 책입니까?[**पुस्तक**뿌스따끄; 책]
(베헤 꼬운 씨– 뿌쓰따끄 해?)

यहाँ कौन-कौन से समाचार-पत्र हैं? 여기에 어떤 종류의 신문들이 있습니까?
(야항~ 꼬운 꼬운 쎄 싸마–짜–르 빠뜨르 행?)　　　[**समाचार-पत्र**싸마–짜–르 빠뜨르; 신문]

이 문장에서 **कौन से**(꼬운 쎄)는 **कौन सा**(꼬운 싸–)가 **देवता**(데브따–) 뒤에 온 **को**(꼬)의 영향을 받아 **सा**(싸–)가 **से**(쎄)로 어형 변화한 것입니다. 후치사 **को**(꼬)는 대격(對格, 목적격, –을(를))과 여격(與格, –에게)에 오는데 여기에서는 대격(목적격)으로 사용된 것입니다.

मैं सब देवताओं को मानती हूँ।
(맹 쌉 데브따–옹 꼬 만–띠– 훙–)

देवताओं(데브따–옹)이 된 것은 대격(목적격) 후치사 **को**(꼬)의 영향을 받아 **देवता**(데브따–; 신)가 복수사격으로 어형 변화한 것입니다. **देवता**(데브따–), **राजा**(라–자–; 왕), **पिता**(삐따–; 아버지)와 같은 **आ**(아–)로 끝난 남성명사는 직격복수, 사격단수 등에서 어형 변화하지 않고 복수사격에서만 **ओं**(옹)을 첨가해 줍니다.

⊚• *व्याकरण*

후치사

1. 힌디어에는 문장에서 단어들 사이에 관계를 나타내는, 우리말에서 격조사와 같은 역할을 하는 격 후치사가 있습니다. 격 후치사가 온 경우는 사격(斜格, Oblique Case), 그렇지 않은 경우는 직격(直格, Directive Case)이라고 부릅니다. 힌디어에도 산스끄리뜨어와 같이 8격이 있다고 주장하는 학자들이 많습니다.

2. 힌디어의 격후치사로는 소유격 또는 속격(屬格)의 **का/के/की**(까-/께/끼-; 의), 대격(對格, 목적격)과 여격(與格)의 **को**(꼬; —를(을), —에게), 처소격의 **में**(멩; —에, —안에), **पर**(빠르; 위에), **तक**(따끄; —까지), 기구격, 탈격의 **से**(쎄; —부터, —에서부터, —로, —때문에) 등이 있습니다. 후치사 **ने**(네)는 우리말의 주격조사와 같은데 술부의 동사가 타동사의 완료형일 경우에만 옵니다. (10강 문법 참조)

> **कंपनी का नाम क्या है?** 회사의 이름이 무엇입니까?
> (깜빠니- 까- 남- 까- 해?)
>
> **क्या तुम सब देवताओं को [मानते/ मानती हो?]** 자네는 모든 신을 믿는가?
> (꺄- 뚬 쌉 데브따-옹 꼬 만-떼/ 만-띠- 호?)
>
> **बहन को दीजिए ।** 누이에게 주십시오.
> (베헨 꼬 디-지에)
>
> **वे स्कूल में पढ़ाती हैं ।** 그 여자분은 학교에서 가르칩니다.
> (베 쓰꿀- 멩 빠라-띠- 행)
>
> **कुर्सी पर बैठो ।** 의자 위에 앉아라. [**कुर्सी** 꾸르씨-; 의자]
> (꾸르씨- 빠르 배토)
>
> **मंदिर तक आइए ।** 사원까지 오십시오.
> (만디르 따끄 아-이에)
>
> **मैं सउल से हूँ ।** 나는 서울 출신입니다.
> (맹 써울 쎄 훙-)
>
> **आप कब से यहाँ हैं?** 당신은 언제부터 여기에 계십니까?
> (압- 깝 쎄 야항- 행?)

[소유격 후치사의 사격형태+사격명사/부사]로 구성되는 복합후치사도 있습니다.

3. 후치사는 (대)명사, 부사 뒤에 옵니다. 후치사가 붙어 (대)명사가 사격이 될 때 (대)명사가 어형변화합니다. 그리고 후치사가 붙은 (대)명사는 술부의 동사에 영향을 미치지 못합니다.

인도 인구의 약 80% 이상이 힌두교 신자입니다. 힌두교의 가장 큰 특징은 하나의 신도 하나의 경전도 하나의 교의도 가지고 있지 않다는 것입니다. 힌두교에는 많은 신들이 있고 힌두교도들은 그 모든 신들을 인정합니다. 인도인들의 집에는 자신이 각자 가장 선호하는 신과 함께 여러 신들을 모셔놓은 가정 사원이 집 안 어느 구석엔가 있습니다. 필자는 무슬림 남성과 힌두교도 여성이 결혼한 가정을 방문한 적이 있었는데 그 집에도 무슬림 남편이 메카를 향해 앉아 읽는 코란과 힌두교 아내가 믿는 여러 힌두교 신상들이 함께 모셔진 가정사원이 있었습니다. 인도인들은 종교가 무엇이든 매우 종교적인 사람들입니다. 그러나 그들이 현세를 초월한 사람들이라고 생각하면 큰 착각입니다. 인도사람들은 종교적인 것과 세속적인 것, 정신적인 것이 서로 분리되어 있지 않고 동전의 양면과 같이 하나라는 일원론적인 사고를 하기 때문입니다.

अध्याय **4**

09 몇 시예요?   10 이번 일요일에 시간 있으세요?
11 점심보다 저녁이 나은데요.

인도의 각종 문양과 인형들

몇 시예요? **कितने बजे हैं?**
(끼뜨네　바제　행?)

9
पाठ

시각의 표현법과 함께 다양한 과거시제에 활용되는 동사의 완료형을 배웁니다.

वार्तालाप

क: कितने बजे हैं?
(끼뜨네　바제　행?)

ख: छः बजे हैं ।
(체　바제　행)

क: आप की बेटी कितने बजे स्कूल जाती है?
(압–　끼–　베띠–　끼뜨네　바제　쓰꿀–　자–띠–　해?)

ख: सात बजे ।
(싸–뜨　바제)

सात बजकर दस मिनट पर स्कूल बस आती है ।
(싸–뜨　바즈까르　다쓰　미나뜨　빠르　쓰꿀–　바쓰　아–띠–　해)

शब्दावली

कितने (끼뜨네) 얼마나 많은 [कितना 끼뜨나; 얼마나] 의 복수형

बजे (바제) [बजना 바즈나; 소리 나다, 울리다: 연주되다]의 남성복수 완료형

छः (체) 여섯, 6

बेटी (베띠–) 딸

स्कूल (쓰꿀–) 학교

सात (싸–뜨) 일곱, 7

दस (다쓰) 열, 10

मिनट (미나뜨) 분

पर (빠르) –위에

बस (바쓰) 버스

आती (아–띠–) [आना 아–나; 오다]의 여성 미완료형

가 : 몇 시예요?

나 : 여섯 시예요.

가 : 당신의 딸은 몇 시에 학교에 갑니까?

나 : 일곱 시예요.

일곱 시 십 분에 학교버스가 옵니다.

◉ अभिव्यक्तियाँ

कितने बजे हैं?
(끼뜨네 바제 행?)

'몇시 입니까'라고 시간을 물어볼 때 가장 많이 사용되는 현재완료시제의 문장입니다. 현재완료시제는 [동사의 완료형 + होना(호나–)동사의 현재형]로 구성됩니다. 또한 동사의 완료형은 [동사 어간 + आ(아–)]인데 남성복수에서는 –ए(에), 여성에는 –ई(이–)가 됩니다. कितने(까뜨네; 얼마나 많은)이 복수를 의미하기 때문에 बजना(바즈나–; 울리다)의 완료형 बजा(바자–)가 남성복수형태인 बजे(바제–)를, 시제를 나타내는 होना(호나–)의 현재형의 복수인 हैं(행)를 취했습니다. 시만을 이야기 할 때 बजना(바즈나–) 동사의 완료형이 옵니다.

सात बजकर दस मिनट पर स्कूल बस आती है ।
(싸–뜨 바즈까르 다쓰 미나뜨 빠르 쓰꿀– 바쓰 아–띠– 해)

시와 분을 동시에 말할 때는 बजकर(바즈까르; 울리고 나서) 또는 बजने में(바즈네 멩; 울리는 데에)를 사용합니다. बजकर(바즈까르; 울리고 나서)는 '몇 시 몇 분이다'를 표현할 때 사용합니다. सात बजकर दस मिनट(싸–뜨 바즈까르 다쓰 미나뜨)는 '7시가 울리고서 10분', 즉 '7시 10분'이라는 뜻입니다.

बजने में(바즈네 멩; 울리는 데에)는 '몇 시 몇 분 전이다'라고 말할 때 사용됩니다. सात बजने में दस मिनट(싸–뜨 바즈네 멩 다쓰 미나뜨)는 '7시가 되는 데에 10분' 즉 '7시 10분 전'이 됩니다. 이 때 형용사 बाक़ी(바–끼–; 남은, 나머지)가 첨가되기도 합니다.

सात बजने में दस मिनट बाक़ी हैं । 7시 10분 전이다.
(싸–뜨 바즈네 멩 다쓰 미나뜨 바–끼– 행)

◉• व्याकरण

✏ 현재완료시제

1. 현재완료시제는 [동사의 완료형 +시제를 나타내는 **होना**(호나-) 동사의 현재형]이 술부의 동사로 사용됩니다.

동사의 완료형은 동사어간에 남성단수에는 –**आ**(아), 남성복수에는 –**ए**(에), 여성에서는 –**ई**(이-)가 첨가됩니다. (여성복수주어의 부정문에서 –**ई**(잉-)이 옵니다.)

2. 현재완료시제는 과거로부터 지속된 사건이지만 상태가 현재의 기준에서 끝났음을 표현합니다. 또한 과거의 완료된 행위가 현재까지 지속되는 경우에도 이 시제를 사용합니다.

    डाक का ढेर लगा है ｜ 우편물이 쌓여 있다. [डाक 다-끄; 우편, 우편물, ढेर데ʰ르; 더미]
    (다-끄 까- 데ʰ르 라가- 해)

3. 부정어로는 **नहीं**(네힝~)가 사용됩니다.

4. 수, 인칭, 성에 따른 현재완료시제

인칭＼수	단수 남성/여성	복수 남성/여성
1인칭	मैं [उठा/ उठी] हूँ ｜ (맹 우타- 훙~)	हम [उठे/ उठी] हैं ｜ (함 우테- 행)
2인칭	तू [उठा/ उठी] है ｜ (뚜- 우타-해)	तुम [उठे/ उठी] हो ｜ (뚬 우테 호) आप [उठे/ उठी] हैं ｜ (압- 우테 행)
3인칭	यह [उठा/ उठी] है ｜ (예헤 우타- 해) वह [उठा/उठी] है ｜ (베헤 우타- 해)	ये [उठे/ उठी] हैं ｜ (예 우테 행) वे [उठे/ उठी] हैं ｜ (베 우테 행)

◉• अभ्यास

✏ [   ]에 주어진 동사를 이용하여 현재완료시제의 문장을 완성하고 힌디어로 말해보십시오.

1. **कितने** (   ) **हैं?** 몇 시입니까? [**बजना**바즈나-]
   (끼뜨네   행?)

2. **वे कब** (   ) **हैं?** 그분은 언제 일어났습니까? [**उठना**(우트나-)]
   (베 깝   행?)

3. **वह तो नहीं** (   ) **है** ｜ 그녀는 일어나지 않았다. [**उठना**(우트나)]
   (베헤 또 네힝~   해)

답– 1. **बजे**(바제), 2. **उठे**(우테), 3. **उठी**(우티-).

सांस्कृतिक जानकारी

힌두교의 수많은 신중에서 3대신이라고 하면 브라흐마(ब्रह्मा)신, 비슈누(विष्णु)신, 그리고 쉬바(शिव)신입니다. 이 신들의 기능을 보면 인도사람들의 우주관을 알 수 있습니다. 인도사람들은 브라흐마신은 창조의 신이고 비슈누는 유지의 신 그리고 쉬바신은 파괴의 신이라고 합니다. 즉 인도사람들은 우주가 창조-유지-파괴의 과정이 순환된다고 믿습니다. 이러한 순환적 우주관 때문인지 힌디어에서 **कल**(깔)이라는 단어가 내일과 어제에, **परसों**(빠르쏭)이라는 단어가 그제와 모레에 함께 사용됩니다. 오늘의 기점에서 보면 내일과 어제, 그제와 모레가 같다고 할 수 있을 것입니다. 어쨌든 창조라는 단일한 기능적 특성 때문에 다양한 신격들을 흡수하지 못한 브라흐마신과 달리 비슈누신과 쉬바신은 민간신앙을 다양한 형태로 수용하면서 최고의 신으로 발전하여 현재 대중 힌두교의 2대신이 되었습니다.

이번 일요일에 시간 있으세요?
क्या इस रविवार को आप के पास समय है?
(꺄— 이쓰 라비와—르 꼬 압— 께 빠—쓰 싸마야 해?)

 **10 पाठ**

우리말의 격조사와 같은 격 후치사가 없어도 주격이 되던 (대)명사가 타동사의 완료형이 술부에 오면 후치사 ने(네)를 취하게 되는 구문을 익힙니다.

वार्तालाप

क: क्या इस रविवार को आप के पास समय है?
(꺄— 이쓰 라비와—르 꼬 압— 께 빠—쓰 싸마야 해?)

ख: कुछ ख़ास काम नहीं है, क्यों?
(꾸츠 카—쓰 깜— 네힝~ 해, 꿍?)

क: मैं खाने पर आपको बुलाना चाहता हूँ ।
(맹~ 카—네 빠르 압—꼬 불라—나— 짜—흐따— 훙~)

क्या आप ने कभी कोरियाई खाना खाया है?
(꺄— 압— 네 까비ʰ— 꼬리야—이— 카—나— 카—야— 해?)

ख: हाँ । बहुत स्वादिष्ट था ।
(항~, 바후뜨 스와—디슈뜨 타—)

शब्दावली

इस(이쓰) [지시대명사 यह예헤 ; 이, 이것, 이 사람]의 사격 형태

रविवार(라비와—르) 일요일

आप(압—) 곁, 옆, 근접: 옆에, 가까이: 합격한, 통과한

के पास(께 빠—쓰) – 의 곁에(복합 후치사),

समय(싸마야) 시간, 때

कुछ(꾸츠) 조금, 약간: 어떤 것

ख़ास(카—쓰) 특별한: 주요한:

काम(깜—) 일: 바람, 애욕

खाना(카—나—) 먹다, 식사하다: 음식, 식사

बुलाना(불라—나—) 부르다

चाहता(짜—흐따—) [चाहना짜—흐나—; 원하다]의 남성단수 미완료형

कभी(까비ʰ—) 어떤 때, 때로

स्वादिष्ट(스와—디슈뜨) 맛있는

가 : 이번 일요일에 당신에게 시간이 있으세요?

나 : 뭐 특별한 일이 없는데요. 왜요?

가 : 나는 식사에 당신을 초대하고 싶습니다.

　　한국음식을 먹어본 적이 있습니까?

나 : 예. 아주 맛있었어요.

◉• अभिव्यक्तियाँ

क्या इस रविवार को आप के पास समय हैं?

(까– 이쓰 라비와–르 꼬 압–　께 빠–쓰 싸마야 행?)

क्या(까–)는 '무엇'이라는 의문대명사가 아니고 의문문을 만들기 위한 의문표지입니다. 8강에서 대격(목적격)으로 사용된 격 후치사 **को**(꼬)는 **इस रविवार को**(이쓰 라비와–르 꼬; 이 일요일에)에서와 같이 때를 가리키는 명사와 결합하여 부사적으로 사용됩니다. 후치사 **को**(꼬)의 영향으로 지시대명사 **यह**(예헤)가 사격 변화하여 **इस**(이쓰)가 되었습니다.

여기에서 **के पास**(께 빠–쓰)는 소유를 표현하고 있습니다.

क्या आप ने कभी कोरियाई खाना खाया है?

(까– 압–　네 까비ʰ– 꼬리야–이– 카–나– 카–야– 해?)

आप(압–; 당신)과 함께 온 **ने**(네)는 타동사의 완료형이 술부에 왔을 때 주어에 첨가되는 행위격 후치사입니다. **खाया**(카–야–)는 **खाना**(카–나–; 먹다)동사의 완료형인데 동사의 어간이 -**आ**(아–)로 끝났기 때문에 반모음 **य**(여)를 -**आ**(아–)앞에 첨가하고 완료형 어미 -**आ**(아–)를 첨가했습니다. 타동사의 완료형 **खाया**(카–야–)가 술부의 동사로 왔기 때문에 주어 **आप**(압–)에 행위격 후치사 **ने**(네)가 왔습니다. 주어에 격 후치사가 왔기 때문에 주어는 동사에 영향을 미치지 못합니다. 동사는 목적어 **खाना**(카–나–; 음식)의 성과 수에 일치하여 남성단수 형태를 취했습니다.

कभी(까비ʰ–)는 '–한 적'이라는 의미로 영어에서 'ever', 부정어 **नहीं**(네힝~)와 결합하여 'never'의 의미를 갖습니다. 만약에 '한국음식을 먹어본 적이 결코 없다'라고 대답한다면 **मैं ने कोरियाई खाना कभी नहीं खाया**(맹~ 네 꼬리야–이– 카–나– 까비ʰ– 네힝~ 카–야–)라고 말합니다.

◉• व्याकरण

✐ 타동사의 완료형이 술부의 동사로 올 때

1. 타동사의 완료형이 술부에 오면 주어에는 행위격 후치사 **ने**(네)가 옵니다. 후치사 **ने**(네)가 왔기 때문에 주어는 동사에 영향을 미치지 못하고 동사는 목적어의 성과 수에 일치합니다.

मैं ने आप के दो पत्र पढे हैं । 나는 당신의 편지 두 통을 읽었다. [**पत्र** 빠뜨르; 편지]
(맹 네 압– 께 도 빠뜨르 빠레ʰ 행)

आप ने दो किताबें पढी हैं । 당신이 책 두 권을 읽었습니다.
(압– 네 도 끼따–벵 빠리ʰ– 행)

2. 힌디어의 대격(목적격)은 직격이 될 수도 있고 격후치사 **को**(꼬)가 와서 사격이 될 수도 있습니다. 대격(목적격)에 격후치사 **को**(꼬)가 오면 술부의 동사는 3인칭 남성단수의 형태를 취합니다.

आप ने दो किताबों को पढा है । 당신은 책 두 권을 읽었습니다.
(압– 네 도 끼따–봉 꼬 빠라ʰ– 해)

3. 목적어가 없거나 목적어가 절일 때도 술부의 동사는 3인칭 남성 단수의 형태를 취합니다.

तुम ने पढा है । 자네가 읽었네
(뚬 네 빠라ʰ– 해)

तुम ने पूछा है, "क्या बात है? 자네가 물었네, "무슨 일입니까?"
(뚬 네 뿌–차– 해, "까– 바–뜨 해?") [**पूछना** 뿌–츠나–; 질문하다, **बात** 바–뜨; 일]

◉• टिप

✐ 격 후치사 **को**(꼬)가 시간이나 장소를 나타내는 명사와 결합한 부사구.

(आप) आज दोपहर को इधर न आइए । 오늘 정오에 이쪽으로 오지 마십시오.
((압–) 아–즈 도쁘하르 꼬 이다ʰ르 나 아–이에) [**दोपहर** 도쁘하르; 정오]

(आप) शाम को यहाँ चाय पीजिए । 오후에 여기에서 차를 드십시오.
((압–) 샴– 꼬 야항~ 짜–에 삐–지에) [**शाम** 샴–; 저녁] [**चाय** 짜–에; 차]

(आप) रात को खाना न खाइए । 밤에 음식을 먹지 마십시오. [**रात** 라–뜨; 밤]
((압–) 라–뜨 꼬 카나– 나 카–이에가–)

(तुम) कल सवेरे(सुबह) वन को चलो । 내일 아침 숲으로 떠나라.
((뚬) 깔 싸베레(쑤베헤) 반 꼬 짤로) [**सवेरे** 싸베라–, **सुबह** 쑤베헤; 아침, **वन** 반; 숲, 밤, **चलना** 짤르나; 움직이다]

सांस्कृतिक जानकारी

인도사람들의 집에는 거의 대부분 신을 신고 들어갑니다. 그러나 집안으로 들어가기 전에 신발 터는 곳을 찾아 신을 잘 털고 들어가십시오. 대화 중에 가족구성원에 관해서 관심을 표합니다. 특히 딸이 있는 집에서는 딸에 대해 관심을 표하지 않으면 섭섭해 하는 인도사람들도 있습니다. 방문 중에 마구 부엌으로 들어가면 안됩니다. 보수적인 집에서는 더욱 그러합니다. 왜냐하면 정-부정의 관념에 따라 부엌은 가정 사원 다음으로 신성한 곳이기 때문입니다. 특히 생리중인 여성은 부엌을 들어가는 것을 금기시합니다. 보수적인 인도사람들은 생리중인 여성은 부정한 상태에 있다고 생각합니다. 그리고 외국인들도 아주 보수적인 사람의 눈에는 카스트제도 밖에 있는 부정한 존재일 수 있습니다.

점심보다 저녁이 나은데요. लंच से डिनर ठीक है
(런치 쎄 디너르 티-끄 해)

11 **पाठ**

'-부터'(탈격), '-로'(기구격)에 오는 후치사 से(쎄)가 비교급에서도 활용되는 것을 익히도록 합니다.

वार्तालाप

क: आप के लिए क्या ठीक है, लंच या डिनर?
(압– 께 리에 꺄 티-끄 해, 런치 야– 디너르?)

ख: मेरे लिए लंच से डिनर ठीक है ।
(메레 리에 런치 쎄 디너르 티-끄 해)

क: अच्छा, क्या हम लोग डिनर के लिए आठ बजे मिल सकते हैं?
(앗차–, 꺄 함 로그 디너르 께 리에 아–트 바제 밀 싸끄떼 행?)

ख: क्यों नहीं ।
(꾱 네힝–)

शब्दावली

लंच(런치) lunch 점심

डिनर(디너르) dinner 저녁식사, 만찬

ठीक(티 끄) 괜찮은: 옳은, 바른

के लिए(께 리에) 의도, 용의, 이유, 입장, 태도 등에 사용되는 복합 후치사

या(야–) 혹은, 또는

लोग(로그) 사람들

मिल(밀) [मिलना 밀르나~; 만나다]동사의 어간

सकते(싸끄떼) [सकना 싸끄나~; 할 수 있다]의 복수 미완료형

가 : 당신에게 무엇이 괜찮아요, 점심 또는 저녁?

나 : 나에게는 점심보다 저녁이 나은데요.

가 : 그래요, 우리가 저녁을 위해 여덟 시에 만날 수 있을까요?

나 : 물론이죠

◉• अभिव्यक्तियाँ

आप के लिए क्या ठीक है, लंच या डिनर?

(압- 께 리에   꺄 티-끄 해, 런치 야- 디너르?)

आप के लिए(압- 께 리에; 당신에게)에서 **के लिए**(께 리에)는 복합후치사이고 그 용법이 매우 다양합니다. [16강 문법 참조] 여기에서는 입장을 나타내는 것입니다.

या(야-; 혹은, 또는)는 다른 선택을 제시하는 접속사입니다. 동의어로 **अथवा**(아트와-)가 있습니다.

मेरे लिए लंच से डिनर ठीक है ।

(메레 리에   런치   쎄 디너르 티-끄 해)

후치사 **से**(쎄)는 일반적으로 탈격(-에서, -부터)이나 기구격(-로) 또는 원인을 나타낼 때 사용되는데 여기에서는 **से**(쎄)가 비교의 대상에서 와 **लंच से** (런치 쎄; 점심보다)가 되었습니다. 비교급에서 비교의 대상에 후치사 **से**(쎄)가 옵니다.

क्या हम लोग डिनर के लिए आठ बजे मिल सकते हैं?

(꺄 함   로그 디너르 께 리에 아트 바제 밀   싸끄떼 행?)

हम लोग(함 로그; 우리들)가 주어가 된 현재미완료시제의 일반의문문입니다.

डिनर के लिए(디너르 께 리에; 저녁을 위해)에서 **के लिए**(께 리에)는 목적을 나타내는 것입니다. **मिल सकते हैं**(밀 싸끄떼 행; 만날 수 있다)에서 **मिल सकना**(밀 싸끄나-)는 복합동사입니다. '**मिलना**(밀르나-)'가 본동사로 어간 **मिल**(밀)이 왔고 **सकना**(싸끄나-)는 할 수 있음을 표현하는 보조동사로 1인칭 복수 남성의 미완료형 **सकते**(싸끄떼)가 왔습니다. **सकना**(싸끄나-)동사는 보조동사로만 사용되고 용법이 영어의 can과 유사합니다. 맥락에 따라 현재미완료시제는 가까운 미래를 표현할 수 있습니다. 그래서 이 문장을 '우리가 만날 수 있을 것인가'로 해석할 수 있습니다.

◐• व्याकरण

✏ 비교

1. 원급 표현에는 형용사 **समान**(싸만–; 같은), **बराबर**(바라–바르; 대등한) 등이 사용됩니다.

 यह और वह समान है | 이것과 그것이 같다.
 (예헤 오우르 베헤 싸만– 해)

2. 비교를 표현할 때는 비교의 대상이 되는 단어에다 후치사 **से**(쎄)를 첨가하여 표현합니다.

 आप आशा से अच्छी हैं | 당신(여성)은 아샤(여자이름)보다 착하다.
 (압– 아–샤– 쎄 앗치– 행)

비교급과 함께 **अधिक**(아디끄; 더), **ज्यादा**(쟈–다–; 더), **और भी**(오우르 비–; 더욱), **कम**(깜; 덜),
कहीं(까힝~; 훨씬) 등의 부사가 사용될 수 있습니다.

 आप आशा से कहीं अच्छी हैं | 당신(여성)은 아샤보다 훨씬 더 착하다.
 (압– 아–샤– 쎄 까힝~ 앗치– 행)

3. 최상급은 **सब**(쌉; 모두)에다 비교급을 만드는 후치사 **से**(쎄)를 형용사 또는 부사 앞에 첨가하거
나 [형용사의 사격 + 후치사 **से**(쎄), **में**(멩) + 형용사(의 직격)]의 형용사구로 표현할 수 있습니다.

 यह सब से स्वादिष्ट खाना है | 이 가장 맛있는 음식이다.
 (예헤 쌉 쎄 쓰와–디슈뜨 카–나– 해)

 वह अच्छे में अच्छा मकान है | 그것이 가장 좋은 집이다.
 (베헤 앗체 멩 앗차– 마깐– 해)

◐• अभ्यास

✏ ( )안에 적합한 단어를 넣으면서 힌디어로 말해보십시오.

1. **मेरे लिए लंच (   ) डिनर ठीक है** | 나로서는 점심보다 저녁이 낫다.
 (메레 리에 런치   디너르 티–끄 해)

2. **मैं आपसे (   ) [अच्छा / ◐ अच्छी] हूँ** | 내가 당신보다 덜 착합니다.
 (맹 압–쎄   앗차–/앗치–   훙–)

3. **हिन्दुस्तान में (   ) से लोकप्रिय खेल क्रिकेट है** | 인도에서 가장 인기 있는 운동은 크리
 (힌두쓰딴– 멩   쎄 로끄쁘리여 켈 끄리껫 해)   켓이다.

 [लोकप्रिय(로끄쁘리여)); 인기 있는, **खेल**(켈); 경기, 놀이]

 답– 1. **से**(쎄), 2. **कम**(깜), 3. **सब**(쌉)

영어를 잘 하는 인도사람들과 만나서 대화를 해도 그들의 어휘에 많은 힌디어 단어가 섞여 있고 일반인들이 말하는 힌디어에는 많은 영어단어를 섞여 있습니다. 2008년도 세계 영어권의 최대 문학상인 부커(Booker)상을 수상한 인도작가 아라빈드 아디가(Aravind Adiga)의 『화이트 타이거』(The White Tiger)에서 주인공이 운전기사로 지내면서 자신의 주인을 면밀히 서술하는데, 거기에 북부 인도의 상류층 사람들이 영어와 힌디어를 아무 의식 없이 함께 쓰는 장면이 나오곤 합니다. 인도인들은 힌디어에 영어단어를, 영어에 힌디어 단어를 자연스럽게 섞어 씁니다. 오히려 외국인들이 순수 힌디어를 쓰는 경향이 강합니다. 힌디어와 영어단어가 혼합된 '힌디쉬'(Hindish)또는 힌글리슈(hinglish)가 일상회화로는 더 적합할 수 있습니다. 고마움이나 미안함을 간접적으로 표현한 구세대와는 달리 이제 대도시에서는 '힌디쉬'의 어휘가 된 '땡큐', '쏘리'를 자연스럽게 말하는 많은 인도사람들을 만나게 됩니다.

अध्याय 5

인도에서 유명한 KARIM 음식점

무엇이 필요하세요? **क्या चाहिए?**
(꺄− 짜−히에)

12 पाठ

'-에게' (여격)에 해당되는 후치사 को(꼬)가 와서 주어가 되는 구문을 배우기 시작합니다.

वार्तालाप

क: मेन्यू ले आओ ।
(메뉴− 레 아−오)

ख: यह लीजिए । आप को क्या चाहिए?
(예헤 리−지에)　　(압− 꼬 꺄− 짜−히에?)

क: मुझे वेज थाली चाहिए ।
(무제ʰ 베즈 탈−리− 짜−히에)

ख: और क्या चाहिए?
(오우르 꺄− 짜−히에?)

क: बस, ठीक है । गर्म मसाला कम डालना ।
(바쓰, 티−끄 해)　(가름 마쌀−라− 깜 달르−나−)

शब्दावली

चाहिए(짜−히에) 필요하다: 옳다

मेन्यू(메뉴−) 메뉴

ले आओ(레 아−오) [ले आना(레 아−나−); 가져 오다]의
　तुम(뚬)에 대한 명령형

मुझे(무제ʰ) 1인칭 대명사 मैं(맹)의 여격 또는 대격(मुझ
무즈ʰ + को꼬)의 축약형

वेज(베즈) vegetarian, vegetable의 힌디어가 된 단어;
채식의; 야채

थाली(탈−리−) 큰 접시, 쟁반: '탈리'(전채에서 밥, 빵,

야채, 콩 수프, 후식 등 전 코스의 인도음식을 맛볼 수
있는 메뉴)

और(오우르) 그리고; 더: 다른

बस(바쓰) 충분한: 단지, 겨우

गर्म(가름) 매운: 더운:

मसाला(마쌀−라−) 양념, 향신료

कम(깜) 적은: 덜

डालना(달르−나−) 던지다, 넣다

가 : 메뉴를 가져 와요.

나 : 여기 있습니다. 당신은 무엇이 필요합니까?

가 : 나는 채식 '탈리'를 먹겠소.

나 : 다른 것은 무엇이 필요합니까?

가 : 충분해요, 됐어요. 매운 양념을 조금 넣어요.

◎• अभिव्यक्तियाँ

✐ आप को क्या चाहिए?
(압- 꼬 꺄- 짜-히에?)

이 문장의 주어는 **आप को**(압- 꼬)입니다. 주어의 **को**(꼬; -에게)는 여격후치사입니다. 인칭대명사나 명사 뒤에 여격후치사 **को**(꼬)가 결합하여 주어가 되는 것입니다 후치사 **को**(꼬)가 오는 여격주어는 힌디어에서는 아주 광범위하게 사용됩니다.

여격주어가 오는 구문이 여러 가지가 있는데 이 문장은 [여격주어 + (대)명사 + **चाहिए**(짜-히에)]로 필요를 표현하는 구문입니다. [여격주어 **आप को**(압- 꼬; 당신에게) + (대)명사, **क्या**(꺄-; 무엇) + **चाहिए**(짜-히에; 필요하다)]로 구성되어 '당신이 무엇이 필요합니까'로 해석할 수 있습니다.

✐ मुझे वेज थाली चाहिए ।
(무제ʰ 베즈 탈-리- 짜-히에)

[여격주어(**मुझे**(무제ʰ) = **मुझको**(무즈ʰ꼬) + (대)명사(**वेज थाली**베즈 탈-리-; 채식'탈리') + **चाहिए**] 구문입니다. 여격주어구문에서 조심해야 할 것은 주어에 후치사 **को**(꼬)가 왔기 때문에 앞에 인칭대명사나 명사가 사격 변화하여야 한다는 것입니다. **मैं**(맹; 나)의 사격형태인 **मुझ**(무즈ʰ)에 여격후치사 **को**(꼬)가 결합하면 **मुझको**(무즈ʰ꼬)가 되고 **मुझको**(무즈ʰ꼬)의 축약형이 **मुझे**(무제ʰ)입니다. **मुझको**(무즈ʰ꼬)보다는 **मुझे**(무제ʰ)가 더 많이 통용됩니다. ;

✐ बस, ठीक है ।
(바쓰, 티-끄 해)

बस(바쓰)도 일상에서 유용하게 사용되는 어휘입니다. 충분하다는 뜻으로 음식 등을 지속적으로 권유할 때 거절할 수 있는 표현입니다. 더 나아가 **बस करना**(바쓰 까르나-)는 '그만 해라'는 뜻이 되기도 합니다. **ठीक है**(티-끄 해)도 영어의 OK와 같이 일상에서 많이 사용됩니다.

◉• व्याकरण

여격주어

1. 힌디어에는 여격 후치사 **को**(꼬)가 와서 주어가 되는 여격주어구문이 많습니다. 이 때 풍기는 뉘앙스는 상황이나 행위가 능동적이지 않고 수동적이거나 피동적이라는 것입니다. 필요함을 표현하는 **चाहिए**(짜-히에)가 올 때도 여격주어가 옵니다.

2. 여격주어에서 후치사 **को**(꼬)가 오기 때문에 **को**(꼬) 앞에서 주어를 이루는 명사 또는 대명사가 사격으로 어형 변화해야 합니다.

대명사의 직격과 여격 중심의 사격 형태를 살펴보면 아래와 같습니다.

인칭 \ 수·격	단수			복수		
	직격	사격 + **को**(꼬)	여격	직격	사격 + **को**(꼬)	여격
1인칭	**मैं**(맹)	**मुझ**(무즈ʰ) + **को**(꼬)	**मुझे**(무제ʰ)	**हम**(함)	**हम**(함) + **को**(꼬)	**हमें**(하멩)
2인칭	**तू**(뚜-)	**तुझ**(뚜즈ʰ) + **को**(꼬)	**तुझे**(뚜제ʰ)	**तुम**(뚬) **आप**(압-)	**तुम**(뚬) + **को**(꼬) **आप**(압-) + **को**(꼬)	**तुम्हें**(뚬헹) **आपको**(압-꼬)
3인칭	**वह**(베헤) **यह**(예헤)	**उस**(우쓰) + **को**(꼬) **इस**(이쓰) + **को**(꼬)	**उसे**(우쎄) **इसे**(이쎄)	**वे**(베) **ये**(예)	**उन**(운) + **को**(꼬) **इन**(인) + **को**(꼬)	**उन्हें**(운헹) **इन्हें**(인헹)
의문 대명사	**क्या**(꺄-) **कौन**(꼬운)	**किस**(끼쓰) + **को**(꼬) **किस**(끼쓰) + **को**(꼬)	**किसे**(끼쎄) **किसे**(끼쎄)	**क्या**(꺄-) **कौन**(꼬운)	**किन**(낀) + **को**(꼬) **किन**(낀) + **को**(꼬)	**किन्हें**(낀헹) **किन्हें**(낀헹)

◉• अभ्यास

주어진 인칭대명사의 여격주어를 (   ) 안에 넣으면서 힌디어로 말해보십시오.

1. (   ) **क्या चाहिए?** 우리가 무엇이 필요하지요? [**हम**함]
   (꺄-   짜-히에?)

2. **क्या** (   ) **चावल चाहिए?** 자네는 밥이 필요한가? [**तुम**뚬], [**चावल**짜-왈; 밥]
   (꺄-   짜-왈   짜-히에?)

3. (   ) **पूड़ी चाहिए |** 그는 뿌리(튀긴 빵)가 필요하다. [**वह**베헤], [**पूड़ी**뿌-리-; 튀긴 빵]
   (뿌-리-   짜-히에)

4. (   ) **अचार नहीं चाहिए |** 그 분은 아짜르(인도식 피클)가 필요 없다. [**वे**베], [**अचार**아짜-르; 피클]
   (아짜-르 네힝~ 짜-히에)

답– 1. **हमें**(하멩)(=**हमको**함꼬), 2. **तुम्हें**(뚬헹)(=**तुमको**뚬꼬), 3. **उसे**(우쎄)(=**उसको**우쓰꼬), 4. **उन्हें**(운헹)(=**उनको**운꼬)

सांस्कृतिक जानकारी

북부 인도 사람들은 일반적으로 통밀 가루로 만든 '짜빠띠'(चपाती (짜빠−띠−)) 또는 '로띠'(रोटी (로띠−))라는 빵과 밥(भात(바ʰ−뜨) 또는 चावल(짜−왈), 콩 수프인 '달'(दाल (달−)), 야채반찬(국물이 있는 야채반찬, तरकारी(따르까−리−)와 푸른 잎의 마른 야채 반찬 साग(싸−그), 채식주의자 아닌 경우 육류요리) 그리고 떠먹는 요구르트 '다히'(दही(다히−))을 먹습니다. 좀더 잘 먹을 때는 음식이 기름져집니다. 예를 들면 평소에 먹던 '짜빠띠' 또는 '로띠'를 기름에 튀겨 뿌리(पूड़ी (뿌−리−))를 만듭니다.

인도가정에서는 반찬을 만들 때마다 다양한 향신료를 일정한 비율로 혼합하여 실−밧따(सलि-बट्टा(씰−밧따−)라고 알려진 돌 판과 돌공이로 갈아서 우유기름에 튀겨 각각 맛, 향, 색깔, 기능이 다른 다양한 커리(Curry, करी (까리−))를 만듭니다. 거기에 야채, 달걀, 양고기 또는 염소고기, 닭 등을 요리합니다. 우리가 카레라고 부르는 커리는 인도의 음식이 아니고 인도음식의 기본이 되는 모든 양념과 향신료를 포괄하여 부르는 것입니다. 커리의 가장 기본이 되는 향신료는 강황(turmeric, हलदी (할디−))과 고추이고 강황 때문에 인도의 음식은 노란색을 띤 것이 많습니다.

'란' 있어요? **क्या रान मिलेगी?**
(꺄– 란– 밀레기–)

13
पाठ

'만나다'에 해당되는 मिलना(밀르나–) 동사의 다양한 용법을 익혀 봅시다.

 वार्तालाप

क: **क्या रान मिलेगी?**
(꺄 란– 밀레기–)

ख: **ज़रूर ।**
(저루–르)

क: **तो एक रान और चार नान ले आना ।**
(또 에끄 란– 오우르 짜–르 난– 레 아–나–)

कुलफ़ी भी मिलेगी?
(꿀피– 비– 밀레기–?)

ख: **जी नहीं, कुलफ़ी नहीं मिलेगी, खीर मिलेगी ।**
(지– 네힝~, 꿀피– 네힝~ 밀레기–, 키–르 밀레기–)

शब्दावली

रान (란–) 넓적다리: 양이나 염소의 넓적다리를 양념하여 '딴두르'(तंदूर 딴두–르)라는 화덕에서 구운 요리

मिलेगी (밀레기–) [मिलना 밀르니; 만나디: 구히디, 얻다: 널리 있다]동사의 여성단수 미래형

ज़रूर (저루–르) 물론, 틀림없이, 분명히

तो (또) 그러면, 그러므로: 우리말 조사 '–은(는)'이 갖는 강조의 의미

नान (난–) 백밀에 다히–(커드) 등을 넣고 반죽, 발효시켜 '딴두르'라는 화덕에서 구운 빵

कुलफ़ी (꿀피–) 인도식 아이스 케키

खीर (키–르) 달콤한 우유 죽

가 : '란' 있어요?

나 : 물론입니다.

가 : 그럼, '란' 하나와 '난' 네 개를 가져와요.

　　'꿀피'도 있어요?

나 : 아니요, '꿀피'는 없습니다. '키르'가 있습니다.

● अभिव्यक्तियाँ

✎ क्या रान मिलेगी?

(까　란　밀레기?)

मिलना(밀르나)동사가 '구하다, 얻다' 의 의미를 가질 때 여격주어를 취하는 구문입니다. 술부의 동사 मिलेगी?(밀레기?)는 मिलना(밀르나)동사의 여성단수 미래형입니다. मिलना(밀르나)동사의 1차적인 의미는 '만나다'입니다. 그런데 그 의미가 확대되면서 이 문장에서처럼 식당에서 '-가 있느냐' (available)로 해석되는데 그것은 '구하다, 얻다' 등을 의미합니다. 그래서 이 문장에서 मिलना(밀르나)동사가 여격주어를 취했습니다. 이와 같이 힌디어에서 동사의 활용에 따라 주어가 여격을 취하기도 합니다. 이 문장에서 여격주어 हमको(함꼬; 우리에게) 또는 हमें(하멩)가 생략되어 있습니다.

✎ तो एक रान और चार नान ले आना ।

(또　에끄　란　오우르　짜르　난　레 아나)

부정사 ले आना(레 아나; 가져오다)가 명령형으로 온 조건문의 주절 문장입니다.

तो(또)는 조건문의 주절에서 '그러면'이라는 의미의 접속사로 사용되었습니다. 그런데 तो(또)는 강조하려는 단어의 뒤에 와서 강조사로 사용되기도 합니다.

　　खाना तो अच्छा था । 음식은 좋았다.

　　(카나　또　앗차　타)

ले आना(레 아나; 가져오다)와 같은 의미로 लाना(라나)동사가 있습니다.

☯• *व्याकरण*

✎ मिलना (밀르나-)동사의 용법

1. '**मिलना**(밀르나-)'동사는 기본적으로 '만나다'라는 의미를 가지고 있습니다. 의지를 가지고 만나는 경우 직격 주어를 취하고 우연히 만나는 경우에는 여격 주어를 취합니다.

> **मैं तेरे अध्यापक जी से [मिलूँगा/ मिलूँगी] ।** 내가 너의 선생님을 만나겠다.
> (맹 떼레 아댜ʰ-빠끄 지- 쎄 밀룽~가-/밀룽~기-)　[**अध्यापक**(아댜ʰ 야- 빠끄; 선생]
>
> **मुझे(=मुझको) रास्ते में दोस्त मिला ।** 나는 길에서 친구를 만났다.
> (무제ʰ(=무즈ʰ 꼬) 라-쓰떼 멩 도쓰뜨 밀라-)　[**रास्ता**라-쓰따-; 길, **दोस्त**도쓰뜨; 친구]

2. '**मिलना**(밀르나-)'동사는 '구하다, 받다, 얻다'라는 의미로 아주 광범위하고 다양하게 사용됩니다. 이 때 '**मिलना**(밀르나-)'동사는 여격주어를 취합니다.

> **(क्या) हमें(=हमको) वह पुस्तक मिलेगी?** 우리가 그 책을 구할까요? [**पुस्तक** 뿌쓰따끄; 책]
> ((까-) 하멩(=함꼬)　베헤 뿌쓰따끄 밀레기-?)
>
> **तुम्हें(= तुमको) कब वेतन मिलता है ?** 자네는 언제 월급을 받는가? [**वेतन**베딴; 월급]
> (뚬헹 (= 뚬꼬)　깝　베딴　밀따-　해?)
>
> **मेरे बेटे को अच्छी नौकरी मिली है ।** 내 아들이 좋은 직장을 구했다.
> (메레 베떼 꼬 앗치- 노우끄리- 밀리- 해)　[**नौकरी** 노우끄리-; 직업, 직장]
>
> **साइकिल किराये पर कहाँ मिलेगी?** 자전거를 어디에서 빌릴 수 있나요?
> (싸-이낄　끼라-예　빠르 까항~ 밀레기 해?)
>
> **आप के दोनों पत्र मिले ।** 당신의 편지 두 통을 모두 받았다.
> (압- 께 도농 빠뜨르 밀레)

3. '**मिलना**(밀르나-)'동사가 주어가 생략되고 지명, 계절 등과 함께 쓰일 때는 '나온다, 있다' 등의 영어의 availability 의 의미를 갖게 됩니다. 이 때 주어는 일반적인 주어로 생략되는데 생략된 주어는 '**लोगों को**(로공 꼬; 사람들이)'입니다.

> **गर्मी की ऋतु में मीठे आम मिलते हैं ।** 여름철에 달콤한 망고가 나온다.
> (가르미- 끼- 리뚜 멩 미-테ʰ 암- 밀떼 행)　[**ऋतु** 리뚜; 계절, **मीठा**미-타ʰ-; 달콤한, **आम** 암-; 망고]

सांस्कृतिक जानकारी

북부 인도의 음식은 중세에 무슬림들의 영향으로 다양해지고 육식요리도 많아졌습니다. 견과, 건포도, 향신료 정제한 우유기름 등이 고유한 인도음식에 첨가되어 북부 인도의 음식의 영양이 더욱 풍부해지고 풍미(豊味)해졌습니다. 무글라이 음식 즉 무갈시대의 음식은 북부 인도의 이슬람문화권에서 발달한 음식을 대표한다고 할 수 있습니다 '딴두르'라는 화덕에서 구워낸 '딴두리 치킨', '난'이라는 빵 등이 유명합니다.

남부 인도에서는 쌀을 많이 먹습니다. 남부 인도의 대표적인 음식인 '도싸'. '이들리'. '웃따빰' 등이 모두 쌀을 주 원료로 하고 있습니다. 남부인도의 음식에는 북부 인도와는 달리 정제한 우유기름보다 코코넛을 사용합니다. '쌍바르'는 남부 인도의 콩 수프인데 야채가 들어가 있고 맛이 더 매콤하고 자극적입니다. 남부 인도의 음식은 인도의 서민들도 즐겨 이용하는, 가격이 비교적 저렴한 인도의 대표적인 패스트푸드라고 할 수 있습니다.

인도식 찻집에서 ढाबे में
(다ʰ-베 멩)

14
पाठ

Have 동사가 없는 힌디어에서 소유를 어떻게 표현하는지 익히도록 합니다.

वार्तालाप

क: आप के पास समोसे हैं?
(압- 께 빠-쓰 싸모쎄 행?)

ख: आप को कितने समोसे चाहिए?
(압- 꼬 끼뜨네 싸모쎄 짜-히에?)

क: एक समोसा । और मसाला चाय है?
(에끄 싸모싸-. 오우르 마쌀-라 짜-에 해?)

ख: जी हाँ ।
(지- 항~)

क: एक समोसा और एक कप मसाला चाय जल्दी देना ।
(에끄 싸모싸- 오우르 에끄 깝 마쌀-라 짜-에 잘디- 데나-)

ख: अभी देता हूँ ।
(아비ʰ- 데따- 훙~)

शब्दावली

ढाबे (다ʰ-베) [ढाबा 다ʰ-바-; 인도의 간이 찻집]의 단수 사격 형태

के पास (께 빠-쓰) 복합 후치사, 곁에, 옆에

समोसे (싸모쎄) [समोसा 싸모싸-; (향신료로 맛을 낸 감자를 소로 넣고 튀긴 삼각형의) 인도식 만두]의 직격 복수형

मसाला (마쌀-라) 양념, 향신료

चाय (짜-에) 차

कप (깝) 컵

जल्दी (잘디-) 빨리, 급하게; 빠름, 급속

अभी (아비ʰ-) [अब (압; 지금, 현재) + ही (히-; 바로)] 바로 지금, 현재; 이제

देता (데따-) [देना 데나-; 주다]의 남성단수 미완료형

가 : '싸모싸' 있어요?

나 : '싸모싸'가 몇 개 필요하세요?

가 : '싸모싸' 한 개요. '향신료 넣은 홍차'가 있어요?

나 : 네.

가 : '싸모싸' 한 개와 '향신료 넣은 홍차' 한 잔 빨리 주세요.

나 : 금방 드릴께요.

◎• अभिव्यक्तियाँ

आप के पास समोसे हैं?
(압- 께 빠-쓰 싸모쎄 행?)

이 문장은 복합 후치사 **के पास**(께 빠-쓰)가 소유를 나타난 문장입니다. 복합 후치사 **के पास**(께 빠-쓰)는 1차적으로 '- 의 옆에, -곁에'라는 뜻으로 사용됩니다. 그런데 그 의미가 확대되어 '-가 있는 곳' 그리고 사물의 소유를 표현할 때도 사용됩니다. 이 문장에서 소유를 표현하고 있습니다. **समोसे**(싸모쎄)는 -**आ**(아-)로 끝난 남성명사 **समोसा**(싸모싸; '싸모싸')의 직격 복수형입니다.

और मसाला चाय है?
(오우르 마쌀-라- 짜-에 해?)

और(오우르; 그리고)는 접속사로 사용되었습니다. 그리고 소유를 표시하는 **के पास**(께 빠-쓰)가 생략 되어 있습니다. 문장을 다 쓰면 **आप के पास मसाला चाय है?**(압- 께 빠-쓰 마쌀-라- 짜-에 해?) (당신에게 '향신료 들어간 차'가 있습니까) 가 될 것입니다.

अभी देता हूँ ।
(아비ʰ- 데따- 훙~)

이 문장에서 주어 **मैं**(맹; 나)가 생략된 일상을 표현하는 데에 유용한 현재미완료시제의 1인칭 남성 단수입니다(7강 문법 참조). 이 문장에서와 같이 현재미완료시제는 아주 가까운 미래를 나타내기 도 합니다. **अभी**(아비ʰ-)는 **अब**(압; 지금, 현재) + **ही**(히-; 바로)로 바로 지금이라는 부사로 일상에 서 많이 사용됩니다.

◉• व्याकरण

소유 표현법

힌디어에는 영어 have와 같은 소유를 나타내는 동사가 별도로 존재하지 않습니다. 영어의 have 와 같이 표현하려면 소유격 후치사 **का**(까-), **के**(께), **की**(끼-)나 복합후치사 **के पास**(께 빠-쓰)를 **होना**(호나-)동사와 함께 사용합니다.

소유격 후치사 소유격 후치사 **का**(까-), **के**(께), **की**(끼-)는 일반적으로 혈연, 관계, 분리가 불가능한, 양도할 수 없는 소유 등을 표현할 때 **होना**(호나-)동사와 함께 사용합니다.

> **आशा की एक बड़ी बहन है।** 아샤에게는 언니 한 명이 있다. [**बड़ा**바라-; 큰]
> (아-샤- 끼- 에끄 바리- 베헨 해)

> **कमरे की चार दीवारें हैं।** 방의 네 개의 벽이 있다. [**दीवार**디-와-르; 벽]
> (까므레 끼- 짜-르 디-와-렝 행)

인간관계와 관련된 경우나 분리가 불가능한 경우를 제외하고 대부분의 경우 복합 후치사 **के पास**(께 빠-쓰)를 **होना**(호나-)동사와 함께 사용하여 소유를 표현합니다.

> **शर्मा जी के पास समय है**? 샤르마씨에게 시간이 있느냐? [**समय**싸마야; 시간, 때]
> (샤르마- 지- 께 빠-쓰 싸마야 해?)

※ **आप**(압-)을 제외한 1, 2인칭 대명사는 소유격에서 축약형을 사용하는데 그 형태를 잘 익혀두 시기 바랍니다

> **मैं**(멩) + **का**(까-) = **मेरा**(메라-; 나의)　　**हम**(함) + **का**(까-) = **हमारा**(하마-라-; 우리의)
> **तू**(뚜-) + **का**(까-) = **तेरा**(떼라-; 너의)　　**तुम**(뚬) + **का**(까-) = **तुम्हारा**(뚬하-라-; 저네의)

◉• अभ्यास

주어진 소유 인칭대명사를 (   ) 안에 넣으면서 힌디어로 말해보십시오.

1. **क्या (   ) पास वह पुस्तक है**? 너는 그 책을 가지고 있느냐?
   　까- (   ) 빠-쓰 베헤 뿌쓰따끄 해?)

2. **क्या(   ) पास पैसे हैं**? 자네가 돈을 가지고 있는가?
   　까- (   ) 빠-쓰 빼쎄 행?)

3. **(   ) एक बड़ी बहन है।** 나에게 언니 한 명이 있다.
   　(   ) 에끄 바리- 베헨 해)

4. **(   ) अनेक दोस्त हैं।** 우리에게는 많은 친구가 있다.
   　(   ) 아네끄   도쓰뜨 행)

답- 1. **तेरा**(떼라-), 2. **तुम्हारे**(뚬하-레), 3. **मेरी**(메리-), 4. **अनेक**(하마-레)

문화적 정보 (사안스크리틱 자나카리)

북부인도에서는 가장 선호되는 음료는 홍차입니다. 인도에서 차 문화는 영국인들의 접촉과 더불어 시작되었습니다. 처음에는 상위 계층의 인도인들이 차를 마시기 시작하였고 점점 하위 계층으로 확대되었습니다. 인도에서 마시는 홍차는 끓는 물에 차 잎과 설탕을 넣고 끓이다가 우유를 넣은 우유홍차입니다. 홍차가 영국인의 영향으로 인도음료의 일부가 되었다면 우유는 고대 베다시대부터 인도사람들에게 아주 중요한 식품재료이었습니다. 인도사람들은 음식, 음료, 식용유, 과자 등 다양한 형태로 유제품을 만들었습니다. 유제품은 인도사람들에게 주요 영양 공급원이 될 뿐 아니라 의례적인 중요성도 지니고 있습니다. 정-부정의 관념이 깊이 작용하고 있는 인도에서 우유와 우유를 발효시킨 '다히'(दही), '다히'(커드)에서 정제한 우유기름(घी기ㅡ))이 정화기능을 가지고 있고 유제품으로 요리된 식품은 의례적으로 완전한 식품으로 간주되는 경우가 있습니다. 이것은 소를 중시한 인도문화의 단면이라고 할 수 있습니다.

인도식당과 가게에서 हलवाई की दुकान पर
(할와–이– 　 끼– 　 두깐– 　 　 빠르)

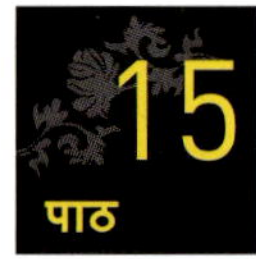

이미 익힌 필요성의 표현법을 복습하며 미래시제를 배웁니다.

🎧 वार्तालाप

क: आप को कौन सी मिठाई चाहिए?
(압– 　 꼬 　 꼬운 씨– 　 미타–이– 짜–히에?)

ख: आप के पास बादामी बर्फ़ी है?
(압– 　 께 　 빠–쓰 　 바–다–미– 바르피– 해?)

क: हाँ । आप को कितनी चाहिए?
(항~. 압– 　 꼬 　 끼뜨니– 　 짜–히에?)

ख: एक किलो दे देना ।
(에끄 낄로 　 　 데 데나–)

गर्म-गर्म गुलाब जामुन मिलेंगे?
(가름 가름 　 굴랍– 　 자–문 　 밀렝게?)

क: जी हाँ ।
(지– 항~)

🔵 शब्दावली

हलवाई (할와–이–) 당과제조업자, 제과업자
दुकान (두깐–) 가게, 상점
मिठाई (미타–이–) 인도식 당과
बादामी बर्फ़ी (바–다–미– 바르피–) 인도식 당과의 한 종류(बादामी (바–다–미–; 아몬드의), बर्फ़ी 바르피–는 설탕에 응고된 우유, 콩가루 등을 첨가하여 만든 네모난 인도식 당과로 बादामी बर्फ़ी 바–다–미– 바르피–는 아몬드가 많이 첨가된 바르피)

किलो (낄로)킬로
गर्म (가름) 뜨거운, 더운: 매운
गुलाब जामुन (굴랍– 자–문) 인도식 당과의 한 종류(गुलाब 굴랍–은 장미, जामुन 자–문은 자두를 뜻하는 데 गुलाब जामुन 굴랍– 자–문은 뜨거운 시럽과 함께 나오는 우유로 만든 둥근 갈색 인도식 당과)

가 : 당신이 어떤 당과가 필요하십니까?

나 : 당신에게 '바다미 바르피'가 있습니까?

가 : 예. 얼마나 필요합니까?

나 : 1 킬로 주세요.

　　따끈따끈한 '굴랍 자문'이 있습니까?

가 : 예.

● अभिव्यक्तियाँ

✐ आप को कौन सी मिठाई चाहिए?
(압– 꼬 꼬운 씨– 미타–이– 짜–히에?)

12강에서는 익힌 [여격주어(**आप को** 압– 꼬; 당신이) + (대)명사(**कौन सी मिठाई** 꼬운 씨– 미타–이–; 어떤 종류의 당과) + **चाहिए**(짜–히에; 필요하다)]로 필요를 표현하는 구문입니다.
कौन सा(꼬운 싸–; 무슨, 어떤 종류의)가 뒤에 나온 **मिठाई**(미타–이–; 인도식 당과)가 여성명사이기 때문에 **कौन सी**(꼬운 씨–)로 어형 변화하였습니다.

✐ आप के पास बादामी बर्फ़ी है?
(압– 께 빠–쓰 바–다–미– 바르피– 해?)

14강에서 익힌 복합 후치사 **के पास**(께 빠–쓰)로 소유를 표현하는 문장입니다. 이렇게 상대방의 소유를 묻는 방식으로 자신의 필요성을 표현하고 있습니다. 회화에서 **आप के पास**(압– 께 빠–쓰)를 생략하고 [명사 + **होना**(호나–)동사의 현재형]으로만 필요성을 표현할 수 있습니다.

✐ गर्म-गर्म गुलाब जामुन मिलेंगे?
(가름 가름 굴랍– 자–문 밀렝게?)

13강에서 익힌 '구하다, 얻다'의 뜻으로 **मिलना**(밀르나–)동사가 사용되었을 때 여격주어를 취하는 구문입니다. 여격주어 **मुझे**(무제ʰ)(=**मुझको**무즈ʰ꼬)가 생략되었습니다. 여기에서 **मिलना**(밀르나–)동사는 동사의 어간(**मिल**(밀)과 미래시제를 만드는 남성복수어미 **एँगे**(엥게)가 결합한 미래시제의 남성복수형 **मिलेंगे**(밀렝게)가 왔습니다. 이 문장의 동사 **मिलेंगे**(밀렝게)는 남성복수명사 **गुलाब जामुन**(굴랍– 자–문; '굴랍 자문')에 일치하였습니다.
गर्म-गर्म(가름 가름; 뜨끈뜨끈한)은 단어를 반복 사용하여 의미를 강조하고 있습니다.

व्याकरण

미래시제

미래시제는 미래의 행위나 상태를 표현합니다. 미래시제는 [동사의 어간 + 미래시제 어미 **ऊँगा**(웅~가-)/**ऊँगी**(웅~기-), **एगा**(에가-)/**एगी**(에기-), **ओगे**(오게)/**ओगी**(오기-), **एँगे**(엥게)/**एँगी**(엥기-) 중 하나] 로 구성됩니다. 미래시제는 수, 인칭, 성에 따라 아래와 같이 변합니다. (**उठना**우트나-; 일어나다)

수 인칭	단수 남성/여성	복수 남성/여성
1인칭	**मैं**(맹) [**उठूँगा**(우퉁~가-)/**उठूँगी**(우퉁~기-)]	**हम**(함) [**उठेंगे**(우텡게)/**उठेंगी**(우텡기-)]
2인칭	**तू**(뚜-) [**उठेगा**(우테가-)/**उठेगी**(우테기-)]	**तुम**(뚬) [**उठोगे**(우토게)/**उठोगी**(우토기-)] **आप**(압-) [**उठेंगे**(우텡게)/**उठेंगी**(우텡기-)]
3인칭	**यह**(예혜) [**उठेगा**(우테가-)/**उठेगी**(우테기-)] **वह**(베헤) [**उठेगा**(우테가-)/**उठेगी**(우테기-)]	**ये**(예) [**उठेंगे**(우텡게)/**उठेंगी**(우텡기-)] **वे**(베) [**उठेंगे**(우텡게)/**उठेंगी**(우텡기-)]

होना(호나-)동사의 미래시제는 현재의 행위나 상태의 추정을 표현하기도 합니다.

वह घर में होगा ㅣ 그는 집에 있을 것이다.
(베헤 가ʰ르 멩 호가-)

미래시제의 부정어로는 **न**(나) 또는 **नहीं**(네힝)를 사용합니다.

अभ्यास

[   ]에 주어진 동사를 이용하여 인칭과 수에 따른 미래시제를 만들고 힌디어로 말해보십시오.

1. **मैं आपको खाने पर (   )** ㅣ 내가 식사에 당신을 부르겠다. [**बुलाना**(불라-나-), 여성주어]
(맹 압-꼬 카-네 빠르   )

2. **आप कब (   )?** 당신은 언제 일어날 것입니까? [**उठना**(우트나-), 여성에게]
(압- 깝   ?)

3. **क्या हम लोग कल काम (   )?** 우리가 내일 일할 것인가요? [**करना**(까르나-)]
(꺄- 함 로그 깔 깜-   ?)

4. **वह कंपनी में (   )** ㅣ 그는 회사에 있을 것이다. [**होना**(호나-)]
(베헤 깜빠니- 멩   )

답- 1. **बुलाऊँगी**(불라-웅~기-), 2. **उठेंगी**(우텡기-), 3. **करेंगे**(까렝게), 4. **होगा**(호가-)

सांस्कृतिक जानकारी

인도음식문화는 인도사회만큼이나 복잡하고 다양하다고 할 수 있습니다. 그 근저에서 가장 중요하게 작용하고 있는 요인은 정-부정의 관념입니다. 인도사람들은 오른 손은 정하고 왼손은 부정하다고 생각하기 때문에 오른 손으로 식사를 합니다. 또한 정-부정의 관념에 따라 음식의 위계가 결정됩니다. 그런데 인도음식의 위계는 카스트제도의 위계를 토대로 하고 있다고 할 수 있습니다. 사제계급이 먹는 음식이 상단에 오고 상위카스트들이 '불가촉천민'(Antouchalbes, अछूत 아추-뜨)이라고 부르는 '달리뜨'(Dalit, दलित, '억압 당한 자')와 같은 부정한 집단들이 먹는 음식이 부정한 음식으로 하단에 오게 됩니다. 주로 사제계급이 먹는 채식이 음식의 위계에서 상단에 속해 있는 정한 음식이라고 생각합니다. 그래서인지 인도사회에서는 채식이 존중 받고 있습니다. 상위카스트가 만든 음식은 하위 카스트도 먹을 수 있지만 하위 카스트가 만든 음식은 상위 카스트가 먹을 수 없습니다. 그래서 전통적으로 인도의 요리사는 사제계급 출신입니다.

अध्याय 6
16 당신의 사리가 아주 아름답습니다.   17 면직물을 사고 싶어요.

인도의 전통 의상을 입은 자매들

당신의 사리가 아주 아름답습니다. **आप की साड़ी बहुत सुंदर है**

(압– 끼– 싸–리– 바후뜨 쑨다르 해)

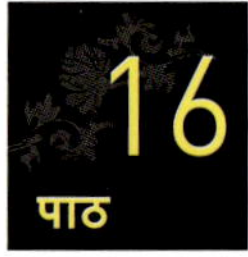

16 पाठ

다양한 의미로 사용되는 복합 후치사 के लिए(께 리에)의 용례들을 하나, 하나 확실히 익혀둡시다.

वार्तालाप

क:आप की साड़ी बहुत सुंदर है ।
(압–   끼– 싸–리– 바후뜨 쑨다르 해)

ख:धन्यवाद, यह वाराणसी की है ।
(단ʰ야와–드,   예헤 와–라–나씨–   끼– 해)

क:मैं अपनी माँ के लिए एक साड़ी ख़रीदना चाहता हूँ ।
(맹 아쁘니– 망~ 께 리에 에끄 싸–리– 카리–드나 짜–흐따– 훙~)

ख:आप सी.पी. के स्टेट एम्पोरियम जाइए ।
(압– 씨–.삐–. 께 스떼뜨 엠뽀리염   자–이에)

वहाँ आप को अच्छी साड़ियाँ मिलेंगी ।
(바항~ 압–   꼬 앗치–   싸–리양~ 밀렝기–)

शब्दावली

साड़ी(싸–리–) 사리, 남아시아지역의 대표적 여성 의상

बहुत(바후뜨) 많은: 아주, 대단히, 매우

सुंदर(쑨다르) 아름답다

अपनी(아쁘니–) 자신의, [재귀대명사 अपना 아쁘나–]
의 소유격 여성형

माँ(망~) 어머니, 엄마

ख़रीदना(카리–드나) 사다, 구매하다

सी.पी.(씨–.삐–.) C.P.(Connaught Place의 약자), 뉴델
리에서 명동과 같은 번화가.

स्टेट एम्पोरियम(쓰떼뜨 엠뽀리염) State Emporium,
주 정부 직영 대형 상점.

चाहता(짜–흐따–) [चाहना(짜–흐나–); 원하다]의 남성
단수 미완료형

जाइए(자–이에) [जाना 자–나–; 가다]의 आप 압–에 대
한 존칭명령형(जा 자– + इए 이에)

वहाँ 바항~ 거기(에)

साड़ियाँ(싸–리양~) 사리들(साड़ी 싸–리–의 복수형)

가 : 당신의 '싸리'가 아주 아름답습니다.

나 : 감사합니다. 이것은 '와라나시' 산(産)이예요.

가 : 나도 어머니를 위해 '싸리'를 하나 사고 싶어요.

나 : C.P.에 있는 주 정부 직영 대형상점에 가세요.

　　 거기에서 당신은 좋은 사리를 구할 수 있을 것입니다.

● अभिव्यक्तियाँ

यह वाराणसी की है ।
(예헤 와–라–나씨– 끼– 해)

소유격 후치사 **का**(까–; –의)는 (대)명사, 수사 등과 결합하여 형용사와 같이 사용되어 –**आ**(아–)로 끝나는 형용사와 같이 어형 변화합니다. **वाराणसी की**(와–라–나씨– 끼–; 와나라씨의, 와라나씨 산) 에서 소유격 후치사 **का**(까–; –의)가 주어를 서술하는 형용사로 사용되었습니다. 주어 **यह**(예헤)가 **साड़ी**(싸–리–; 사리)를 가리키고 **साड़ी**(싸–리–)가 여성명사이기 때문에 **का**(까–)가 **की**(끼–)로 변했습니다.

मैं अपनी माँ के लिए एक साड़ी ख़रीदना चाहता हूँ ।
(맹 아쁘니– 망̃ 께 리에　에끄 싸–리– 카리–드나 짜–흐따– 훙̃)

[직격 주어(**मैं**맹; 나) + 부정사(**ख़रीदना**카리–드나; 구매하다) + **चाहना**짜–흐나–; 원한다) 동사] 구문의 1인칭 남성 단수의 현재미완료시제의 문장입니다. 이 구문은 '–하기를 원한다'라는 뜻으로 자신의 바람을 능동적으로 표현할 때 사용됩니다.

अपनी माँ(아쁘니– 망̃; 자신의 어머니)의 **अपनी**(아쁘니–)는 재귀대명사 (**अपने**) **आप**((아쁘네) 압–; 자신)의 소유격 **अपना**(아쁘나–)가 –**आ**(아–)로 끝나는 형용사와 같이 뒤에 나오는 여성명사 **माँ**(망̃)에 일치한 것입니다. 복합 후치사 (**के**) **लिए**((께) 리에)는 '–를 위하여'라는 뜻으로 사용되었습니다.

● व्याकरण

✐ 복합 후치사 **के लिए**(께 리에)

복합후치사 **के लिए**(께 리에)는 입장, 태도, 원인이나 이유, 준비됨, 목적, 의도, 동작의 방향, 시간의 폭 등을 나타낼 때 사용됩니다.

मेरे लिए लंच से डिनर ठीक है। 나로서는 점심보다 저녁이 괜찮습니다.
(메레 리에   런치 쎄   디너르   티-끄 해)

सउल हन नदी के लिए प्रसिद्ध है। 서울은 한강으로 유명합니다.
(써울   한   나디- 께 리에   쁘라싯드ʰ 해)   (**नदी** 나디-;강, **प्रसिद्ध** 쁘라싯드ʰ; 유명한)

मैं आप की मदद के लिए तैयार हूँ। 나는 당신을 도울 준비가 되어 있다.
(맹 압-   끼 마다드 께 리에   때야-르 훙-)   (**मदद** 마다드; 도움)

हम लोग डिनर के लिए मिल सकते हैं। 우리는 저녁식사를 위해 만날 수 있다.
(함   로그   디너르   께 리에   밀   싸끄떼   행)

वे लोग वन के लिए चल पड़े। 그들은 숲으로 떠났다.
(베 로그   반   께 리에   짤   빠레)

राम चौदह साल के लिए वन में रहे। 람이 14년 동안 숲에서 살았다.
(람-   쪼우다흐 쌀-   께 리에   반   메 라헤)   (**चौदह** 쪼우다흐; 14, **रहना** 레흐나-; 살다)

● टिप

✐ 의문사 **किस लिए**(끼쓰 리에; 왜)와 **इसलिए**(이쓸리에; 그래서) 그리고 **किस के लिए**(끼쓰 께 리에; 누구를 위해, 무엇으로)와 **इस के लिए**(이쓰 께 리에; 이것 때문에)의 의미 차이

वह किस लिए साड़ी ख़रीदना चाहता है। 그는 왜 사리를 사고 싶어 합니까?
(베헤 끼쓰   리에   싸-리-   카리-드나- 짜-하따- 해)

साड़ी सुंदर है। इसलिए वह साड़ी ख़रीदना चाहता है।
(싸-리- 쑨다르 해.   이쓸리에   베헤 싸-리- 카리-드나- 짜-하따- 해)

사리가 아름답습니다. 그래서 그는 사리를 사고 싶어 합니다.

वह किस के लिए साड़ी ख़रीदना चाहता है? 그는 누구를 위해 사리를 사기를 원합니까?
(베헤 끼쓰   께   리에   싸-리- 카리-드나- 짜-하따- 해?)

सउल किस के लिए प्रसिद्ध है? 서울은 무엇으로 유명합니까?
(씨울   끼쓰   께 리에   쁘라싯드ʰ 해?)

우리의 입장에서 보면 몸에 휘휘 두르는 인도의 대표적인 여성의상, 사리를 입었다고 표현하기가 힘듭니다. 인도의 의복에 대한 개념은 우리와 다릅니다. 인도의 의복은 바느질 하지 않은 옷과 바느질 한 옷으로 나눌 수 있습니다. 그리고 인도사회의 근저에 작용하고 있는 정-부정의 관념에 따르면 바느질 하지 않은, 다른 말로 해서 사람의 손이 닿지 않은 옷이 정한 옷입니다. 여성의상, 사리나 남성들이 입는 도띠(धोती;도ʰ띠-)는 모두 정한 옷입니다. 옛날에는 여성들이 맨 몸에 사리를 입었습니다. 시간이 흐름에 따라 사리 안에 속치마를 입고 상의인 블라우스도 입게 되었습니다. 1991년 인도경제개혁 이후 여성의상에도 변화가 나타났습니다. 사리를 고수하던 인도여성들이 활동적인 바지를 착용하기 시작했습니다. 그러나 이들이 택한 바지는 서양의 바지가 아니고 인도의 전통의상인 쌀와르 까미즈(सलवार-कमीज़; 쌀와-르 까미-즈)입니다. 이 의상은 이슬람문화의 유입과 함께 들어온 바느질한 옷이고 인도뿐만 아니라 주변의 이슬람문화권에서 널리 착용되는 의상입니다.

면직물을 사고 싶어요. **मैं सूती कपड़ा लेना चाहती हूँ।**

(맹 쑤–띠– 까쁘라– 레나– 짜–흐띠– 훙~)

17 पाठ

동사를 꾸며주는 또 다른 동사인 의미보조동사의 용법에는 삶에 대한 세밀한 관찰이 숨어 있습니다.

वार्तालाप

क: मैं सलवार-कमीज़ के लिए कपड़ा ख़रीदना चाहती हूँ।
(맹 쌀와–르 까미–즈 께 리에 까쁘라– 카리–드나– 짜–흐띠– 훙~)

ख: आप को कौन सा कपड़ा चाहिए?
(압– 꼬 꼬운 싸– 까쁘라– 짜–히에?)

क: मैं अपने लिए सूती कपड़ा लेना चाहती हूँ।
(맹 아쁘네 리에 쑤–띠– 까쁘라– 레나– 짜–흐띠– 훙~)

ख: यह देखिए, सस्ता और अच्छा है।
(예헤 데키에, 싸쓰따– 오우르 앗차– 해)

क: दर्जी सिलाई के लिए कितना लेता है?
(다르지– 씰라–이– 께 리에 끼뜨나– 레따– 해?)

ख: मुझे मालूम नहीं। दर्जी से पूछ लेते हैं।
(무제ʰ 말–룸 네힝~ 다르지– 쎄 뿌–츠 레떼 행~)

शब्दावली

सूती (쑤–띠–) 면직의

कपड़ा (까쁘라–) 옷감

सूती कपड़ा (쑤–띠– 까쁘라–) 면직물

सलवार (쌀와–르) 인도여성들이 입는 활동적인 바지

कमीज़ (까미–즈) 기장이 긴 셔츠

लेना (레나–) 취하다: 사다: 받다

देखिए (데키에) [देखना (데크나–) 동사 '보다'의
आप (압–)에 대한 명령형

सस्ता (싸쓰따–) 싼, 저렴한

दर्जी (다르지–) 재봉사

सिलाई (씰라–이–) 공임

मालूम (말–룸) 아는, 명백한, 지식이 있는

पूछ (뿌–츠) [पूछना 뿌–츠나–; 묻다]의 어간

가 : 나는 '쌀와르 까미즈' 용으로 옷감을 사고 싶어요.

나 : 당신은 어떤 옷감이 필요합니까?

가 : 나는 나를 위해 면직물을 사고 싶어요.

나 : 이것을 보세요. 저렴하고 좋습니다.

가 : 재봉사가 공임을 얼마나 받나요?

나 : 나는 모릅니다. 재봉사에게 물어보지요. .

◉• अभिव्यक्तियाँ

✎ **मैं अपने लिए सूती कपड़ा लेना चाहती हूँ।**
(맹 아쁘네 리에   쑤–띠– 까쁘라– 레나– 짜–흐띠– 훙~)

복합후치사 **के लिए**(께 리에)는 '위해서'라는 뜻으로 사용되었고 재귀대명사의 사격 소유격 **अपने**(아쁘네)와 결합하여 **अपने लिए**(아쁘네 리에; 자신을 위해)로 왔습니다.
लेना(레나–)동사의 용법은 매우 다양한데 이 문장에서는 **ख़रीदना**(카리–드나–; 사다)라는 의미로 사용되었습니다.

✎ **मुझे मालूम नहीं। दर्ज़ी से पूछ लेते हैं।**
(무제ʰ 말–룸– 네힝~.   다르지– 쎄 뿌–츠 레떼 행)

मालूम(말–룸–)은 '알려진; 분명한'이라는 뜻의 형용사인데 **होना**(호나–)동사와 함께 와서 '알다' 라는 뜻이 되고 이 때 여격주어를 취하기 때문에 **मैं**(맹)의 여격 **मुझको**(무즈ʰ꼬)(=**मुझे**무제ʰ)가 왔습니다(46강 문법 참조).
दर्ज़ी से पूछ लेते हैं (다르지– 쎄 뿌–츠 레떼 행; 재봉사에게 물어보지요)에는 주어 **हम**(함; 우리)이 생략되어 있습니다. 1인칭 단수에서 복수를 사용하는 경우는 스스로 권위 등을 표현할 때이지만 일상에서 그냥 많이 사용됩니다. 이 때는 여성이 말해도 남성복수의 형태를 취합니다.
우리말에서 '묻다'에 앞에 오는 조사는 '–에게'인데 힌디어에서는 **पूछना**(뿌–츠나–; 묻다)앞에 **से**(쎄)가 옵니다. **पूछ लेते हैं**(뿌–츠 레떼 행; 물어보지요)에서 **लेना**(레나–)동사는 '–해 두다'라는 의미를 주는 보조동사로 사용되었습니다. **लेना**(레나–)동사는 본동사로도 다양한 의미를 표현하고 보조동사로도 사용될 때는 본동사가 가리키는 행위로 인해 행위자에게 무엇인가 얻는 것이 있다는 의미를 포함하고 있습니다.

व्याकरण

힌디어의 의미보조동사

힌디어의 보조동사에는 의미보조동사와 문법보조동사가 있습니다. 힌디어에서 의미보조동사는
어간으로 나타나는 본동사의 의미에 뉘앙스를 주는 경우가 많습니다

पत्र लिखिए | 편지를 쓰십시오.
(빠뜨르 리키에)

पत्र लिख दीजिए | 편지를 주십시오.
(빠뜨르 리크 디–지에)

पत्र लिख लीजिए | 편지를 써 두십시오.
(빠뜨르 리크 리–지에)

देना(데나–; 주다), **लेना**(레나–; 받다, 갖다, 취하다), **जाना** (자–나–; 가다), **उठना**(우트나–; 일어나다),
पड़ना(빠르나–; 쓰러지다), **डालना**(달–르나–; 던지다)와 같이 보조동사로 사용되는 동사들은 본동
사로도 주요하게 사용됩니다.

टिप

옷감/옷과 관련된 몇 가지 표현

यह कपड़ा कितने का है? 이 옷감은 얼마짜리입니까?
(예헤 까쁘라– 끼뜨네 까 해?)

कपड़े का रंग पक्का है न? 옷감의 색이 빠지지 않지요?
(까쁘레 까 랑그 빡까– 해 나?) (**रंग**랑그; 색: 염색, **पक्का**빡까–; 익은, 확고한, 확실한)

मैं एक कमीज़ बनवाना [चाहता/चाहती] हूँ | 셔츠를 주문하고 싶습니다.
(맹 에끄 까미–즈 반느와–나– 짜–흐따–/짜–흐띠– 훙–) (**बनवाना**반느와–나–; 만들게 하다)

बहुत लम्बा नहीं चाहिए | 너무 길지 않게 해주세요. (**लम्बा**람바–; 긴)
(바후뜨 람바– 네힝– 짜–히에)

ज़रा ढीला कर दीजिए | 넉넉하게 해주십시오. (**ढीला**딜ʰ–라–; 느슨한)
(자라– 딜ʰ–라– 까르 디–지에)

(मुझे = मुझको) कमीज़ कब मिलेगी? 셔츠를 언제 찾지요?
(무제ʰ = 무즈ʰ꼬) 까미–즈 깝 밀레기–?)

सांस्कृतिक जानकारी

인도의 옷감은 색상과 디자인이 독특하기 때문에 매력 있는 쇼핑거리 중에 하나입니다. 인도의 실크제품 중에서 스카프와 같은 품목은 좀 약하기는 하지만 상대적으로 가격이 저렴하면서도 보온성이 뛰어납니다. 많은 지역이 아열대에 속한 인도에서 면제품도 발달했습니다. 면제품은 시원하고 질긴 편이지만 염색이 빠지는 경우가 많습니다. 특히 천연염색을 한 수공업제품이 그렇습니다.

인도 수공업을 대표하는 옷감은 '카디'(खादी(카-디-))입니다. '카디'는 영국의 인도에 대한 식민지 통치 당시 마하뜨마 간디(महात्मा गाँधी, 1869~1948)가 영국의 인도에 대한 경제적 침탈에 대항하여 인도 대중에게 물레로 자신이 필요한 옷감을 짜도록 독려하면서 생산되기 시작하였습니다. 그래서 '카디'는 인도의 경제적 독립의 상징이었습니다. 독립운동 당시 각계의 거의 모든 지도자들이 '카디'로 된 옷을 입었습니다. 아직도 간디 철학을 따르는 소수의 사람들은 '카디'만 착용합니다.

अध्याय
7
18 집을 둘러보려고요.
19 물이 제대로 나오나요?

인도인들의 집들

집을 둘러보려고요. **मुझे मकान देखना है**
(무제[h] 마깐–   데크나–   해)

18 **पाठ**

자신의 생각을 에둘러 표현하기에 적합한 [여격주어+부정사+होना(호나–)동사] 구문을 익혀봅니다.

वार्तालाप

क: कहिए, आप किससे मिलना चाहते हैं?
(까히에,   압– 끼쓰쎄   밀르나–   짜–흐떼 행?)

ख: मैं मकान मालिक से मिलना चाहता हूँ ।
(맹 마깐–   말–리끄 쎄 밀르나–   짜–흐따– 훙–)

मुझे मकान देखना है ।
(무제[h] 마깐–   데크나–   해)

क: आइए, अन्दर आइए । मैं ही मकान मालकिन हूँ ।
(아–이에, 안다르   아–이에. 맹 히– 마깐–   말–낀   훙–)

आप का शुभ नाम?
(압–   까– 슈브[h] 남–?)

ख: मेरा नाम दो वन है ।
(메라– 남– 도원   해)

शब्दावली

देखना (데크나–) 보다

कहिए (까히에) [कहना 께흐나–; '말하다'] 동사의
　आप (압–)에 대한 명령형 (कह (께헤) + इए 이에 =
　कहिए 까히에)

किस (끼쓰) कौन (꼬운; 누구) 또는 क्या (꺄–; 무엇)의

사격형

मालिक (말–리끄) 주인

ही (히–) '바로' 의미의 한정사

मालकिन (말–낀) 안주인

शुभ (슈브[h]) 상서로운, 좋은, 길조의

가 : 말씀하세요, 당신은 누구와 만나기를 원합니까?

나 : 제가 집주인과 만나기를 원합니다.

　　제가 집을 둘러보려고요.

가 : 오세요, 안으로 들어오세요.

　　제가 안주인입니다.

　　당신의 존함은요?

나 : 제 이름은 도원입니다.

अभिव्यक्तियाँ

आप किससे मिलना चाहते हैं?
(압- 끼쓰쎄 밀르나- 짜-흐떼 행?)

자신의 바람을 적극적으로 표현하는 [직격주어(**आप**압-; 당신) + 부정사(**मिलना**밀르나-; 만나다) + **चाहना**(짜-흐나-; 원하다)] 구문의 2인칭 존칭복수 현재미완료시제의 문장입니다. **मिलना**(밀르나-; 만나다) 동사가 능동적인 만남을 표현하고 있어 주어는 직격의 형태를 취합니다. (13강 문법 참조). 우리말에서는 '만나다' 앞에 오는 조사가 '-와'인데 힌디어에서 **मिलना**(밀르나-) 앞에 후치사 **से**(쎄)가 옵니다. 후치사 **से**(쎄)의 영향을 받아 의문대명사 **कौन**(꼬운; 누구)이 사격 변화하여 **किस**(끼쓰)가 되었습니다.

मुझे मकान देखना है ।
(무제ʰ 마깐- 데크나- 해)

본동사(부정사)가 가리키는 행위의 필요성, 바람직함, 필연성 등을 가볍게 표현할 때 오는 [여격주어(**मुझे**무제ʰ; 나에게→내가) + 부정사(**देखना**데크나; 보다) + **होना**(호나-)동사(**है**해)] 구문으로 '내가 봐야 한다'로 해석됩니다. 가까운 예정을 알릴 때 많이 사용됩니다.

आप का शुभ नाम?
(압- 까- 슈브ʰ 남-?)

3강에 나왔던 **आप का नाम क्या है?**(압- 까- 남- 꺄- 해?; 당신의 이름이 무엇입니까) 보다 품격 있는 표현입니다. **शुभ**(슈브ʰ; 상서로운)라는 단어는 **शुभ दिन**(슈브ʰ 딘; 좋은 날), **शुभकामनाएँ**(슈브ʰ깜-므나-엥; 잘 되기를 빎)과 같이 축하와 관련된 표현에서 많이 사용됩니다.

◉• व्याकरण

✐ [여격주어 + 부정사 + होना(호나-)동사] 구문

힌디어에 여격주어가 오는 여러 구문 중에서 [여격주어 + 부정사 + होना(호나-)동사]는 본동사(부정사)가 가리키는 행위의 필요함, 바람직함, 필연성을 가볍게 표현할 때 사용합니다. 실제로는 예정을 표현할 때 많이 쓰입니다.

> **मुझे अभी जाना है** | 나는 지금 집에 가야 해요. [अभी아비ʰ-; 바로 지금]
> (무제ʰ 아비ʰ- 자-나- 해)

> **उसे(उसको) मुझसे मिलना है** | 그는 나를 만나야 되요.
> (우쎄(우쓰꼬) 무즈ʰ쎄 밀르나- 해)

होना(호나-)동사의 현재형이 오면 가까운 미래를 나타냅니다. होना(호나-)동사의 미래형(होगा호가-, होंगे홍게, होगी호기-, होंगी홍기-)이 오면 미래의 행위 또는 추정을 나타내며 होना(호나-)동사의 과거형(था타, थे테, थी티-, थीं팅-)이 오면 맥락에 따라 사실의 서술일 수도 있고 과거에 행하진 않은 것을 표현할 수도 있습니다.

> **आपको कल उससे कहना होगा** | 당신이 내일 그에게 말해야 될 것이다. [कल깔; 내일, 어제]
> (압-꼬 깔 우쓰쎄 께흐나- 호가-)

> **मुझे कल जाना था** | 당신이 어제 가야 했다.
> (무제ʰ 깔 자-나- 타-)

◉• अभ्यास

✐ ( ) 안에 주어진 의미에 적합한 होना(호나-)동사의 형태를 넣으면서 힌디어로 말해보십시오. .

1. **हमें(= हमको) यहाँ बैठना (   )** | 우리가 여기 앉아야 한다.
   (하멩(= 함꼬) 야항- 배트나-   )

2. **आपको कल जाना (   )** | 당신이 어제 갔어야 했다.
   (압-꼬 깔 자-나-   )

3. **तुझे(= तुझको) गर्म मसाला नहीं डालना (   )** | 네가 매운 양념을 넣지 않아야 했다.
   (뚜제ʰ(= 뚜즈ʰ꼬) 가름 마쌀-라- 네힝- 달-르나-   )

4. **मुझे(= मुझको) मकान मालिक से मिलना (   )** | 내가 집주인과 만나야 할 것이다.
   (무제ʰ(= 무즈ʰ꼬) 마깐- 말-리끄 쎄 밀르나-   )

답- 1. **है**(해), 2. **था**(타-), 3. **था**(타-), 4. **होगा**(호가-)

सांस्कृतिक जानकारी

북부 인도의 전통적인 가옥구조의 중심에는 '앙간'(आँगन앙~간) 즉 안마당이 있습니다. 가옥의 사방이 담으로 둘러 쌓고 한쪽 면에 문이 있습니다. 문을 열고 들어가면 '앙간' 즉 안마당이 있고 3면으로 방들이 있습니다. 이것은 결혼한 남자형제들이 다 함께 모여 사는 인도의 전통적인 결합가족제도에 알맞게 설계된 것입니다. '앙간' 즉 안마당은 모든 구성원의 공동공간입니다. 우물 또는 수도가 있고 그 곳에서 빨래도 하고 목욕도 합니다. 또 곁에서는 음식도 만듭니다. '앙간' 즉 안마당에는 인도사람들이 성스럽게 여기는 똘씨(तुलसी 똘씨-; 나룩풀)나무가 심겨져 있습니다. 인도사람들은 아침, 저녁으로 그 나무에 머리 숙여 의례를 하지만 그 잎을 따서 향신료로 홍차나 음식에 넣기도 합니다. 인도에서 '앙간' 즉 안마당 중심의 전통적인 건축구조가 변형된 중앙을 공간으로 비워 두고 사방에 방이 있는 결합가족이 함께 사는 도시의 큰 건물이나 별 다섯 개 호텔을 발견할 수 있습니다.

물이 제대로 나오나요? क्या पानी ठीक से आता है?

(꺄– 빠–니– 티–끄 쎄 아–따– 해?)

당위성을 표현하기에 적합한 [여격주어+부정사+ चाहिए(짜–히에)] 구문을 익혀봅니다.

वार्तालाप

क: मकान तो ठीक है । क्या पानी ठीक से आता है?
　(마깐– 또 티–끄 해. 꺄– 빠–니– 티–끄 쎄 아–따– 해?)

ख: जी. पानी हमेशा आता है ।
　(지–. 빠–니– 하메샤– 아–따– 해)

क: मेरे पास पैसे कम हैं इसलिए मुझे कम किराये का मकान लेना चाहिए ।
　(메레 빠–쓰 빼쎄 깜 행 이쓸리에 무제ʰ 깜 끼라–예 까– 마깐– 레나– 짜–히에)

　रेट क्या है?
　(레뜨 꺄– 해?)

ख: दस हज़ार रुपये महीना ।
　(다쓰 하자–르 루빠예 마히–나–)

शब्दावली

पानी (빠–니–) 물
हमेशा (하메샤–) 항상, 늘
पैसे (빼쎄) [पैसा 빼싸–; 돈: 빼사(1루피는 100빼사)]의
직격 복수

कम (깜) 적은: 덜
इसलिए (이쓸리에) 그래서, 그러므로

किराये (끼라–예) [किराया 끼라–야; 요금]의 사격 단수
रेट (레뜨) rate 요금, 세
हज़ार (하자–르) 천
रुपये (루빠에) [रुपये 루빠야–; 루피: 돈]의 직격 복수
महीना (마히–나–) 달, 월

가 : 집은 괜찮네요. 물이 제대로 나오나요?

나 : 네, 물이 항상 나옵니다.

가 : 제게 돈을 많지 않습니다.

　　그래서 저는 세가 싼 집을 구해야만 합니다.

　　집세는 얼마입니까?

나 : 한 달에 1만 루피입니다.

अभिव्यक्तियाँ

मकान तो ठीक है ।
(마깐- 또 티-끄 해)

[주어(**मकान**마깐-; 가옥, 집) + 보어(**ठीक**티-끄; 괜찮은) + 동사(**है**해)]의 기본적인 문장입니다. **तो**(또)는 강조하고자 하는 단어 뒤에 와서 '-은(는)'의 의미를 주는 강조사입니다. **ठीक**(티-끄)는 형용사로도 사용되고 부사로도 사용됩니다(38강 문법 참조). 이 문장에서는 형용사로 사용되었습니다.

इसलिए मुझे कम किराये का मकान लेना चाहिए ।
(이쓸리에 무제ʰ 깜 끼라-예 까- 마깐- 레나- 짜-히에)

[여격주어 + 부정사 + **चाहिए**]의 구문으로 18강에서 익힌 [여격주어 + 부정사 + **होना**(호나-)동사]의 구문에서 **होना**(호나-)동사 대신 **चाहिए**(짜-히에)가 왔습니다. **चाहिए**(짜-히에)는 '해야 한다'라는 뜻으로 의무적인 성격이 강조되어 있고 **होना**(호나-)동사보다 그 강도가 훨씬 셉니다.
कम किराये का मकान(깜 끼라예 까- 마깐-; 싼 세의 집)에서 **किराया**(끼라-야; 세, 요금) 뒤에 소유격 후치사 **का**(까-; -의)가 와서 형용사적으로 **मकान**(마깐-; 집)을 꾸미고 있습니다. 소유격 후치사 **का**(까-)의 영향으로 **किराया**(끼라-야-)가 사격 변화하여 **किराये**(끼라-예)가 되었습니다.
लेना(레나-)동사는 '(세를) 얻다'는 뜻으로 사용되었습니다.

दस हज़ार रुपये महीना ।
(다쓰 하자-르 루빠예 마히-나-)

요금이나 가격을 이야기할 때 돈이 먼저 나오고(**दस हज़ार**다쓰 하자-르; 1만) 기간이나 단위(**महीना**마히-나-; 달)가 나오는 어순을 주의하여 보시기 바랍니다. 그리고 힌디어에는 만이라는 어휘가 따로 없고 십(**दस**다쓰)+천(**हज़ार**하자-르)으로 표현합니다.

🔵 व्याकरण

✐ [여격주어 + 부정사 + **चाहिए**(짜–히에)] 구문

होना(호나–)동사 대신 **चाहिए**(짜–히에)가 온 구문은 본동사(부정사)가 가리키는 행위의 필요함, 바람직함, 필연성의 강도가 심한 것을 나타냅니다.

आपको काम करना है ┃ 당신이 일을 해야 한다.
(압–꼬   깜– 까르나– 해)

आपको काम करना चाहिए ┃ 당신이 일을 해야만 한다.
(압–꼬   깜– 까르나– 짜–히에)

[여격주어 + 부정사 + **चाहिए**(짜–히에)]의 구문이 과거시제에 오면 과거에 행하지 않은 것에 대한 표현일 가능성이 높습니다.

आपको करना चाहिए था ┃ 너는 일을 해야만 했었다.
(압–꼬   까르나– 짜–히에 타–)

चाहिए(짜–히에) 대신 **पड़ना**(빠르나–)동사를 사용하면 본동사(부정사)가 가리키는 행위가 자신의 의지와 상관 없이 필연적임을 표현합니다.

आपको आराम करना पड़ेगा ┃ 당신이 일을 하지 않을 수 없을 것이다
(압–꼬   아–람– 까르나– 빠레가–)

※ [여격주어 + 부정사 + **होना**(호나–)동사/**चाहिए**(짜–히에)/**पड़ना**(빠르나–)동사]는 하나의 구문으로 볼 수 있습니다. **होना**(호나–)동사 보다 **चाहिए**(짜–히에)가, **चाहिए**(짜–히에) 보다 **पड़ना**(빠르나–)가 더 강한 표현이 됩니다. **पड़ना**(빠르나–)동사의 시제, 상, 법 등에 일치하여 다양하게 옵니다.

🔵 अभ्यास

✐ **चाहिए**(짜–히에)나 **पड़ना**(빠르나–)동사를 활용하여 (   ) 안을 넣으면서 힌디어로 말해보십시오.

1. **हमें(= हमको) यहाँ बैठना** (   ) ┃ 우리가 여기에 앉아야만 한다..
(하멩~(= 함꼬)   야항~ 배트나–   )

2. **आपको कल जाना** (   ) ┃ 당신이 어제 갔어야만 했었다.
(압–꼬   깔 자–나–   )

3. **तुझे(= तुझको) गर्म मसाला नहीं डालना** (   ) ┃ 네가 매운 양념을 넣지 않았어야만 했었다.
(뚜제ʰ (= 뚜즈ʰ꼬) 가름 마쌀–라 네힝~ 달–르나   )

4. **मुझे(= मुझको) मकान मालिक से मिलना** (   ) ┃ 내가 집주인과 만나지 않을 수 없을 것이다.
(무제ʰ(= 무즈ʰ꼬)   마깐– 말–리끄 쎄 밀르나   )

답– 1. **चाहिए**(짜–히에), 2. **चाहिए था**(짜–히에 타–), 3. **चाहिए था**(짜–히에 타–), 4. **पड़ेगा**(빠레가–)

सांस्कृतिक जानकारी

인도의 화폐는 루피입니다. 힌디어로는 '루빠야'(**रुपया**(루빠야−))인데 은화라는 뜻입니다. 오늘까지 사용되는 인도의 '루빠야'를 시작한 통치자는 16세기의 셰르 사흐(**शेर शाह**셰르 샤−흐)이었습니다. 그는 1539년에 무갈제국의 2대 황제 휴마윤(**हुमायूँ**후마−융−)을 패배시키고 1545년 사망까지 델리를 중심으로 북부 인도를 통치했습니다. 그는 짧은 기간 동안 군대조직과 관료제도를 정비하여 통치체제를 개선하고 국민에게 선정을 베풀었고 국민들 사이에서 인기가 있었다고 합니다. 그는 인프라 구축을 위해서도 많은 애를 썼습니다. 우물을 파고 길을 만들고 가로수를 심게 했습니다. 마우리아(**मौर्य**모우르여)왕조(기원전 321−기원전 185)시대에 만들어진 북부 인도에서 벵갈까지의 길을 보수하였고 바로 이 도로가 현재 파키스탄 북서부의 뻬샤와르(**पेशावर**빼샤−바르)에서 인도 동부 꼴까따(**कोलकाता**꼴까−따−)까지 연결된 The Grand Trunk Road입니다. 그러나 현재 인도에서는 인프라가 제대로 구축되어 있지 않아 인도에서 생활할 때 단전도, 절수도 감수해야 됩니다. 그래서 집을 구할 때 물은 제대로 나오는지 불은 나가지 않는지 잘 살펴보아야 합니다. 인프라 구축은 신흥경제대국으로 주목 받고 있는 인도의 매우 절박한 과제임에 틀림없습니다.

अध्याय 8
20 오늘 환율이 어떻게 되나요?

거리에서 동전을 파는 노인들

오늘 환율이 어떻게 되나요? आज का रेट क्या है?

(아-즈 　 까- 　 레뜨 　 까- 　 해?)

20 पाठ

언어의 습관에 '받고 주는' 의식을 보여주는 인도인들이 너무나 다양하게 사용하는 लेना(레나-; 받다)동사의 용법을 살펴봅니다.

🎧 वार्तालाप

क:क्या यहाँ डॉलर बदल सकती हूँ?

(까- 　 야항~ 　 달라르 　 바달 　 싸끄띠- 　 훙~?)

ख:पासपोर्ट दीजिए ।

(빠-쓰뽀르뜨 　 디-지에)

क:आज का रेट क्या है?

(아-즈 　 까- 　 레뜨 　 꺄- 　 해?)

ख:एक डॉलर के पैंतालीस रुपये हैं । और यह आप का एक सौ डॉलर का नोट है ।

(에끄 　 달-라르 　 께 　 빤딸-리-쓰 　 루빠예 　 행. 　 오우르 　 예헤 　 압- 　 까- 　 에끄 　 쏘우 　 달라르 　 까- 　 노뜨 　 해)

क:मुझे दो एक हज़ार के. चार पाँच सौ के और बाक़ी सौ सौ के नोट दे दीजिए ।

(무제ʰ 　 도 　 에끄 　 하자-르 　 께. 　 짜-르 　 빵~쯔 　 쏘우 　 께 　 오우르 　 바-끼- 　 쏘우 　 쏘우 　 께 　 노뜨 　 데 　 디-지에)

⦿• शब्दावली

आज (아-즈) 오늘	सौ (쏘우) 백
डॉलर (달라르) dollar 달라	नोट (노뜨) note 지폐
बदल (바달) [बदलना 바달르나-; 바꾸다, 교환하다]의 어간	हज़ार (하자-르) 천
	चार (짜-르) 넷, 4
पासपोर्ट (빠-쓰뽀르뜨) 여권	पाँच (빵~쯔) 다섯, 5
पैंतालीस (빤딸-리-쓰) 45	बाक़ी (바-끼-) 나머지: 남은

가 : 여기에서 달러를 환전할 수 있나요?

나 : 여권을 주세요.

가 : 오늘 환율이 어떻게 되나요?

나 : 1달러에 45 루피입니다. 그리고 이것은 당신의 1백 달라 지폐입니다.

가 : 제게 1천 루피 짜리 지폐 두 장, 5백 루피 짜리 지폐 넉 장 그리고 나머지는 백 루피 짜리로 주세요.

◉• अभिव्यक्तियाँ

क्या यहाँ डॉलर बदल सकती हूँ?
(까- 야항- 달-라르 바달 싸끄띠- 훙-?)

सकना(싸끄나-)동사는 보조동사로만 사용될 수 있고 능력, 허가 등을 표현할 때 많이 사용됩니다. '할 수 있음'의 의미를 가진 동사로 **लेना**(레나-; 받다, 취하다), **पाना**(빠-나-; 얻다, 획득하다) 가 있습니다. **सकना**(싸끄나-)동사가 '능동적 할 수 있음을 의미한다면 보조동사로서 **लेना**(레나-)동사는 '그럭저럭 할 수 있음'을, **पाना**(빠-나-)는 '아주 간신히 할 수 있음'이라는 뉘앙스를 줍니다.

यह आप का एक सौ डॉलर का नोट है ।
(예헤 압- 까- 에끄 쏘우 달-라르 까- 노뜨 해)

[주어(**यह**예헤; 이것) + 보어(**आप का एक सौ डॉलर का नोट**압- 까- 에끄 쏘우 달-라르 까- 노뜨; 당신의 1백 달러 지폐) + 동사(**है**해; 이다)]의 기본적인 문형의 문장입니다. 앞의 소유격 **आप का**(압- 까-)와 뒤의 소유격 **एक सौ डॉलर का**(에끄 쏘우 달-라르 까-)가 모두 **नोट**(노뜨)를 한정하고 있습니다.

मुझे दो एक हज़ार के, चार पाँच सौ के और बाक़ी सौ सौ के नोट दे दीजिए ।
(무제 도 에끄 하자-르 께, 짜-르 빵-쯔 쏘우 께 오우르 바-끼- 쏘우 쏘우 께 노뜨 데 디-지에)

दे दीजिए(데 디-지에)는 **देना**(데나-)가 본동사와 보조동사로 함께 사용된 경우로 의미를 강조하고 있습니다. **लेना**(레나-; 받다, 취하다, 갖다)동사도 본동사와 보조동사로 함께 사용됩니다. 일상회화에서는 의미를 강조하지 않으면서 습관적으로 같은 동사를 복합동사로 사용합니다.

◉• व्याकरण

✒ लेना(레나–)동사의 용법

1. **लेना**(레나–)는 본동사로 무엇인가 취한다는 의미로 다양하게 사용됩니다.
   उसने पैसे लिए हैं। 그는 돈을 받았다.
   (우쓰네 빠쎄 리에   행)
   मैं छुट्टी [लूँगा/ लूँगी]। 나는 휴가를 받겠다. [छुट्टी 춋띠– ; 휴가, 방학]
   (맹 춋띠–   룽–가/룽–기–)

2. **लेना**(레나–)는 보조동사로서도 매우 중요한데 아래와 같은 경우에 옵니다. .
   1) 본동사의 행위가 행위자에게 이익이 될 때
   खाना खा लो। 음식을 먹어 두어라.
   (카–나– 카– 로)

   2) 할 수 있음을 표현할 때
   मैं हिंदी बोल [लेता/ लेती] हूँ। 나는 힌디어를 말할 수 있다.
   (맹 힌디– 볼   레따–/레띠–   훙–)

3. **लेना**(레나–)가 본동사와 보조동사로 함께 사용되기도 합니다. 의미가 강조되는데 일상에서 의미의 강조 없이 사용되기도 합니다.
   उसने पैसे ले लिए हैं। 그는 돈을 받았다.
   (우쓰네 빼쎄 레 리에   행)

◉• टिप

✒ 주고 받는 것 관련 어휘

लेन-देन(렌–덴) 받음과 줌: 금융, 대부
   शादी दहेज़ के लेन-देन का व्यापार नहीं है। 결혼이 신부지참금을 받고 주는 일이 아니다.
   (샤–디– 다헤즈 께 렌–덴   까– 뱌–빠–르 네힝– 해)

लेना-देना(레나–데나) 받기와 주기: 관계
   अभी तक उनसे मेरा कोई लेना-देना नहीं है। 지금까지 그분과 나는 아무 관계가 없다.
   (아비ʰ– 따끄 운쎄   메라– 꼬이– 레나–데나 네힝– 해)

आदान-प्रदान(아단– 쁘라단–) 받음과 내어줌; 교환
   विचारों का आदान-प्रदान होता है। 의견의 교환이 있다.
   (비짜–롱 까   아–단–쁘라단–   호따– 해)

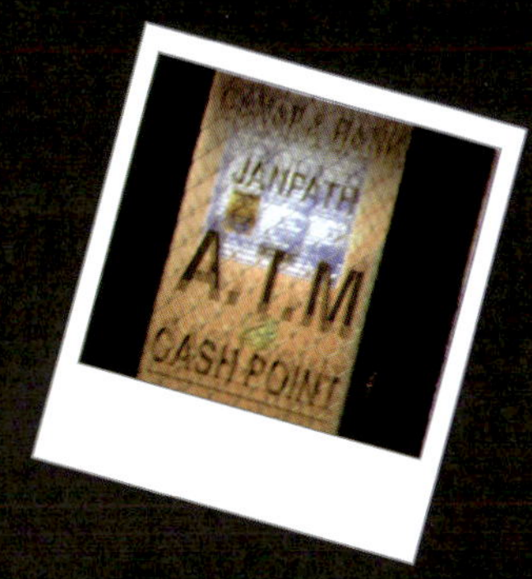

सांस्कृतिक जानकारी

인도의 통화단위는 루피입니다. 힌디어로는 루빠야(**रुपया**루빠야–; 단수), 루빠예 (**रुपया**(루빠예); 복수)이고 영어로는 Re.(단수) Rs(복수)로 표시합니다. 루피보다 더 작은 통화단위는 빼싸(**पैसा**(빼싸–); 단수), 빼세(**पैसे**(빼쎄); 복수)이고, 1루빠야는 100빼세이고 빼세는 P로 표시합니다. 지폐의 경우 1, 2, 5, 10, 20, 50, 100, 500, 1000루피 짜리가 있으며 요즈음 1, 2, 5루피의 지폐는 동전으로 대치되고 있습니다. 동전으로 1, 2, 5루피 외에 1, 2, 5, 10, 20, 25, 50 빼세가 있습니다. 인도사람들은 축의금을 할 때는 50, 100, 200, 500루피로 하지 않고 거기에 1루피를 더하여 51, 101 501 루피를 합니다. 이러한 관습은 다 차서 끝난 것보다 채워갈 수 있는 시작을 좋게 생각하기 때문인 것 같습니다. 인도사람들은 짝수를 선호하고 홀수 특히, 1, 3, 13을 기피합니다.

अध्याय 9
21 제 값을 말해요.
22 처음 것을 다시 보여주세요.

과일 가게

제 값을 말해요. **ठीक दाम बताओ ।**

(티-끄 담- 바따-오)

21
पाठ

여격주어구문에 온 부정사가 타동사이면 앞에 나오는 목적어의 성과 수에 일치합니다.

वार्तालाप

क: आप को क्या-क्या चाहिए?
(압- 꼬 꺄- 꺄- 짜-히에?)

ख: मुझे एक दर्जन केले और एक किलो आम ख़रीदने हैं ।
(무제ʰ 에끄 다르잔 껠레 오우르 에끄 낄로 암- 카리-드네 행)

क्‍ितने के हैं?
(끼뜨네 께 행)

क: केले तीस रुपये दर्जन और आम एक सौ रुपये किलो ।
(껠레 띠-쓰 루빠예 다르잔 오우르 암- 에끄 쏘우 루빠예 낄로)

ख: ज़्यादा बताते हो, ठीक दाम बताओ ।
(쟈-다- 바따-떼 호, 티-끄 담- 바따-오)

शब्दावली

दाम (담-) 가격
बताओ (바따-오) [बताना 바따-나-; 말하다: 진술하다:
  알려주다]의 तुम (뚬)에 대한 명령형
दर्जन (다르잔) Dozen 다스, 12개 묶음
केले (껠레) [केला 껠라-; 바나나]의 직격 복수

आम (암-) 망고
तीस (띠-쓰) 30, 삼십
ज़्यादा (쟈-다-) 아주 많은: 아주 많이
बताते (바따-떼) [बताना 바따-나-; 말하다: 진술하다:
  알려주다]의 남성복수 미완료형

가 : 당신은 무엇, 무엇이 필요합니까?

나 : 나는 바나나 12개와 망고 1킬로를 사려고 한다.

　　얼마짜리요?

가 : 바나나는 12개에 30 루피이고 망고는 1킬로에 1백 루피입니다.

나 : 비싸게 말하네요. 제 값을 말해요

◉• अभिव्यक्तियाँ

आप को क्या-क्या चाहिए?
(압- 꼬 까- 까-　짜-히에?)

필요성을 표현하는 [여격주어(**आप को**압- 꼬; 당신이) + (대)명사(**क्या-क्या**꺄-까-; 무엇무엇) + **चाहिए**짜-히에]구문입니다.

의문대명사 **क्या**(까-)를 반복하여 써서 복수임을 표현합니다. 의문사의 복수를 표현하고 싶을 때 의문사를 반복하여 씁니다. 그러나 동사는 단수로 받는데 의문사마다 동사가 오는데 생략되고 한 번만 온다고 보기 때문입니다.

आपने दिल्ली में क्या-क्या देखा है? 당신이 델리에서 무엇-무엇을 보았습니까?
(압-네　딜리-　멩 꺄-까-　데카- 해?)　　　　　　　　　　　　　　　　[**देखना**데크나-; 보다]

मुझे एक दर्जन केले और एक किलो आम ख़रीदने हैं ।
(무제ʰ 에끄 다르잔　껠레 오우르 에끄 낄로　암-　카리-드네 행)

행위의 필연성을 가볍게 표현하는 [여격주어(**मुझे**무제; 나) + 부정사(**ख़रीदना**카리-드나-; 구매하다) + **होना**호나-]의 구문입니다. 이 구문에서 부정사가 타동사이면 부정사는 타동사가 갖는 목적어의 성과 수에 따라 변화합니다. 목적어 **आम**(암-)이 복수이므로 타동사 **ख़रीदना**(카리-드나-)가 **ख़रीदने**(카리-드네)로 **होना**(호나-)동사는 복수 형태, **हैं**(행)이 되었습니다.

● व्याकरण

[여격주어 + **타동사 부정사** + होना호나-/चाहिए짜-히에/पड़ना빠르나-] 구문

[여격주어 + 부정사 + होना 호나-/चाहिए 짜-히에/पड़ना 빠르나-]의 구문에서 부정사가 타동사인 경우는 타동사가 갖는 목적어의 성과 수에 동사가 일치하여야 합니다. 목적어가 남성단수이면 (ख़रीद)ना((카리-드)나-) 그대로, 남성복수이면 (ख़रीद)ने(카리-드네), 여성이면 단-복수에서 모두 (ख़रीद)नी((카리-드)니-)가 옵니다. होना(호나-)동사/पड़ना(빠르나-)동사도 목적어의 성과 수에 따라 변화합니다. चाहिए(짜-히에)는 변화하지 않고 과거시제에서 시제를 나타내는 होना(호나-)동사의 과거형이 목적어의 성과 수에 따라 남성단수에서는 था(타-), 남성복수에서는 थे(테), 여성단수에서는 थी(티-), 그리고 여성복수에서는 थीं(팅-)이 옵니다.

तुझे(=तुझको) दो पुस्तकें ख़रीदनी थीं । 너는 책 두 권을 사야 했다.
(뚜제ʰ(=뚜즈ʰ꼬) 도 뿌쓰따껭 카리-드니- 팅~)

मुझे(=मुझको) गर्म मसाला डालना पड़ा । 나는 매우 양념을 넣지 않을 수 없었다.
(무제ʰ(=무즈꼬) 가름 마쌀-라- 달-르나- 빠라~)

इन्हें(=इनको) मकान दिखाना पड़ेगा । 이 분은 집을 보여주지 않을 수 없을 것이다.
(인헹~(=인꼬) 마깐- 디카-나- 빠레가-)

उसे(=उसको) कपड़े ख़रीदने चाहिए थे । 그(녀)는 옷을 사야만 했다.
(우쎄(=우쓰꼬) 까쁘레 카리-드네 짜-히에 테)

● टिप

가격 관련 표현

इसका दाम क्या है? इसका क्या दाम है? (이것의) 가격이 얼마입니까?
(이쓰 까-담- 꺄- 해?) (이쓰 까- 꺄-담- 해?)

यह किस दाम का/की है? 이것은 가격이 얼마짜리입니까?
(예헤 끼쓰 담- 까-/끼- 해?)

यह कितने का/की है? 이것은 얼마짜리입니까?
(예헤 끼뜨네 까-/끼- 해?)

(तुम) कितने लोगे?/लोगी? (आप) कितने लेंगे/लेंगी ? 얼마 받을 것이요?
(뚬 끼뜨네 로게/로기-?) (압- 끼뜨네 렝게/렝기-?)

-के लिए कितने लेते/लेती हैं? -(으)로 얼마를 받습니까?
(께 리에 끼뜨네 레떼/레띠- 행~?)

सब मिलाकर कितना हुआ? 모두 합쳐서 얼마입니까?
(쌉 밀라-까르 끼뜨나- 후아-?)

인도사람들 특히 인도여성들은 참고 희생하여 무엇인가 얻기 위해 종교의례 '브라뜨(**व्रत**)'를 많이 합니다. 하루 종일 먹지도 않고 물도 마시지 않고 하는 '브라뜨'도 있지만 대부분 절식을 하는 '브라뜨'입니다. 이 때 취하는 식품은 '팔(**फल**)'에 속하는 것입니다. '팔(**फल**)'은 일상 힌디어에서 과일 또는 열매를 뜻합니다. 그러나 종교의례와 관련되어 '팔'이란 용어는 경작하지 않고 자라는 야생 곡류, 야채, 과일을 가리킵니다. 반면에 인간이 경작한 것들은 '안느(**अन्न**)'라고 부르는데 일상 힌디어에서 '안느'는 곡물을 뜻합니다. 사람의 손이 닿지 않고 자란 '팔'은 정한 것으로 보고 길한 의식에서 사용합니다. 속세를 버리고 고행하는 성자들은 '팔'에 속하는 식품을 취할 수 있습니다. '브라뜨'를 하는 인도여성들이 금식을 하지 않고 절식을 하는 것은 정-부정에 따른 인도의 음식재료의 의례적인 분류에서 나온 것이라고 할 수 있습니다.

처음 것을 다시 보여주세요. पहले वाली फिर दिखाइए ।

(뻬헬레 왈–리– 피르 디카–이에)

22 पाठ

힌디어를 공부하는 사람이 아주 유용하게 활용할 수 있는 '왈라(वाला왈–라–)' 와 만납니다.

🎧 वार्तालाप

क: आप को क्या चाहिए?
(압– 꼬 꺄 짜–히에?)

ख: क्या यहाँ चाँदी की चूड़ियाँ मिलती हैं?
(꺄– 야항~ 짱~–디– 끼– 쭈–리양~ 밀띠– 행?)

क: जी. अन्दर हैं, आइए, यह देखिए ।
(지–. 안다르 행. 아–이에, 예헤 데키에)

ख: नहीं, यह पसंद नहीं, वह दिखाइए ।
(네힝~. 예헤 빠싼드 네힝~. 베헤 디카–이에)

क: देखिए ।
(데키에)

ख: यह भी पसंद नहीं है । पहले वाली फिर दिखाइए ।
(예헤 비ʰ– 빠싼드 네힝~ 해. 뻬헬레 왈–리– 피르 디카–이에)

◉• शब्दावली

पहले (뻬헬레) 처음: 앞에: 전에

वाली (왈–리–) [–하는/–한 사람 또는 사물 등의 의미를 갖는 वाला 왈–라–] 의 여성형

चाँदी (짱~–디–) 은(銀)

चूड़ियाँ (쭈–리양~) [चूड़ी 쭈–리–; 팔찌]의 직격 복수

पसंद (빠싼드) 좋은: 좋아함

फिर (피르) 다시

가 : 당신은 무엇이 필요합니까?

나 : 여기 은팔찌가 있어요?

가 : 예, 안에 있습니다. 들어오세요. 이것을 보세요.

나 : 아니요, 이것은 맘에 들지 않아요. 저것을 보여주세요.

가 : 보세요.

나 : 이것도 맘에 들지 않아요. 처음 것을 다시 보여주세요.

अभिव्यक्तियाँ

यह देखिए ।
(예헤 데키에)

देखना(데크나~; 보다)동사의 **आप**(압~)에 대한 명령형의 문장입니다. **देखना**(데크나~)는 타동사로 목적어를 갖는데 이 문장에서는 **यह**(예헤; 이것을)가 목적어입니다. 힌디어의 대격(목적격)은 후치사 **को**(꼬) 없이 직격으로 오기도 하고 후치사 **को**(꼬)가 올 수도 있습니다. 목적어가 사물일 때는 후치사 **को**(꼬)가 오지 않는 것이 일반적입니다.

यह पसंद नहीं,
(예헤 빠싼드 네힝~,)

뒤에 **आना**(아~나; 오다)동사의 완료형 **आयी** 생략되어 있습니다. **पसंद आना**(빠싼드 아~나; 맘에 들다)는 여격주어를 취하는데 이 문장에서는 주어 **मुझे**(무제ʰ)(=**मुझको**무즈ʰ꼬)가 생략되어 있습니다. 이 문장을 다 쓴다면 **मुझे**(=**मुझको**) **यह चूड़ी पसंद नहीं आयी ।**(무제ʰ(무즈ʰ꼬) 예헤 쭈리~ 빠싼드 네힝~ 아~이~) 나는 이 팔찌가 마음에 들지 않는다가 됩니다.

पहले वाली फिर दिखाइए ।
(뻬헬레 왈~리~ 피르 디카~이에)

दिखाना(디카~나~; 보여주다)동사의 **आप**(압~)에 대한 명령형의 문장입니다. 이 문장에서 사용된 **वाला**(왈~라~)는 명사, 대명사, 부사, 동사(부정사의 사격), 문장 등과 결합하여 너무나 광범위하게 사용되는 일종의 형용사적 접미사입니다. **पहले वाली**(뻬헬레 왈~리~)에서 **वाला**(왈~라~)는 **पहले**(뻬헬레; 전에)라는 부사와 결합되었는데 거기에는 '전에 보여 주었던'(**जो आपने पहले दिखाई है** 조 아~쁘네 뻬헬레 디카~이~ 해)의 의미가 내포되어 있습니다. **वाला**(왈~라~)는 **-आ**(아~)로 끝나는 형용사와 같이 변하기 때문에 **वाला**(왈~라~)가 뒤에 생략되어 있는 여성명사 **चूड़ी**(쭈~리~; 팔찌)에 일치하여 **वाली**(왈~리~)로 변했습니다.

● व्याकरण

✎ **-वाला**(왈-라-)의 용법

1. **-वाला**(왈-라-)가 명사와 결합될 때는 직업, 특성, 소유 등을 나타냅니다.

   डब्बा वाला(답바- 왈-라-) 도시락배달부 [**डब्बा**답바-; 상자]

   शहर वाला(셰헤르 왈-라-) 도시사람 [**शहर**셰헤르; 도시]

2. 동사(부정사)와 결합할 때는 부정사 사격 + **वाला**(왈-라-)가 오며 '-하는 사람' 또는 '-하려는 사람' (**आने वाला**(아-네 왈-라-) 오는 사람 또는 오려는 사람) 또는 술부에 와서 가까운 미래를 표현합니다. (**वह यहाँ आने वाला है** |(베헤 야항~ 아-네 왈-라- 해) 그는 여기 올 것이다.)

3. 그 외에도 형용사, 부사, 문장전체와 함께 쓰이기도 합니다.

   मुझे(=मुझको) अच्छा वाला कपड़ा दिखाइए | 나에게 좋은 옷감을 보여주십시오.
   (무제ʰ(=무즈ʰ꼬)   앗차-   왈-라- 까쁘라- 디카-이에)

   पहले वाली चूड़ी दिखाइए | 처음 팔찌를 보여주십시오.
   (뻬헬레 왈-리- 쭈-리- 디카-이에)

   ※**-वाला**(왈-라-)는 **-आ**(아-)로 끝나는 형용사와 같이 어형 변화합니다.

● अभ्यास

✎ [ ]에 주어진 단어를 이용하여 ( ) 안에 **-वाला**(왈-라-)의 적합한 형태를 넣으면서 힌디어로 말해보십시오.

1. (   ) **रोज़ आते हैं** | 채소장수들이 매일 온다. [**सब्ज़ी**싸브지-; 야채, 채소]
   (로즈   아-떼 행)

2. **वह** (   ) **है** | 그녀는 도시사람이다. [**शहर**셰헤르; 도시]
   (베헤   해)

3. **गर्म मसाला** (   ) **कौन है**? 매운 양념을 넣는 사람은 누구인가? [**डालना**달-르나-]
   (가름   마쌀-라-   꼬운 해?)

4. **हम यहाँ अभी काम** (   ) **हैं** | 우리는 여기에서 지금 일을 하려고 합니다. [**करना**까르나-]
   (함   야항~ 아비ʰ- 깜-   행)

답- 1. **सब्ज़ी वाले**(싸브지- 왈-레), 2. **शहर वाली**(셰헤르 왈-리-), 3. **डालने वाला**(달-르네 왈-라-),
4. **करने वाले**(까르네 왈-레)

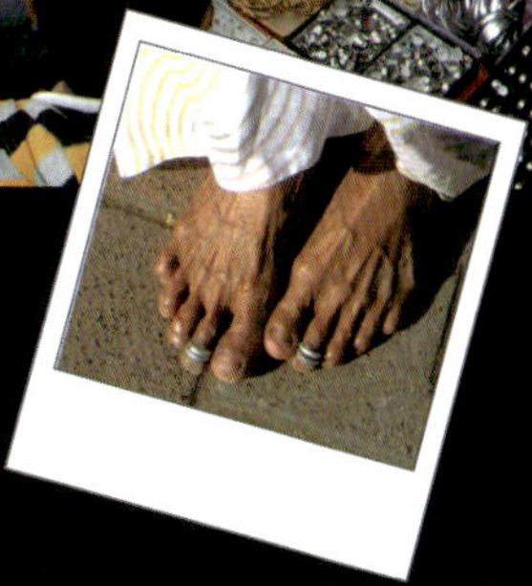

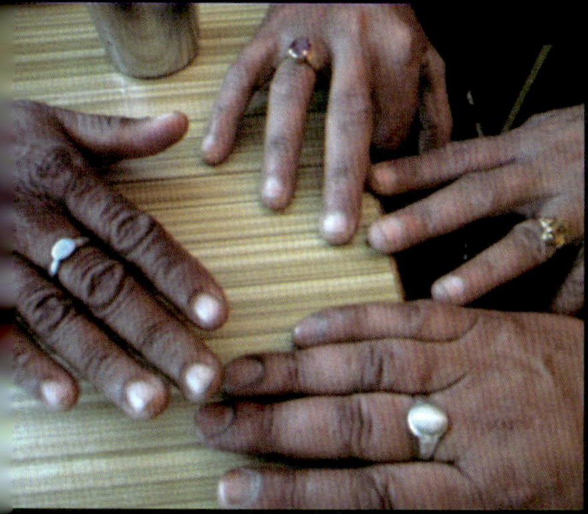

सांस्कृतिक जानकारी

인도사람들은 장식하는 것을 매우 좋아하는 민족인 것 같습니다. 인도여성들은 머리에서 발가락까지 끼거나 걸거나 찰 수 있는 곳에는 거의 예외 없이 장신구를 합니다. 이런 장신구는 단순히 장식을 위한 것이 아니고 상징을 가지고 있습니다. 예를 들면 인도여성의 발가락에 있는 두 쌍의 고리(반지)는 남편과 남자형제로부터 보호를 상징하는 것입니다. 여기에는 남편이나 남자형제로부터 경제적인 후원도 포함되어 있습니다. 남편이나 남자형제가 사망하면 해당되는 고리(반지)를 더 이상 끼지 못합니다. 인도여성들의 코에 하는 장식은 몸 전체에 순환을 좋게 한다고 합니다. 인도남성들 중에 반지를 몇 개씩 끼고 10개의 손가락에 모두 반지를 낀 남성도 본 적이 있습니다. 남성들이 끼는 유색 보석반지는 장식용이라기보다 자신의 체질을 좋게 하는 치료용 반지라고 할 수 있습니다. Magnetic Jewelry Therapy에 따라 장신구를 한 사람들을 보게 되는데 보석치료법의 원조는 인도라고 합니다.

अध्याय 10

인도의 다양한 교통 수단

나는 지금 어디에 있나요? **मैं अभी कहाँ पर हूँ?**

(맹~ 아비ʰ- 까항~ 빠르 훙~?)

23
पाठ

여러 동작이나 행동을 편리하게 표현해주는 [명사/형용사+करना(까르나-; 하다)]를 익혀 표현의 폭을 넓혀 봅니다.

वार्तालाप

क: माफ़ कीजिए ।
(마-프 까-지에)

इस नक़्शे में मैं अभी कहाँ पर हूँ?
(이쓰 낙셰- 멩~ 맹~ 아비ʰ- 까항~ 빠르 훙~?)

ख: आप नेपाली दूतावास के सामने हैं ।
(압- 네빨-리- 두-따-와-쓰 께 쌈-네 행~)

आप को कहाँ जाना है?
(압- 꼬 까항~ 자-나 해?)

क: मैं रवीन्द्र भवन जाना चाहती हूँ ।
(맹~ 라빈-드라 바ʰ반 자-나 짜-하띠- 훙~)

ख: मैं आप को रास्ता दिखाता हूँ । मेरे साथ चलिए ।
(맹~ 압- 꼬 라-쓰따- 디카-따- 훙~, 메레 싸-트 짤리에)

शब्दावली

माफ़ (마-프) 용서된, 면죄된

कीजिए (까-지에) [करना 까르나-; 하다]의 आप (압-)에 대한 명령형

नक़्शे (낙셰) [नक़्शा 낙샤-; 지도]의 단수 사격

नेपाली (네빨-리-) 네팔의: 네팔사람: 네팔어

दूतावास (두-따-와-쓰) 대사관

(के) सामने (께 쌈네) (의) 정면에, 앞에 (복합후치사)

रवीन्द्र (라빈-드라) 인명: 연꽃, 여기서 라빈드라나트
타고르

भवन (바ʰ반) 큰 건물

रवीन्द्र भवन (라빈-드라 바ʰ반) 라빈드라 바반,
인도문예원(Sahitya Akademy) 건물이름

रास्ता (라-쓰따-) 길

(के) साथ (께 싸-트) (-와) 함께: 동시에 (복합후치사)

चलिए (짤리에) [चलना 짤르나-; 가다, 움직이다]의
आप (압-)에 대한 명령형

가 : 실례합니다.

　　　이 지도에서 저는 어디에 있습니까?

나 : 당신은 네팔 대사관 정면에 있습니다.

　　　당신은 어디에 가야 하나요?

가 : 나는 '라빈드라 바반'에 가기를 원합니다.

나 : 제가 길을 가르쳐 드릴께요. 저와 함께 가시지요

अभिव्यक्तियाँ

माफ़ कीजिए ।
(마-프 끼-지에)

करना(까르나-; 하다)동사의 **आप**(압-)에 대한 명령형의 문장입니다. **करना**(까르나-; 하다)동사는 **आप**(압-)에 대한 명령형에서 불규칙하게 변하는 동사 중에 하나입니다 (5강 문법 참조). 힌디어에서는 **करना**(까르나-)동사가 형용사 또는 명사와 뒤에 와서 많은 행위를 표현합니다 (23강 문법 참조). 이 문장에서 온 **माफ़ करना**(마-프 까르나-)는 [형용사 + **करना**(까르나-)]로 영어의 'excuse me'의 힌디어 번역이라고 할 수 있습니다. 자연스런 힌디어로 '여보세요'는 **सुनिए**(쑤니에; 들어보세요), **देखिए**(데키에; 보세요)입니다.

मैं आप को रास्ता दिखाता हूँ । मेरे साथ चलिए ।
(맹 압- 꼬 라-쓰따- 디카-따- 훙~. 메레 싸-트 짤리에)

दिखाना(디카-나-; 보여주다)동사는 이중 목적어를 갖습니다. 간접목적어는 여격이 되는데 이 문장에서 **आप को**(압- 꼬)는 간접목적어의 여격입니다.

चलना(짤르나-; 가다)동사가 명령형으로 사용될 때 화자가 함께 가겠다는 뜻이 내포되어 있습니다. 그래서 **मेरे साथ**(메레 싸-트; 나와 함께)를 생략하고 **चलिए**(짤리에; 가시지요)만 말해도 함께 가는 것입니다. 반면에 **जाइए**(자-이에; 가십시오)라고 하면 혼자 가라는 것입니다.

व्याकरण

✐ [명사 또는 형용사 + **करना**까르나-] 동사구

언어의 가장 기본이 되는 품사는 동사라고 할 수 있습니다. 그런데 '하다'에 해당되는 힌디어의
करना(까르나-)동사는 명사 또는 형용사와 함께 와서 여러 동작이나 행동을 표현해 줍니다.

1. 명사와 함께 온 **करना**(까르나-)동사구

काम(깜-; 일) + **करना**(까르나-; 하다) = 일하다
आप कहाँ काम [करते/करती] हैं? 당신이 어디에서 일하십니까?
(압- 까항~ 깜- 까르떼/까르띠- 행?)

भोजन(보ʰ잔; 식사, 음식) + **करना**(까르나-; 하다) = 식사하다
तुमने कब भोजन किया है? 자네가 언제 식사했는가?
(뚬네 깝 보ʰ잔 끼야- 해?)

※ **हाँ**(항~), **नहीं**(네힝~)도 여성명사로 사용되어 **करना**(까르나-)동사와 결합하여 '인정한다', '부정
한다'는 의미로 쓰입니다.

हम हाँ करनेवाले हैं । 우리는 예라고 할 것이다.
(함 항~ 까르네왈-레 행)
उसने नहीं की । 그는/그녀는 거절했다
(우쓰네 네힝~ 끼-)

2. 형용사와 함께 온 **करना**(까르나-)동사구

साफ़(싸-프; 깨끗한) + **करना**(까르나-; 하다) = 청소하다
तूने कमरा साफ़ किया? 너는 방을 치웠냐?
(뚜-네 까므라- 싸-프 끼야-?)

पूरा(뿌-라-; 모든, 완전한) + **करना**(까르나-; 하다) = 완성하다
आपने काम पूरा किया है? 당신은 일이 다 했습니까?
(압-네 깜- 뿌-라- 끼야- 해?)

※ **करना**(까르나-)가 타동사이기 때문에 완료형이 오면 주어에 후치사 **ने**(네)가 온다는 것과 완료
형과 명령형에서 불규칙하게 변한다는 것에 주의하시기 바랍니다.

सांस्कृतिक जानकारी

델리는 유구한 세월 동안 끊임없이 그 존재와 명성을 유지해 왔습니다. 고대인도의 2대서사시 중에 하나인 『마하바라따』(Mahābhārata, **महाभारत**마하–바ʰ–라뜨)에 델리에 관한 첫 번째 언급이 나옵니다. 고대인도의 정치, 문화 중심지는 동부인도로 이동하였지만 델리는 서북부 인도의 정치세력 중심지로 주목을 받았습니다. 중세의 이슬람세력의 유입과 함께 델리는 인도정치, 경제, 문화의 중심지가 되었습니다. 델리의 여러 술탄(**सुल्तान**쑬딴–)왕조들과 무갈(**मुग़ल**무갈) 황제들이 여무나(**यमुना**여무나–)강변을 따라 지역을 옮겨가며 수도를 건설하였습니다. 델리 안에는 무슬림 통치자들에 의해 도시 일곱 개가 건설되었습니다. 근대에 들어서 영국 통치자들이 현재 대통령궁(총독관저)이 있는 라이시나(**रायसीना**라–이씨–나–)언덕을 중심으로 신시가지를 건설하고 1931년에 수도를 꼴까따에서 뉴델리로 옮겼습니다. 16년 후에 영국통치자들은 인도를 떠나고 델리는 독립 인도연방공화국의 수도가 되었습니다.

힌두교도 80% 이상인 나라 인도의 수도 델리에 겉으로 드러나는 유적은 인도이슬람문화, 영국통치의 유적들입니다. 그러나 델리의 도로들은 고대로부터 현재까지의 인도를 다 품고 있습니다. 인드라쁘라스타(**इन्द्रप्रस्थ**인드라쁘라쓰트)가 『마하바라따』의 주인공의 수도의 이름에서 나왔다면 킹스 웨이(King's Way)는 조지 5세(George V)가 인도황제로 등극하기 위해 갔던 길에 붙여진 이름입니다. 델리의 길은 그 유구하고 복잡한 인도의 역사 속의 수많은 인물들로 부족한지 톨스토이(Leo Tolstoy)는 물론 코페르니쿠스(N. Copernicus)까지 품었습니다. 이런 델리에서 길을 잃는다는 것은 인도의 역사와 문화로 들어가는 지름길일 수 있습니다.

직진해요. **सीधे जाओ ।**
(씨-데ʰ   자-오)

24
पाठ

피동사-능동사-사동사의 사용이 많은 힌디어에서 파생동사를 잘 익혀 두는 것은 표현력을 단단하게 하는 데에 필수적입니다.

वार्तालाप

क: ऑटो! मुझे बंगाली मार्केट जाना है ।
(오또!   무제ʰ   방갈-리- 마-르께뜨 자-나- 해)

ख: चलिए ।
(짤리에)

क: कितने लोगे?
(끼뜨네   로게?)

ख: चालीस रुपये ।
(짤-리-쓰 루빠예)

क: ठीक है, धीरे चलाना, रास्ता ख़राब है ।
(티-끄 해, 디ʰ-레 짤라-나-, 라-쓰따- 카랍-   해)

ख: मैं तो धीरे ही चलाता हूँ ।
(맹 또 디ʰ-레 히- 짤라-따-   훙~)

क: यहाँ से सीधे जाओ, उस के बाद दाई ओर मोड़ना ।
(야항~ 쎄 씨-데ʰ 자-오,   우쓰 께 바-드 다-잉~ 오르 모르나-)

शब्दावली

सीधे (씨-데ʰ) 곧장

ऑटो (오또) 오토바이를 개조한 탈 것. 오토 릭샤

बंगाली मार्केट (방갈-리- 마-르께뜨) Bengali Market,

चालीस (짤-리-쓰) 40, 마흔

लोगे (로게) [लेना 레나-; 갖다, 받다]의 남성 2인칭 복수 तुम (뚬)의 미래형

धीरे (디ʰ-레) 천천히

चलाना (짤라-나-) 움직이게 하다, 운전하다, 운영하다

ख़राब (카라-브) 나쁜, 망가진

(के) बाद (께 바-드) (-의) 후에 (복합후치사)

दाई (다-잉~) [दायाँ 다-양~; 오른 편]의 여성형 दायीं (다-잉~)(표기에서 यीं 잉~ = ईं 잉~)

ओर (오르) 방향, 쪽

मोड़ना (모르나-) 돌리다

가 : 오, 오토, 나는 '벵갈리 마켓'에 가려 해요.

나 : 가시지요.

가 : 얼마를 받을 것이요?

나 : 40 루피.

가 : 그래요, 서행해요. 길이 나쁘군요.

나 : 나는 아주 서행하고 있는데요.

가 : 여기에서 직진해요, 그 후에 우회전해요.

◉• अभिव्यक्तियाँ

◢ धीरे चलाना ।
(디ʰ-레 짤라-나-)

부정사 **चलाना**(짤라-나-; 움직이게 하다)가 명령형으로 쓰였습니다. **चलाना**(짤라-나-)는 **चलना**(짤르나-)에서 파생된 동사로 **चलना**(짤르나-)는 '움직이다'이고 어간의 어미에 **−आ**(아-)가 첨가된 **चलाना**(짤라-나-)는 '움직이게 하다'라는 뜻입니다.

◢ उस के बाद दाईं ओर मोड़ना ।
(우쓰 께 바-드 다-잉~ 오르 모르나-)

부정사 **मोड़ना**(모르나-; 돌리다)가 명령법으로 사용된 문장입니다. **मोड़ना**(모르나-; 돌리다)는 **मुड़ना**(무르나-; 돌다)에서 파생된 동사입니다.

복합후치사 **के बाद**(께 바-드)는 ' − 의 후에'라는 뜻입니다. **के बाद**(께 바-드)가 부정사의 사격을 동반하면 '−한 후에'라는 뜻입니다 **काम करने के बाद**(깜- 까르네 께 바-드; 일 한 후에).

दाईं ओर(다-잉~ 오르)는 형용사 **दायाँ**(다-양~) 뒤에 여성명사 **ओर**(오르)가 왔으므로 이에 일치하여 **दायीं**(다-잉~)이 되었습니다. 그리고 **ये**(예) = **ए**(에), **यी**(이-) = **ई**(이-)로도 표기하는데 **यीं**(잉~)= **ईं**(잉~) 가 되고 비모음입니다.

왼쪽은 **बाईं ओर**(바-잉~ 오르)입니다. **ओर**(오르) 대신에 **तरफ़**(따라프)를 써 줄 수 있습니다. 장소를 나타내는 명사는 후치사 없이 사격이 되어 부사적이 됩니다. 그래서 **बाईं ओर**(바-잉~ 오르; 왼쪽)가 '왼쪽에' 또는 '왼쪽으로' 라는 뜻도 갖게 됩니다.

◉ व्याकरण

✎ 파생동사1 (자동사→타동사, 타동사→타동사)

힌디어에서는 피동사–능동사–사동사의 구별을 분명하게 합니다. 여기에서는 본 강에 나온 동사를 중심으로 자동사→타동사, 타동사→타동사를 살펴보도록 합니다.

동사의 어간에 –आ(아)를 첨가하여 또는 उ(우)→ ओ(오) 등 다양한 방식의 모음변화로 자동사에서 타동사 또는 타동사에서 타동사가 됩니다.

चलना(짤르나; 움직이다) → **चलाना**(짤라–나; 움직이게 하다)

(मेरे साथ) चलिए ｜ (나와 함께) 가시지요. **गाड़ी धीरे चलाइए** ｜ 차를 천천히 운전하십시오.
(메레 싸–트) 짤리에 　　　　　　　　　　　　　　　　　(가리– 디ʰ–레 짤라–이에)

रुकना(루끄나; 서다) → **रोकना** (로끄나; 세우다)

बस रुकी ｜ 버스가 멈추었다. **हम ने बस रोकी** ｜ 우리가 버스를 세웠다.
(바쓰 루끼–) 　　　　　　　　　　(함 　네 　바쓰 로끼–)

◉ टिप

✎ 통행 관련 안내문

बाएँ हाथ चलो(바–엥 하–트 짤로) 좌측통행
दाई तरफ़ घुमाओ(다–잉~ 따라프 구ʰ마–오) 우회전하시오 [**घूमना**(굼ʰ–므나; 돌다)
　　　　　　　　　　　　　　　　　　　→ **घुमाना**(구ʰ마–나; 돌리다)]
बाई तरफ़ घुमाओ(바–잉~ 따라프 구ʰ마–오) 좌회전하시오.
प्रवेश मना है(쁘라베슈 마나– 해) 출입금지 (입장이 금지되어 있다) [**प्रवेश**쁘라베슈; 입장, **मना**마나–; 금지된]
यहाँ गाड़ी ठहराना मना है(야항~ 가–리– 테흐라–나– 마나– 해) 주차금지 (여기에 차를 세우는 것은 금지되어 있다) [**गाड़ी**🔥가–리–; 차, **ठहरना**(테헤르나; 머물다) → **ठहराना**(테헤라–나–; 머물게 하다)]
खड़े रहो(카레 라호) 정지! (서 있어라) [**खड़ा होना**카라– 호나–; 서다]
सड़क यहाँ से पार न करें(싸라끄 야항~ 쎄 빠–르 나 까렝) 여기서 길을 건너지 마시오.
　　　　　　　　　　　　　　[**सड़क**🔥싸라끄; 길, **पार करना**빠–르 까르나–; 건너다]

우리나라도 요즈음 부분적으로 우측 통행을 실시하고 있습니다만 인도는 이전부터 완전히 우측통행을 하고 있습니다. 그래서 차를 탈 때, 길을 걸을 때, 특히 길을 건널 때 조심해야 합니다. 델리의 경우 2010년 10월 영연방경기대회를 치르면서 도로가 많이 정비되었습니다. 2011년 초 델리를 방문했을 때 눈에 많이 들어오는 건널목이 무척 반가웠습니다. 그러나 인도의 통행질서는 '사람을 보면 차는 무조건 서는' 통행질서를 부러워하는 필자와 같은 사람을 불안하게 하는 이전과 다를 바 없었습니다. 1991년 인도의 신경제정책 이후 기하급수적으로 늘어난 자가용과 전통적인 중산층 운송수단이었던 스쿠터의 물결에 승객들이 제대로 타기도 전에 떠나 승객들이 문에 매달려 있는 버스, 오토바이를 개조한, 우리나라의 택시와 같은 오토 릭샤, 대도시의 한정된 지역과 중소도시에서 운행되는 자전거를 개조한 사이클 릭샤, 택시 정류장으로 가거나 전화로 불러서 이용할 수 있는 택시 등 대중교통 수단들도 합류하여 인도의 도로를 메우고 있습니다. 도로를 가득 메우고 달려드는 자동차의 물결을 바라보는 것이나 승객이 되어 그 물결을 타는 것이나 사람을 불안하기는 다 마찬가지라는 생각을 하곤 합니다.

이 주소에 데려다 주십시오. इस पते पर ले जाइए ।
(이쓰   빠떼 빠르 레   자-이에)

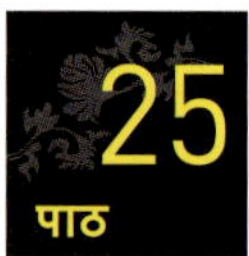

25 पाठ

변화하는 삶과 세상을 세밀하게 표현해 주어 본동사보사 보조동사로서 더 힘을 가진 जाना(자-나-; 가다)동사의 용법에 주목합니다.

वार्तालाप

क: आप की टैक्सी आ गयी है ।
(압- 끼- 땍씨-   아 가이- 해)

ख: मुझे इस पते पर ले जाइए ।
(무제ʰ 이쓰 빠떼 빠르 레 자-이에)

ग: यह तो वसंतकुंज के पास है ।
(예헤 또 바싼뜨꾼즈   께 빠-쓰 해)

ख: अच्छा, तो क्या आई.एन.ए.मार्केट होकर जा सकते हैं?
(앗차-,   또 까- 아-이-. 엔 .에. 마-르께뜨 호까르 자- 싸끄떼 행?)

ग: ठीक है ।
(티-끄 해)

शब्दावली

पते (빠떼) [पता 빠따-; 주소]의 사격 단수

ले जाइए (레 자-이에) [ले जाना 레 자-나-; 데려가다]의 आप (압-)에 대한 명령형

टैक्सी (땍씨-) 택시

गयी (가이-) [जाना 자-나-; 가다]동사의 여성 완료형

वसंतकुंज (바싼뜨꾼즈) 남부 델리에 새롭게 번창하는 지역 [वसंत 바싼뜨; 봄 + कुंज 꾼즈; 작은 숲, 수풀]

आई.एन.ए.मार्केट (아-이-. 엔. 에. 마-르께뜨) I.N.A. Market, 남부 델리의 유명한 시장 이름

होकर (호까르) 경유하여, 통하여

가 : 당신의 택시가 왔는데요.

나 : 저를 이 주소에 데려다 주십시오.

다 : 이것은(이 주소는) '바산뜨꾼즈'와 가까운데요.

나 : 그래요, 그럼, '아. 엔. 에이. 시장을 경유하여 갈 수 있습니까?

다 : 그러죠.

◉• अभिव्यक्तियाँ

आप की टैक्सी आ गयी है ।
(압– 끼– 땍씨– 아– 가이– 해)

여성단수명사 **टैक्सी**(땍씨–; 택시)가 주어가 된 현재완료시제(**आ गयी है**아– 가이– 해; 왔습니다)의 문장입니다.

आ गयी है(아– 가이– 해; 왔습니다)에서 **आ**(아–)는 본동사이고 **गयी**(가이–)는 **जाना**(자–나–)동사의 여성완료형으로 '가다'라는 뜻이 아니고 본동사가 가리키는 행위가 완료되었다는 뉘앙스를 주는 보조동사입니다. **जाना**(자–나–) 동사는 완료형에서 불규칙하게 변합니다. 완료형에 **जाया**(자–야–)가 아니고 **गया**(가야–)입니다. **होना**(호나–)동사의 단수 2, 3인칭 현재형 **है**(해)는 시제가 현재임을 알려줍니다.

अच्छा, तो क्या आई.एन.ए. मार्केट होकर जा सकते हैं?
(앗차–, 또 꺄– 아–이–.엔. 에. 마–르께뜨 호까르 자– 싸끄떼 행?)

अच्छा(앗차–)는 상대방의 서술내용을 긍정하는 것입니다. 우리말에서 '그래요'와 같습니다.

이 문장에서 **तो**(또; 그러면)는 조건문의 주절을 이끄는 접속사입니다. 주어 **आप**(압–; 당신) 이 생략되어 있습니다. 술부에는 복합동사 **जा सकना**(자–싸끄나–; 갈 수 있다)가 왔습니다. **जाना**(자–나–)동사는 본동사 '가다'라는 뜻으로 사용되었고 보조동사 **सकना**(싸끄나–)는 상대방의 의향을 묻고 있습니다.

होकर(호까르)는 관용적으로 '–경유하여' '–통하여'의 뜻으로 쓰입니다. 때로는 보어와 함께 사용되어 '–로서'라는 뜻으로도 사용됩니다.

> **हम भारत सरकार के अतिथि होकर दिल्ली आ गए हैं ।**   우리는 인도정부의
> (함 바ʰ–라뜨 싸르까–르 께 아띠티 호까르 딜리– 아– 가에 행) 손님으로 델리에 왔습니다.
> [**सरकार**◉싸르까–르; 정부, **अतिथि** 아띠티; 손님]

◉ व्याकरण

जाना(자-나-)동사의 용법

1. **जाना**(자-나-)동사는 본동사로 사용되어 '가다', '떠나다' '운행되다' 등의 여러 의미로 사용됩니다.

> **मुझे(=मुझको) आज दिल्ली जाना है ।** 나는 오늘 델리에 가야 된다.
> (무제ʰ(=무즈ʰ꼬) 아-즈 딜리- 자-나- 해)

> **यहाँ से रेलगाड़ी रोज़ दिल्ली तक जाती है ।** 여기에서 기차가 매일 델리까지 운행된다.
> (야항~ 쎄 렐가-리- 로즈 딜리- 따끄 자-띠- 해)

2. 보조동사로서 **जाना**(자-나-)는 본동사의 의미에 행위의 완료상태, 상태의 변화, 행위의 성급함 등을 표현하는 뉘앙스를 줍니다.

> **होली के बाद गर्मी हो जाती है ।** 홀리 이후에 더워진다.
> (홀리- 께 바-드 가르미- 호 자-띠- 해) [**होली** 홀리-; 인도의 봄 축제, **गर्मी** 가르미-; 더위]

> **वह जल्दी खा जाता है ।** 그는 빨리 먹어버린다.
> (베헤 잘디- 카- 자-따- 해)

3. **जाना**(자-나-)동사는 문법적인 보조동사로서 수동태[=완료분사(본동사) + **जाना** 자-나-(문법조동사)]에 옵니다(45강 문법 참조).

◉ टिप

통행 관련 표현.

> **क्या मैं पैदल जा [सकता/सकती] हूँ?** 제가 걸어갈 수 있나요?
> (꺄- 맹 빼달 자- 싸끄따/싸끄띠- 훙~?) [**पैदल जाना** 빼달 자-나-; 걸어가다]

> **(मुझे=मुझको) कहाँ से सड़क पार करना होगा?** 내가 어디에서 길을 건너야 할까요?
> ((무제ʰ=무즈ʰ꼬) 까항~ 쎄 싸라끄 빠-르 까르나- 호가-?)

> **(मुझे=मुझको) कौन से स्टेशन पर उतरना होगा?** 내가 어느 역에서 내려야 할까요?
> ((무제ʰ=무즈ʰ꼬) 꼬운 쎄 쓰떼샨 빠르 우따르나- 호가-?) [**उतरना** 우따르나-; 내리다]

> **एक टैक्सी बुला दीजिए ।** 택시 한 대 불러 주세요.
> (에끄 땍씨- 불라- 디-지에)

> **ड्राइवर साहब, बस, गाड़ी यहीं रोक दीजिए ।** 기사양반, 됐어요. 차를 바로 여기에 세워주시오.
> (드라-이바르 싸-합, 바쓰, 가-리- 야힝~ 로끄 디-지에) [**यहीं**(야힝~) = **यहाँ**(야항~; 여기에) + **ही**(히-; 바로)]

> **मैं दूसरा रिक्शा [ले लूँगा/ले लूँगी] ।** 나는 다른 릭샤를 탈 것이오.
> (맹 두-쓰라- 릭샤- 레 룽~가-/레 룽~기-)

सांस्कृतिक जानकारी

남부 델리에 위치한 INA Market은 델리의 대표적인 식료품시장으로 그 시장에서는 다양한 곡물, 야채, 과일, 양념류에서 신선한 생선과 고기, 거기에다 아주 비싸고 귀한 술까지, 식료품에 관련된 것이라면 어떤 것이라고 다 구입할 수 있습니다. 우리나라의 참치 캔, 라면, 커피 믹스 등을 비롯하여 거의 모든 종류의 수입식품도 구할 수 있습니다. 또한 이 시장의 많은 점원들은 장사에 필요한 영어는 물론이고 불어, 중국어, 독일어 그리고 우리말도 합니다. 그래서인지 델리에 거주하는 한국인들 중에는 이 시장을 Korean Market이라고 부르는 사람들도 있습니다. INA는 Indian National Army의 약자입니다. INA Market에서 세계 문화유산이며 13세기의 인도 이슬람문화유적인 꿉뚭(कुतुब)첨탑이 있는 남쪽으로 가다가 인디라 간디 국제공항이 있는 서쪽으로 가면 '바싼뜨 꾼즈'에 도착하게 됩니다. 이 지역은 1980년대 이후 본격적으로 개발된 상류층 거주지역으로 좋은 학교, 병원은 물론이고 호텔과 고급식당, 극장 그리고 세계적인 명품을 구할 수 있는 거대한 쇼핑몰이 들어서며 새로운 번화가로 주목 받고 있습니다. 두 곳을 가보면 1991년 경제개방 이전과 이후의 인도의 경제를 동시에 체험할 수 있습니다.

전철로 가기를 원합니다. मैं मेट्रो से जाना चाहूँगी ।
(맹 메뜨로 쎄 자-나- 짜-훙~기-)

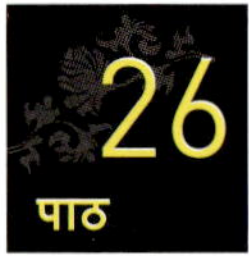

26
पाठ

직격 주어를 취하는 चाहना(짜-흐나-; 원하다)동사를 활용하면 자신이 바라는 것을 적극적으로 표현할 수 있습니다.

वार्तालाप

क: मैं मंडी हाउस जाना चाहती हूँ ।
(맹 만디- 하-우쓰 자-나- 짜-흐띠- 훙~)

ख: आप कैसे जाएँगी?
(압- 깨쎄 자-엥기-?)

क: मैं मेट्रो से जाना चाहूँगी ।
(맹 메뜨로 쎄 자-나- 짜-훙~기-)

मुझे सात बजे तक पहुँचना चाहिए ।
(무제ʰ 싸-뜨 바제 따끄 빠훙쯔나- 짜-히에)

ख: तो आप यहाँ से येलो लाइन लीजिए और राजीव चौक में
(또 압- 야항- 쎄 옐로 라-인 리-지에 오우르 라-지-브 쪼우끄 멩)

मंडी हाउस के लिए बदलिए ।
(만디 하-우쓰 께 리에 바달리에)

शब्दावली

मेट्रो (메뜨로) 전철

मंडी हाउस (만디- 하-우쓰) 만디 하우스 델리의 유명한 문화공연장 이름

सात (싸-뜨) 일곱, 7

तक (따끄) –까지

पहुँचना (빠훙~쯔나) 도착하다

राजीव चौक (라-지-브 쪼우끄) 라지브 쪼우끄 전철역

이름[राजीव (라-지-브)는 연꽃이라는 뜻인데 라지브 간디전총리를 가리키며 चौक (쪼우끄)는 시의 중심 광장이나 주요 시장을 의미한다. 델리의 명동이라고 할 수 있는 C.P.지역의 전철역 이름]

बदलिए(바달리에) [बदलना바달르나; 바꾸다, 변경하다]의 आप(압-)에 대한 명령형(बदल바달 + इए이에)

가 : 나는 '만디 하우스'를 가기를 원합니다.

나 : 당신은 어떻게 가실 거예요?

가 : 나는 전철로 가기를 원합니다.

　　　나는 7시까지 도착해야만 합니다.

나 : 그럼, 당신은 여기에서 노란 선을 타세요. 그리고 '라지브 쪼우끄'역에서 '만디 하우스' 행으로 갈 아타세요.

अभिव्यक्तियाँ

मैं मंडी हाउस जाना चाहती हूँ ।
(맹 만디- 하-우쓰 자-나- 짜-흐띠- 훙~)

능동적으로 바람을 표현하는 [직격 주어(मैं맹; 나) + 부정사(जाना자-나-; 가다) + चाहना(짜-흐나-; 원하다)] 구문이며 본동사 चाहना(짜-흐나-)의 여성미완료형 चाहती(짜-흐띠-)와 시제를 가리키는 होना(호나-)의 1인칭 현재형 हूँ(훙~)이 온 1인칭 여성 현재미완료시제의 문장입니다.

मैं मेट्रो से जाना चाहूँगी ।
(맹 메뜨로 쎄 자-나- 짜-훙~기-)

이 문장도 [직격 주어 + 부정사 + चाहना짜-흐나-] 구문이며 1인칭 여성 미래형 चाहूँगी(짜-훙~기-; चाह+ऊँगी)가 온 미래시제의 문장입니다. चाहना(짜-흐나-)동사의 사용은 화자가 다른 교통수단이 아니고 전철을 이용하겠다는 의지를 분명히 드러냅니다.
मेट्रो से(메뜨로 쎄; 전철로)에서 후치사 से(쎄; −로)는 기구격으로 사용되었습니다.

और राजीव चौक में मंडी हाउस के लिए बदलिए ।
(오우르 라-지-브 쪼우끄 멩 만디- 하-우쓰 께 리에　바달리에)

मंडी हाउस के लिए(만디- 하-우쓰 께 리에)에서 복합후치사 के लिए(께 리에)는 방향을 나타내는 것입니다. 이 문장은 बदलना(바달르나; 바꾸다, 변경하다)동사의 आप(압-)에 대한 명령형이 술부에 왔습니다. 좀더 공손한 표현으로 기원법이 올 수 있습니다(42강 문법 참조).

व्याकरण

[직격주어 + 부정사 + **चाहना**짜–흐나–] 구문

'–하기를 원한다'고 화자가 자신의 바람을 능동적으로 표현하는 구문으로 모든 시제에 올 수 있습니다.

वे सऊल में रहना चाहते हैं | 그 분이 서울에 살기를 원한다. (현재미완료시제)
(베 써울 멩 레흐나– 짜–흐떼 행)

मैं मेट्रो से जाना [चाहूँगा/ चाहूँगी] | 나는 전철로 가길 원할 것이다. (미래시제)
(맹 메뜨로 쎄 자–나– 짜–훙–가–/짜–훙–기–)

वह बस से जाना चाहती थी | 그녀는 버스로 가기를 원했다. (과거미완료시제)
(베헤 바쓰 쎄 자–나– 짜–흐띠– 티–)

हमने आराम करना चाहा | 우리는 쉬기를 원했다. (단순과거) [**आराम**아–람–; 휴식, 쉼]
(함네   아–람– 까르나– 짜–하–)

과거시제에서 **चाहना**(짜–흐나–)동사는 과거의 시점에서 바람이 실현되지 않았음을 나타냅니다. 이 구문에서 부정어는 부정사 앞에 오기도 하고 **चाहना**(짜–흐나–) 동사 앞에 오기도 합니다.

अभ्यास

चाहना(짜–흐나–)동사의 가장 적합한 형태를 (   ) 안에 넣으면서 힌디어로 말해보십시오.

1. **वे आराम करना (   ) |** 그들은 쉬기를 원할 것이다.
   (베 아–람– 까르나–   )

2. **तू क्या खाना (   )?** 너는 무엇을 먹기를 원하는가? (여성)
   (뚜– 꺄– 카–나–   ?)

3. **हमने जल्दी जाना (   ) |** 우리는 빨리 가기를 원했다.
   (함네   잘디– 자–나–   )

4. **क्या तुम यहाँ आना (   ) हो?** 자네가 여기에 오기를 원하는가?(여성)
   (꺄–   뚬 야항– 아–나–   호?)

답– 1. **चाहेंगे**(짜–헹게), 2. **चाहेगी**(짜–헤기–), 3. **चाहा**(짜–하–), 4. **चाहती**(짜–흐띠–)

인도의 주요 도시에서 전철공사가 한창 진행 중입니다. 델리의 곳곳에도 전철공사로 교통체증이 심하지만 전철공사가 어느 정도 완공되어 이동하는 것이 많이 편해졌습니다. 꼴까따에 이어 델리에서 전철이 처음 운행된 것은 2002년 12월이었습니다. 현재 델리 전철에는 모두 6개 노선이 있고 웬만큼 중요한 곳은 전철로 거의 연결됩니다. 일회 권으로 사용하는 토큰의 요금은 거리에 따라 8 루피(1 루피는 약 25원)–30 루피이고 보증금 50 루피를 주고 구매하여 충전하는 스마트 카드는 50 루피에서 800 루피까지 충전할 수 있습니다. 10% 할인해주기 때문에 스마트 카드를 사용하는 것이 편합니다. 관광객을 위한 1일권(100 루피)과 3일권(250 루피)이 있는데 반환되는 보증금 50루피를 별도로 내야 합니다. 예상보다 이용승객이 훨씬 많고 객차는 4–6개밖에 연결되어 있지 않은 델리의 전철은 정말 '지옥철'입니다. 그래도 여성에게 다행인 점은 첫 번째 객차가 여성 전용 칸이라는 것입니다. 첫 번째 객차가 도착하는 플랫폼 전체에 영어와 힌디어로 women only केवल महिलाऐं(께발 마힐라–엥)이라고 표시해 놓았습니다. 델리에서 전철을 탈 때는 비행기를 타듯 보안검사를 받아야 합니다.

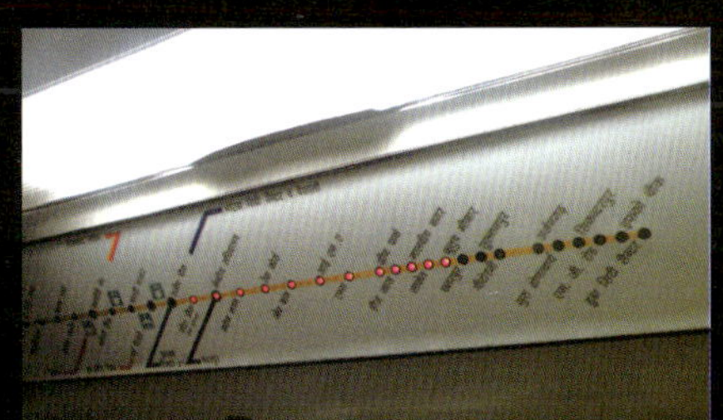

अध्याय 11

델리의 자마이슬람교사원

연결이 잘 되어야 해요. कनेक्टीविटी अच्छी होनी चाहिए ।
(까넥띠-비 띠- 앗치- 호니- 짜-히에)

27
पाठ

힌디어의 접속사를 익히면서 뒤의 문장의 내용을 암시하는 '-해서', '-지만' 등의 표현에 익숙한 우리의 언어습관에 관해서도 생각해 봅니다.

वार्तालाप

क: सिम कार्ड दिखाइए ।
(씸 까-르드 디카-이에)

ख: यहाँ हैं, आप चूज़(choose) कीजिए ।
(야항~ 행, 압- 추-즈 끼-지에)

क: मुझे सादा सा चाहिए ।
(무제ʰ 싸-다- 싸- 짜-히에)

पर कनेक्टीविटी(connectivity) अच्छी होनी चाहिए ।
(빠르 까넥띠-비띠- 앗치- 호니- 짜-히에)

सब से अच्छी कनेक्टीविटी वाला कौन सा है?
(쌉 쎄 앗치- 까넥띠-비띠- 왈-라- 꼬운 싸- 해?)

ख: सब ठीक हैं, लेकिन आप के लिए यह ठीक रहेगा ।
(쌉 티-끄 행, 레낀 압- 께 리에 예헤 티-끄 레헤가-)

शब्दावली

कनेक्टीविटी (까넥띠-비띠-) connectivity, 연결성
सिम कार्ड (씸 까-르드) SIM Card, 휴대전화 속에 개인 정보카드
सादा (싸-다-) 단순한, 간단한, 간소한, 순수한
सा (싸-) 유사함의 뉘앙스를 주는 형용사적 접미사

पर (빠르) 그러나
लेकिन (레낀) 그러나
रहेगा (레헤가-) [रहना 레흐나; 살다, 머물다, 놓이다, 남다]의 미래시제의 남성단수 2,3인칭

가 : 심카드를 보여주세요. 나: 여기에 있습니다. 당신이 선택하세요.

가 : 저는 평범한 것이 필요해요.

　　 그러나 연결이 잘 되어야 해요.

　　 가장 연결이 잘되는 것은 어느 것인가요?

나 : 모두 괜찮습니다. 허나 당신에게는 이것이 괜찮겠네요.

अभिव्यक्तियाँ

पर कनेक्टीविटी अच्छी होनी चाहिए ।
(빠르 까넥띠-비띠-　　앗치-　　호니-　짜-히에)

पर(빠르)는 영어의 on의 의미를 가진 처소격 후치사가 아니고 '그러나'라는 의미의 접속사입니다. [여격주어+부정사+**चाहिए**(짜-히에)]의 구문에서 형용사가 오면 뒤에 부정사는 **होना**(호나-)가 옵니다. **कनेक्टीविटी**(까넥띠-비띠-; connectivity)는 영어단어이지만 **ई**(이-)로 끝났기 때문에 여성명사로 보았고 이에 일치하여 **अच्छा होना**(앗차- 호나-; 좋다)가 **अच्छी होनी**(앗치- 호니-)로 변했습니다. 인간이 주어가 아니어서 여격을 취하지 않고 '-해야 한다'라는 의미로 사용되었습니다.

सब से अच्छी कनेक्टीविटी वाला कौन सा है?
(쌉　쎄　앗치-　　까넥띠-비띠-　왈-라-　꼬운　싸-　해?)

सब से अच्छी(쌉 쎄 앗치-; 모두보다 좋은, 가장 좋은)는 최상급이고 **वाला**(왈-라-)는 '-것'이라는 뜻으로 왔습니다. **कौन**(꼬운) + **सा**(싸-)는 '어떤 종류'라는 뜻으로 선택의 여지가 있을 때 사용됩니다.

सब ठीक है, लेकिन आप के लिए यह ठीक रहेगा ।
(쌉　티-끄 행,　레낀　압-　께 리에　예헤　티-끄 레헤가-)

접속사 **लेकिन**(레낀; 그러나)은 앞에서 나온 **पर**(빠르)와 같이 반대의 내용을 서술하려고 도입한 것입니다. **आप के लिए**(압- 께 리에)에서 복합후치사 **के लिए**(께 리에)는 '-의 입장에서'라는 의미로 사용되었습니다. **ठीक है**(티-끄 해)가 단순히 '괜찮다'라면 **ठीक रहेगा**(티-끄 레헤가-) '괜찮음이 지속된다'는 의미를 내포하고 있습니다.

:eye: व्याकरण

:pen: 주요 접속사

1. 그러나, 그렇지만 : **पर**(빠르), **लेकिन**(레낀), **परंतु**(빠란뚜), **किंतु**(낀뚜), **मगर**(마가르)

   वह महिला बहुत सुंदर है लेकिन मूर्ख है । 그 숙녀는 매우 아름답습니다, 그러나 어리석습니다.
   (베헤 마힐라– 바후뜨 쑨다르 해 레낀 무–르크 해)　　[**महिला** 마힐라–; 숙녀, **मूर्ख** 무–르크; 어리석은]

2. 그리고 : **और**(오우르), **तथा**(따타–), **एवं**(에방)

   आप खाना खाइए और आराम करने के बाद जाइए । 당신은 식사를 하십시오,
   (압– 카–나– 카–이에 오우르 아–람– 까르네 께 바–드 자–이에)　　그리고 쉬신 후에 가십시오.

3. 그래서, 그러므로 : **इसलिए**(이쓸리에)

   साड़ी सुंदर है । इसलिए वह साड़ी खरीदना चाहता है । 사리가 아름답습니다. 그래서
   (싸–리– 쑨다르 해. 이쓸리에 베헤 싸–리– 카리–드나– 짜–흐따– 해)　　그는 사리를 사기를 원합니다.

4. 왜냐하면 : **क्योंकि**(꾱끼)

   वह साड़ी खरीदना चाहता है क्योंकि साड़ी सुंदर है । 그는 사리를 사기를 원합니다. 왜냐
   (베헤 싸–리– 카리–드나– 짜–하따– 해　꾱끼　싸–리– 쑨다르 해)　　하면 사리가 아름답기 때문입니다.

5. 혹은, 또는 : **या**(야–), **अथवा**(아트와–)

   आप चाय [पीएँगे/पीएँगी] या काफ़ी? 당신이 홍차를 드시겠어요 또는 커피를 드시겠어요?
   (압– 짜–에 삐–엥게/삐엥기　야 까–피–?)　　[**चाय** 짜–에; 홍차, **काफ़ी** 까–피–; 커피]

:eye: टिप

:pen: 전화통화 관련 표현

आप का फ़ोन आया है । आप के लिए फ़ोन है । 당신에게 전화가 왔다.
(압– 까 폰 아–야– 해) (압– 께 리에 폰 해)

लाइन व्यस्त है/ लाइन एंगेज्ड है । 통화 중이다.
(라–인 뱌쓰뜨 해/　라–인 　엔게즈드 해) [**व्यस्त** 뱌쓰뜨; 바쁜, **एंगेज्ड** 엔게즈드; engaged]

फ़ोन नहीं उठा रहा है । 전화를 받지 않는다. [**उठाना** 우타–나–; 올리다, 들다]
(폰 　네힝– 우타– 라하– 해)

लाइन कट गयी । 전화가 끊어졌다. [**कटना** 까뜨나–; 잘리다]
(라–인 까뜨 가이–)

ज़रा फ़ोन रख दीजिए । 전화 좀 끊어 주세요. [**रखना** 라크나–; 놓다]
(자라–폰 라크 디–지에)

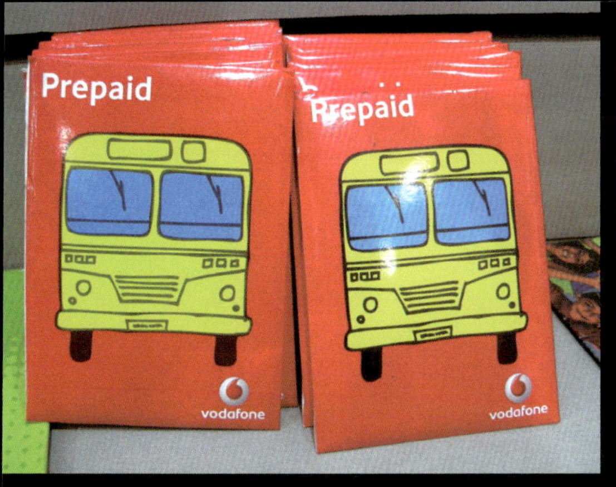

सांस्कृतिक जानकारी

얼마 전에만 해도 인도에서 전화를 이용하는 것이 불편했습니다. 공중전화는 찾아보기 힘들었고 또 발견하더라도 고장 나 있거나 공중전화를 이용하는 데에 필요한 동전을 구하기 힘들었습니다. 한 때 정부의 허가를 받고 개인이 영업을 하는 전화 방이 번성했었는데 요금이 상당히 비싼 편이었습니다. 2천년대 초에 휴대전화가 많이 보급되고 있었지만 요금이 아주 비쌌고 중상류층의 상징과 같았습니다. 전화를 받는 것도 요금을 내야 했기 때문에 인도사람들은 화면상에 전화번호를 확인하고 전화를 받았습니다. 그러나 이제 휴대전화의 요금이 많이 저렴하여져서 인도 내에서는 부담 없이 사용할 수 있습니다. 도시에서는 거의 모든 계층의 사람들이 휴대전화기를 가지고 있습니다. 이와 같이 휴대전화는 빈약한 인도의 통신기간산업에서 중요한 몫을 하고 있습니다. 인도에서 휴대전화를 개통하려면 먼저 휴대전화기를 마련하고 자기가 원하는 번호의 심카드(SIM Card-휴대전화 속에 개인정보카드)를 구입합니다. 그리고 가입신청서를 작성하고 충전한 후에 사용하면 됩니다. 세금 공제 후 실제 충전 금액이 조금 감소됩니다.

여보세요, 께다르 님 계세요? हलो, केदार जी हैं?

(할로, 께다-르 지- 행)

28 पाठ

전화상에서 사용되는 관용적인 표현법을 진행형과 함께 익혀 둡니다.

वार्तालाप

क: हलो, केदार जी हैं?
(할로, 께다-르 지- 행?)

ख: आप कौन बोल रही हैं?
(압- 꼬운 볼 라히- 행?)

क: मैं ज्योति बोल रही हूँ । शिवाजी कालेज से ।
(맹 죠띠 볼 라히- 훙-) (쉬바-지- 깔-레즈 쎄)

मैं केदार जी से बात कर सकती हूँ?
(맹 께다-르 지- 쎄 바-뜨 까르 싸끄띠- 훙-)

ख: ज़रा होल्ड कीजिए ।
(자라- 홀드 끼-지에)

शब्दावली

हलो (할로) 여보세요

केदार (께다-르) 남자 이름: 쉬바신이 살고 있는 히말라야의 유명한 산 정상

बोल (볼) [बोलना 볼르나; 말하다]의 어간

ज्योति (죠띠) 여자 이름: 빛, 밝음

शिवाजी (쉬바-지-) 쉬바지, 17세기에 인도 서부에 마라타왕국을 세우고 무갈제국에 대항하여 마라타왕국의 독립을 지켜낸 왕, 인도서부지역과 힌두 대중 사이에 영웅으로 추앙됨.

कालेज (깔-레즈) 대학

बात (바-뜨) 말, 발언, 회화, 이야기: 행위: 일, 사건,

ज़रा (자라-) 조금, 잠시: 작은

होल्ड (홀드) hold, 기다리다, 멈추다

가 : 여보세요, 께다르 님 계세요?

나 : 당신은 누구신가요?

가 : 저는 죠띠입니다. 쉬바지 대학의.

　　제가 께다르 님과 통화할 수 있을까요?

나 : 좀 기다리세요.

अभिव्यक्तियाँ

आप कौन बोल रही हैं?
(압- 꼬운 볼 라히- 행?)

전화상에서 '누구세요'에 해당되는 표현인데 현재진행형이 옵니다. 현재진행형은 [동사어간 + 진행형을 만드는 문법조동사 **रहा**(라하-) + **होना**(호나-)의 현재형]으로 구성됩니다. 이 문장의 주어는 **आप कौन**(압- 꼬운; 당신 누구)이고 **बोलना**(볼르나-; 말하다)동사의 어간 **बोल**(볼)이 본동사로 오고 진행형을 만드는 조동사 **रहा**(라하-)가 주어의 성에 일치하여 **रही**(라히-)가 되었으며 시제를 나타내는 **होना**(호나-)동사의 복수현재형 **हैं**(행)이 왔습니다. 남자에게 물어볼 때는 **आप कौन साहब बोल रहे हैं**?(압- 꼬운 싸-합 볼 라헤 행; 당신 어떤 선생이 말하고 계십니까?)이 됩니다. 여기에서 **आप**(압-)은 생략할 수 있습니다.

मैं ज्योति बोल रही हूँ ।
(맹 죠띠 볼 라히- 훙-)

전화통화에서 자신을 신분을 밝히는 표현으로 주어가 1인칭 대명사 **मैं**(맹)에 이어 이름 **ज्योति**(죠띠)가 온 여성 1인칭 현재진행형의 문장입니다. **ज्योति**(죠띠)는 빛, 밝음이라는 여성명사인데 인도에서 여자이름으로 많이 사용됩니다.

मैं केदार जी से बात कर सकती हूँ?
(맹 께다-르 지 쎄 바-뜨 까르 싸끄띠- 훙-?)

본동사 **बात करना**(바-뜨 까르나-)는 [명사 + **करना**까르나-] 동사구의 하나이며 '말하다'라는 뜻입니다. 보조동사 **सकना**(싸끄나-; 할 수 있다)에는 허락의 의미가 포함되어 있습니다. **बात**(바-뜨)는 다양한 의미로 광범위하게 사용됩니다. (예: **कोई बात नहीं** ǀ 꼬이 바-뜨 네힝-; 괜찮아요.) **केदार जी**(께다-르 지-)는 줄여서 부른 이름입니다. 이름에다 **जी**(지-)를 첨가하여 존경을 표했습니다. 원래 이름은 **केदारनाथ**(께다-르나-트)입니다. **नाथ**(나-트)는 주인이라는 뜻으로 **केदारनाथ**(께다-르나-트)는 께다르의 주인 즉 쉬바신을 가리킵니다.

व्याकरण

진행형

현재 진행 중이거나 과거의 어떤 시점에 진행 중이던 행위를 표현하고자 할 때 진행형을 사용합니다. 진행형은 [동사어간 + **रहा**(라하-) + **होना**(호나-)]로 구성됩니다. 어간만 오는 동사가 본동사로 의미를 표현하고 **रहा**(라하-)는 진행형을 만들어주는 문법조동사로 성과 수에 따라 변합니다 (**रहा**라하-, **रहे**라헤, **रही**라히-). 시제를 나타내는 **होना**(호나-)의 현재형(**हूँ**훙~ **है**해 **हो**호 **हैं**행)이 오면 현재진행형이 됩니다.

수, 인칭, 성에 따른 현재진행형

인칭＼수	단수 남성/여성	복수 남성/여성
1인칭	**मैं जा [रहा/रही] हूँ ।** (맹 자- 라하-/라히- 훙-)	**हम जा [रहे/रही] हैं ।** (함 자- 라헤/라히- 행)
2인칭	**तू जा [रहा/रही] है ।** (뚜- 자- 라하-/라히- 해)	**तुम जा [रहे/रही] हो ।** (뚬 자- 라헤/라히- 호) **आप जा [रहे/रही] हैं ।** (압 자- 라헤/라히- 행)
3인칭	**यह जा [रहा/रही] है ।** (예헤 자- 라하-/라히- 해) **वह जा [रहा/रही] है ।** (베헤 자- 라하-/라히- 해)	**ये जा [रहे/रही] हैं ।** (예 자- 라헤/라히- 행) **वे जा [रहे/रही] हैं ।** (베 자- 라헤/라히- 행)

위의 표에서 **होना**(호나-)의 과거형(**था**타- **थे**테 **थी**티- **थीं**팅~)이 오면 과거진행형이 됩니다.

अभ्यास

아래의 문장을 진행형으로 완성하면서 힌디어로 말해보십시오.

1. **क्या तू काम कर (   ) है?** 네가 일을 하고 있냐? (남성)
   (까- 뚜- 깜- 까르   해?)

2. **वे अभी आराम कर (   ) हैं ।** 그들은 지금 쉬고 있다.
   (베 아비- 아-람- 까르   행)

3. **मैं अभी मकान दिखा (   ) हूँ ।** 나는 지금 집을 보여주고 있다. (여성)
   (맹 아비- 마깐- 디카-   훙-)

답- 1. **रहा**(라하-), 2. **रहे**(라헤), 3. **रही**(라히-)

सांस्कृतिक जानकारी

인도에서 성명을 쓸 때 이름이 먼저 오고 성이 나중에 옵니다. 이전에는 신의 이름이 사람의 이름으로 많이 사용되었습니다. 인도의 신들은 자신의 특성이나 관련 일화들을 드러내는 아주 많은 이름을 가지고 있습니다. 그래서 인도사람들의 이름만 잘 이해해도 인도 신화를 어느 정도 파악할 수 있을 정도입니다. 중세에 인도에서는 신의 이름을 부르는 것이 신에게 도달하는 데에 가장 좋은 방법이라고 대중을 가르쳤습니다. 문헌에 보면 자식의 이름을 신의 이름으로 지어서라도 신의 이름을 부르라고 했습니다. 그런데 시대의 변화와 함께 사람들의 이름이 부모의 바람을 담은 추상명사로 바뀌었습니다.

인도사람의 이름에서 성을 보면 그가 속해 있는 카스트(자띠)를 알 수 있습니다. 성이 카스트(자띠)를 나타내기 때문입니다. 인도에서 카스트(바르나)의 틀 안에 들어오지 못하는 달리뜨('불가촉천민')들은 성을 바꾸어 쓰는 경우가 많습니다. 왜냐하면 성을 쓰면 달리뜨라는 사회적-문화적 정체성이 들러나게 되고, 그러면 모든 사회적 관계가 단절되기 때문입니다. 달리뜨문학에는 자신의 성을 숨기는 것과 관련된 정체성 혼란에 관한 작품이 많습니다. 반면에 상위 카스트의 사람들 중에는 자신의 카스트(자띠)를 드러내지 않으려고 성을 쓰지 않고 이름만 쓰는 사람들도 있습니다.

한국에 소포를 보내려고 하는데요. कोरिया में पार्सल भेजना है ।

(꼬리야– 멩~ 빠–르쌀 베ʰ즈나– 해)

29 **पाठ**

너무나도 다양하게 사용되는 लगना(라그나–)동사의 용법과 친해지시기 바랍니다.

वार्तालाप

क: मुझे कोरिया में पार्सल भेजना है ।
(무제ʰ 꼬리야– 멩~ 빠–르쌀 베ʰ즈나– 해)

ख: फ़ार्म भर कर ले आइए और पासपोर्ट की फोटोकापी भी चाहिए ।
(파–름 바ʰ르 까르 레 아–이에 오우르 빠–스뽀르뜨 끼– 포또까–삐– 비ʰ– 짜–히에)

क: अभी आ रही हूँ ।
(아비ʰ– 아– 라히– 훙~)

ख: हवाई डाक से या स्पीड पोस्ट से?
(하와–이 다–끄 쎄 야– 스삐–드 뽀스뜨 쎄?)

क: हवाई डाक से कितने दिन लगते हैं?
(하와–이 다–끄 쎄 끼뜨네 딘 라그떼 행?)

ख: कम से कम एक हफ़्ता लगता है ।
(깜 쎄 깜 에끄 하프따– 라그따– 해)

शब्दावली

पार्सल (빠–르쌀) parcel 소포

भेजना (베ʰ즈나–) 보내다

फ़ार्म (파–름) form 서식, 용지

भरकर (바ʰ르까르) [भरना 바ʰ르나–; 채우다, 메꾸다]의
독립부사구

फोटोकापी (포또까–삐–) 복사본

हवाई (하와–이–) 공기의, 바람의, 공중의

डाक (다–끄) 우편

हवाई डाक (하와–이– 다–끄) 항공 우편

या (야–) 혹은, 또는

स्पीड पोस्ट (쓰삐–드 뽀쓰뜨) speed post 빠른 우편

लगते (라그떼) [लगना 라그나–; 걸리다; 붙다; 느끼다]
의 남성복수 미완료형

दिन (딘) 날; 낮

कम (깜) 적은

हफ़्ता (하프따–) 주(週), 주간(週間)

가 : 저는 한국에 소포를 보내려고 하는데요.

나 : 서식을 작성해서 가져 오시고 여권 사본도 필요합니다.

가 : 곧 (가져) 올께요.

나 : 항공우편으로 (보낼 것입니까?) 또는 스피드 포스트로?

가 : 항공우편으로 며칠 걸립니까?

나 : 적어도 일주일 걸립니다.

◉• अभिव्यक्तियाँ

फ़ार्म भरकर ले आइए ।
(파-름 바ʰ르까르 레 아-이에)

फ़ार्म भरना(파-름 바ʰ르나-)는 '서식을 채우다, 용지에 써넣다'라는 뜻입니다. भरकर(바르까르)는 [동사어간(भर바르) + 독립부사구어미 कर(까르;-하고)] 로 '써넣은 후에'라는 의미를 가지고 있습니다. ले आइए(레 아-이에)에도 독립부사구어미 कर(까르)가 생략되어 있는 것입니다 (लेकर आइए레까르 아-이에; 가지고 오십시오).

हवाई डाक से कितने दिन लगते हैं?
(하와-이- 다-끄 쎄 끼뜨네 딘 라그떼 행?)

हवाई डाक से(하와-이- 다-끄 쎄; 항공우편으로)의 से(쎄; -로)는 기구격입니다.
लगते(라그떼)는 लगना(라그나-)동사의 남성복수 미완료형입니다. 이 문장에서 लगना(라그나-)동사는 '걸리다'라는 뜻으로 사용되었습니다. दिन(딘; 날들)이 복수이기 때문에 लगते हैं(라그떼 행)이 왔습니다. 이 문장에서 मुझे (हवाई डाक से) भेजने में(무제ʰ 하와-이-다-끄 쎄 베즈네 멩; 내가(항공우편으로) 보내는 데에)가 생략된 것으로 लगना(라그나-)동사가 '걸리다'라는 뜻으로 사용될 때 여격주어를 취합니다. लगना(라그나-)동사는 다양한 용법으로 널리 사용되는 중요한 동사입니다.

कम से कम एक हफ़्ता लगता है ।
(깜 쎄 깜 에끄 하프따- 라그따- 해)

कम से कम(깜 쎄 깜)은 최상급의 표현법의 하나로 '가장 적은'을 의미하고 '적어도'라고 관용적으로 사용됩니다.

व्याकरण

लगना(라그나–) 동사

1. **लगना**(라그나–) 동사는 무엇인가에 '붙는' 행위를 표현할 때, 명사 또는 부정사에 처소격 후치사 **में**(멩)와 함께 와서 '열중하다'라는 뜻으로 사용될 때 그리고 부정사의 단순 사격과 결합하여 '시작하다' 라는 뜻으로 사용될 때 직격 주어를 취합니다.

> **लिफ़ाफ़े पर टिकट लगता है ।** 편지봉투에 우표가 붙는다.
> (리파–페 빠르 띠까뜨 라그따– 해)　　[**लिफ़ाफ़ा**리파–파–; 봉투, **टिकट**띠까뜨; 우표, 표]

> **मैं काम में [लगा/लगी] हूँ ।** 나는 일에 열중해 있다.
> (맹 깜– 멩 라가–/라기– 훙–)

> **वह डाकघर में काम करने लगा है ।** 그는 우체국에서 일하기 시작했다.
> (베헤 다–끄가h르 멩 깜– 까르네 라가– 해)　　[**डाकघर**다–끄가h르; 우체국]

2. **लगना**(라그나–) 동사가 '느끼다' 또는 '걸리다', '들다'라는 뜻으로 사용될 때 여격주어를 취합니다.

> **मुझे(=मुझको) हमेशा भूख लगती है ।** 나는 항상 배가 고프다 [**भूख**부h–크; 허기, 배고픔]
> (무제h(=무즈h꼬) 하메샤– 부h–크 라그띠– 해)

> **लगना**(라그나–)동사는 문법상의 주어의 성과 수에 일치합니다.
> **हमें(=हमको) आज कंपनी आने में दो घंटे लगे हैं ।** 우리가 오늘 회사에 오는 데
> (하멩(=함꼬) 아–즈 깜쁘니– 아–네 멩 도 간떼 라게 행) 두 시간이 걸렸습니다. [**घंटा**간따–; 시간]

टिप

लगना(라그나–)동사의 같은 뜻으로 사용되는 동사들

바쁘다 **व्यस्त होना**(뱌쓰뜨 호나–)/**व्यस्त रहना**(뱌쓰뜨 레흐나–)

시작하다 **शुरू करना**(슈루– 까르나–)/**आरम्भ करना**(아–람브h 까르나–)

느끼다, 체험하다 **महसूस होना**(메흐쑤–쓰 호나–)/**अनुभव होना**(아누바브 호나–)

> **मैं काम म व्यस्त [रहता/रहती] हूँ ।** 나는 일로 바쁘게 지낸다.
> (맹 깜– 멩 뱌쓰뜨 레흐따/레흐띠– 훙–)

> **क्या आपको डर महसूस हुआ?** 당신은 공포를 느꼈는가?
> (꺄– 압–꼬 다르 메흐쑤–쓰 후아–?)

> **क्या आपको डर का अनुभव हुआ?** 당신은 공포를 느꼈는가?
> (꺄– 압–꼬 다르 까– 아누바브 후아–?)

सांस्कृतिक जानकारी

인도에서 편리한 국내우편으로는 '리파파'(लिफ़ाफ़ा리파-파-)가 있습니다. '리파파'는 원래 봉투라는 뜻인데 인도우편에서 '리파파'는 편지봉투에 우표가 인쇄되어 판매되는 우표와 편지봉투의 기능을 함께 하는 것입니다. '리파파'에 편지지만 넣고 부치면 됩니다. 국내용 우편으로 우표가 인쇄된 봉함서신용지인 '안따르 데쉬에 빠뜨르'(अंतर्देशीय पत्र안따르데쉬에 빠뜨르)도 편리하게 사용할 수 있습니다. 인도에도 국제우편용으로는 항공봉함서신용지인 '하와이 빠뜨르'(हवाई पत्र하와-이- 빠뜨르)가 있습니다. 그런데 인도에서 소포를 보낼 때는 유별난 포장 때문에 불편한 점이 있습니다. 대개 광목과 같은 천으로 싸서 다 꿰맨 다음에 보내야 합니다. 그렇게 하지 않으면 우체국에서 받지 않습니다. 책의 경우는 종이 포장을 서너 번 한 뒤에 노끈으로 단단히 묶어 보내기도 합니다. 편리함과 불편함이 공존하는 인도의 우체국이 우리 인생의 초단면과 같다고 하면 과장된 표현일까요?

한국어로 이 메일을 보낼 수 있나요?
क्या कोरियाई भाषा में ई.मेल भेज सकते हैं?
(꺄— 꼬리야—이— 바ʰ—샤— 멩 이—.멜 베ʰ즈 싸끄떼 행?)

30 **पाठ**

힌디어에서 강력한 존재감을 가지고 약방의 감초와 같이 사용되는 होना(호나—)동사에서 과거형과 완료형이 다른 모습으로 나타납니다.

🎧 वार्तालाप

क: क्या यहाँ से कोरियाई भाषा में ई.मेल भेज सकते हैं?
  (꺄 야항~ 쎄 꼬리야—이— 바ʰ—샤— 멩 이—.멜 베ʰ즈 싸끄떼 행?)

ख: हमारे कम्प्यूटर में कोरियाई फ़ॉन्ट था, लेकिन अभी नहीं है ।
  (하마—레 깜쀼—따르 멩 꼬리야—이— 폰뜨 타—, 레낀 아비ʰ— 네힝— 해)

क: तो मैं इन्स्टाल करके ई.मेल भेज सकती हूँ?
  (또 맹 인쓰딸— 까르께 이—.멜 베ʰ즈 싸끄띠— 훙~?)

ख: हाँ । आधे घंटे के लिए बीस रुपये ।
  (항~ 아—데ʰ 깐ʰ떼 께 리에 비—쓰 루빠예)

क: ठीक है
  (티—끄 해)

🔵 शब्दावली

कोरियाई (꼬리야—이—) 한국의; 한국어; 한국인
भाषा (바ʰ—샤—) 언어
ई.मेल (이—.멜) 이메일
कम्प्यूटर (깜쀼—따르) 컴퓨터
फ़ॉन्ट (폰뜨) font 폰트

इन्स्टाल (인쓰딸—) Install 설치하다
आधे (아—데ʰ) [आधा 아—다ʰ—; 반, 절반, 1/2]의 사격
घंटे (간ʰ떼) [घंटा 간ʰ따—; 시간]의 단수사격형
बीस (비—쓰) 이십, 20

가 : 여기에서 한국어로 이 메일을 보낼 수 있습니까?

나 : 우리 컴퓨터에 한국어 폰트가 있었습니다. 그러나 지금은 없습니다.

가 : 그럼 내가 설치하고 이 메일을 보낼 수 있을까요?

나 : 예. 30분에 20 루피입니다.

가 : 알았어요.

अभिव्यक्तियाँ

हमारे कम्प्यूटर में कोरियाई फ़ॉन्ट था, लेकिन अभी नहीं है ।
(하마-레 깜뷰-따르 멩 꼬리야-이- 폰뜨 타-, 레낀 아비ʰ- 네힝~ 해)

कम्प्यूटर(깜뷰-따르)가 단수인데 **हमारे**(하마-레)가 된 것은 뒤에 후치사 **में**(멩; -안에)의 영향을 받아서 사격으로 변한 것입니다. 그리고 소유격 후치사 **का**(까-)가 **आप**(압-; 당신)을 제외한 1, 2인칭의 대명사와 결합할 때는 축약형으로 옵니다. **हम**(함) + **का**(까-)는 **हमारा**(하마-라; 우리의)가 됩니다.

이 문장의 동사로 시제를 나타내는 표지로 많이 사용되던 **होना**(호나-)동사의 남성 단수 과거형 **था**(타-) 가 왔습니다. **होना**(호나-)동사에는 '이다', '있다' 그리고 '되다'라는 의미가 있는데 **था**(타-)는 '이다', '있다'에 해당되는 **होना**(호나-)동사의 남성 단수 과거형으로 '있었다'를 뜻합니다.

आधे घंटे के लिए बीस रुपये ।
(아-데ʰ 간ʰ떼 께 리에 비-쓰 루빠예)

복합 후치사 **के लिए**(께 리에; 동안)를 사용하여 단위(**आधा घंटा**아-다ʰ- 간ʰ따-; 반 시간)를 먼저 쓰고 요금(**बीस रुपये**비-쓰 루빠예; 20루피)을 뒤에 썼습니다. 복합 후치사 **के लिए**(께 리에)의 영향으로 **आधा घंटा**(아-다ʰ- 간ʰ따-)가 사격 변화하여 **आधे घंटे**(아-데ʰ 간ʰ떼)가 되었습니다. 요금을 먼저 쓰고 단위 뒤에 쓰는 표현대로 하면 **बीस रुपये आधा घंटा**(비-쓰 루빠예 아-다ʰ- 간ʰ따-)가 될 것입니다.

◉ व्याकरण

था(타-)와 हुआ(후아-)의 의미상의 차이

था(타-)가 होना(호나-)동사의 과거형이라면 हुआ(후아-)는 होना(호나-)동사의 완료형 또는 완료분사입니다.

था(타-); 있었다, 이었다　　　　हुआ(후아-); 되었다

होना(호나-)동사의 완료형은 불규칙하게 변하고 성과 수에 따라 남성단수에서는 हुआ(후아-), 남성복수에서는 हुए(후에), 여성에서는 हुई(후이-)로 변합니다.

क्या बात थी? 무슨 일이 있었는가?　　क्या बात हुई? 무슨 일이 생겼는가?
(꺄-　바-뜨 티-?)　　　　　　　(꺄-　바-뜨 후이-?)

था(타-)는 과거시제표지로도 사용됩니다.

क्या बात हुई थी? 무슨 일이 생겼었는가?
(꺄-　바-뜨 후이- 티-?)

◉ टिप

이메일 관련 표현

तुमने अभी तक ई.मेल चैक नहीं किया? 자네가 아직 이메일 체크를 하지 않았는가?
(뚬네　아비ʰ- 따끄　이-.멜　째끄 네힝̃- 끼야-?)

मैंने ई.मेल खोला । 내가 이메일을 열었다. [खोलना콜르나-; 열다]
(맹̃네 이-.멜　콜라-)

ई.मेल नहीं खुल रहा है । 이메일이 열리지 않는다. [खुलना쿨르나-; 열리다]
(이-.멜　네힝̃- 쿨 라하- 해)

शायद स्पैम में चला गया होगा । 아마도 스팸 메일로 간 것 같아요.
(샤-야드 쓰뺌 멩̃ 짤라- 가야- 호가-)　　[चला जाना짤라- 자-나-; 떠나다, 가다]

हमने फ़ाइल अटेच की है । 우리는 파일을 첨부했다.　[फ़ाइल파-일; 파일]
(함네　파-일 아떼쯔 끼- 해)

वे इन्टरनेट में लेख [डालते/डालती] हैं । 그(여자)분이 인터넷에 글을 올린다.
(베 인따르네뜨 멩̃ 레크　달-떼/달-띠-　　　헹̃)　[लेख레크; 글, डालना달-르나-; 던지다]

सांस्कृतिक जानकारी

인도는 풍부한 인적 자원, 다양하고 복합적인 문화에서 나오는 저력, 민주주의의 기반 등을 가지고 세계의 신흥경제대국으로 발전하고 있습니다. 특히 인도는 IT산업에서 많은 인재들을 길러냈습니다. 이들은 미국의 실리콘 밸리, NASA 등에서 세계에서 최고의 대접을 받고 있고 인도의 실리콘 밸리인 벵갈로르(Bengalore)에서 종사하는 엔지니어만 해도 15만 명이나 된다고 합니다. 인도의 IT기술은 소재, 생물, 환경, 등의 분야와 융합하면서 IT-NT(Nano Technology), IT-BT(Bio Technology), IT-ET(Environmental Technology) 등 새로운 산업을 만들어 내고 있습니다. 인도는 고부가가치를 창출할 수 있는 지식정보화 산업을 토대로 더욱 발전해 나갈 것으로 기대됩니다.

अध्याय 12

31 당신의 따님은 몇 학년에서 공부하고 있습니까?
32 당신이 한국어를 공부하고 무엇을 할 것입니까?

간디의 묘 라즈가뜨에서 만난 중학생들

당신의 따님은 몇 학년에서 공부하고 있습니까?
आप की बेटी कौन सी कक्षा में पढ़ रही है?
(압- 끼- 베띠- 꼬운 씨- 깍샤- 멩 빠르ʰ 라히- 해?)

31
पाठ

행위나 상태의 완료를 편하게 표현해 줄 수 있는 चुकना(쭈끄나-) 동사를 잘 익혀 둡시다.

🎧 वार्तालाप

क: आप की बेटी कौन सी कक्षा में पढ़ रही है?
  (압- 끼- 베띠- 꼬운 씨- 깍샤- 멩 빠르ʰ 라히- 해?)

ख: दसवीं कक्षा पूरी कर चुकी है, और ग्यारहवीं कक्षा में पढ़ेगी ।
  (다쓰빙~ 깍샤- 뿌-리- 까르 쭈끼- 해, 오우르 갸-라하빙~ 깍샤- 멩 빠레ʰ기-)

क: बोर्ड एग्जाम में पास हो चुकी है?
  (보르드 에그잠- 멩 빠-쓰 호 쭈끼- 해?)

ख: जी हाँ, अच्छे अंकों में पास हो चुकी है ।
  (지- 항~, 앗체 앙꽁 멩 빠-쓰 호 쭈끼- 해)

🔵 शब्दावली

बेटी (베띠-) 딸 (बेटा 베따-; 아들)

कक्षा (깍샤-) 학년: 교실

पढ़ (빠르ʰ) [पढ़ना 빠르ʰ나; 공부하다: 읽다]의 어간

दसवीं (다쓰빙~) [서수 दसवाँ 다쓰방~; 10번째]의 여성형

पूरी (뿌-리-) [पूरा 뿌-라-; 가득한: 전부: 완전한: 완전히]의 여성형

चुकी (쭈끼-) [चुकना 쭈끄나- 본동사의 행위의 완료 또는 종료를 나타내는 조동사: 끝나다: 완제하다]의 완료형의 여성형

ग्यारहवीं (갸라-하빙~) [서수 ग्यारहवाँ 갸-라하방~; 11번째]의 여성형

बोर्ड एग्जाम (보르드 에그잠-) Board Exam 학력평가 시험

पास (빠-쓰) 통과한, 합격한

हो (호) [होना 호나-; -이다]동사의 어간

अंकों (앙꽁) [अंक 앙끄; 점수, 수]의 복수사격형

가 : 당신의 따님은 몇 학년에서 공부하고 있습니까?

나 : 10학년을 마쳤습니다. 11학년이 될 것입니다.

가 : 학력평가시험을 통과했나요?

나 : 네, 좋은 점수로 통과했어요.

◉ अभिव्यक्तियाँ

दसवीं कक्षा पूरी कर चुकी है ।
(다쓰빙~ 깍샤- 뿌-리- 까르 쭈끼- 해)

주어, **मेरी बेटी**(메리 베띠-; 나의 딸) 또는 **वह**(베헤; 그녀)는 생략되어 있습니다. **दसवीं**(다쓰빙~)은 서수, **दसवाँ**(다쓰방~; 열 번째)이 뒤에 나오는 여성명사 **कक्षा**(깍샤-; 학년)의 성에 일치한 것입니다. 힌디어에서 서수는 **सात**(싸-뜨; 일곱, 7)이후 기수에 **वाँ**(방~)를 첨가하면 됩니다.

पूरी कर चुकी है(뿌-리- 까르 쭈끼- 해; 이미 마쳤습니다)에서 **पूरी कर**(뿌-리- 까르)는 [형용사 + **करना**까르나-]의 동사구인데 여성명사 **कक्षा**(깍샤-; 학년)에 일치하여 **पूरा**(뿌-라-; 완전한)가 **पूरी**(뿌-리-)가 되었습니다. 실제회화에서는 **पास करना**(빠-쓰 까르나-; 통과하다, 합격하다)도 많이 사용합니다. **चुकी**(쭈끼-)는 **चुकना**(쭈끄나-; 끝나다) 동사의 여성완료형입니다. **चुकना**(쭈끄나-) 동사는 앞에 본동사의 행위가 완료 또는 종료되었음 나타내는 보조동사입니다. **चुकना**(쭈끄나-)동사를 보조동사로 활용하면 완료시제를 쉽게 표현할 수 있습니다.

अच्छे अंकों में पास हो चुकी है ।
(앗체 앙꽁~ 멩 빠-쓰 호 쭈끼- 해)

चुकना(쭈끄나-)동사를 보조동사로 활용한 현재완료시제의 문장입니다. 주어, **मेरी बेटी**(메리- 베띠-; 나의 딸) 또는 **वह**(베헤; 그녀)는 생략되었고 **पास होना**(빠-쓰 호나-; 합격되다, 통과되다)의 어간 **हो**(호)와 완료를 나타내는 보조동사 **चुकना**(쭈끄나-)의 여성완료형 **चुकी**(쭈끼-) 그리고 시제를 나타내는 **होना**(호나-)의 단수 현재형 **है**(해)가 와서 나의 딸이 이미 통과했음을 말하고 있습니다.

अच्छे अंकों में(앗체 앙꽁 멩; 좋은 점수로)에서 **अंकों**(앙꽁)은 후치사 **में**(멩)의 영향을 받아 복수명사 **अंक**(앙끄; 수)가 사격 변화한 것입니다.

व्याकरण

चुकना(쭈끄나–)동사

완료된 행위를 [동사어간 + **चुकना**쭈끄나– + **होना**호나–]로 표현할 수 있습니다. **चुकना**(쭈끄나–)는 본동사로 '끝나다, 완제하다 또는 빗나가다' 등의 의미로도 사용됩니다. 그러나 본동사보다는 본동사의 행위가 완료 또는 종료되었음 나타내는 보조동사로 널리 사용됩니다. 해석할 때 '이미'라는 부사를 사용하면 의미가 더욱 명확해집니다.

시제를 나타내는 **होना**(호나–)동사는 현재형과 과거형 모두 올 수 있습니다.

तुम आज का समाचार-पत्र पढ़ [चुके/ चुकी] हो । 자네는 오늘 신문을 읽었는가?
(뚬   아–즈 까 싸마–짜–르 빠드르 빠르ʰ 쭈께/쭈끼– 호)   [**समाचार-पत्र**싸마–짜–르 빠뜨르; 신문]

वे जा [चुके थे/ चुकी थीं] । 그(녀)들은 이미 떠났었다.
(베 자–   쭈께 테/ 쭈끼   팅~)

타동사의 완료형이 술부에 와서 주어에 **ने**(네)가 첨가된 문장을 완료를 나타내는 보조동사 **चुकना**(쭈끄나–)를 이용한 문장으로 전환시켜 보면 아래와 같습니다..

मैंने खाना खाया है । → मैं खाना खा [चुका/ चुकी] हूँ । 내가 음식을 (이미) 먹었다.
(맹~네 카–나– 카–야– 해)   (맹~ 카–나– 카–   쭈까–/쭈끼–   훙~)

टिप

( )안에 **चुकना**(쭈끄나–)동사의 적합한 형태를 넣으면서 힌디어로 말해보십시오.

1. **वे जा (   ) थे ।** 그 분은 (이미) 떠났었다.
   (베 자–   테)

2. **क्या तू खाना खा (   ) है?** 너는 (이미) 식사를 했느냐? (남성)
   (꺄–   뚜– 카–나– 카–   해?)

3. **वह एग्जैम में पास हो (   ) है ।** 그녀는 시험에 (이미) 통과했다.
   (베헤 에그잼 멩 빠–쓰 호   해)

4. **क्या आप काम पूरा कर (   ) हैं?** 당신은 일을 (이미) 완성했습니까? (여성)
   (꺄–   압– 깜– 뿌–라– 까르   행~?)

답– 1. **चुके**(쭈께), 2. **चुका**(쭈까–) 3. **चुकी**(쭈끼–), 4. **चुकी**(쭈끼–)

인도에서 의무교육은 5세에 시작됩니다. 1–5학년까지 초등교육을 받습니다. 6–10학년까지의 중학교 교육과정을 마친 후와 11–12학년의 고등학교 교육과정을 마친 후에 학력평가시험(The Board Exam)을 보게 됩니다. 이 때 얻은 점수는 대학에 가거나 직업교육이나 훈련과정에 들어가는 것뿐만 아니라 직장을 구할 때도 고려의 대상이 된다고 합니다. 학생들은 시험결과에 극도로 스트레스를 받아 자살하는 등 심각한 문제가 야기되고 있습니다. 이에 인도의 인적자원개발부(The Ministry of Human Resource Development, मानव संसाधन विकास मंत्रालय 마–나브 싼싸–단ʰ 비까–쓰 만뜨랄–라에)는 학력평가시험에 개혁을 가하고 있습니다. 10학년에 보는 학력평가시험은 선택으로 변경하고 평가를 점수에서 등급으로 전환하고 백분위점수체제를 도입할 할 것이라고 합니다. 교육당국은 학력평가시험제도에 개혁을 가하여 인도의 교육제도에 근원적인 변화가 나타나기를 기대하고 있습니다.

당신이 한국어를 공부하고 무엇을 할 것입니까?
आप कोरियाई भाषा पढ़कर क्या करेंगे?
(압– 꼬리야–이– 바ʰ–샤– 빠르ʰ까르 꺄– 까렝게?)

연이어 일어나는 두 개의 행위를 표현할 수 있는 독립부사구(동사어간+어미 कर까르)를 익혀봅니다.

🎧 वार्तालाप

क: आप कोरियाई भाषा पढ़कर क्या करेंगे?
(압– 꼬리야–이– 바ʰ–샤– 빠르ʰ까르 꺄– 까렝게?)

ख: मैं कोरियाई भाषा पढ़ने के बाद कोरिया जाना चाहता हूँ ।
(맹 꼬리야–이– 바ʰ–샤– 빠르네 께 바–드 꼬리야– 자–나– 짜–흐따– 훙~–)

क: आप कोरिया जाकर क्या करना चाहते हैं?
(압– 꼬리야– 자–까르 꺄– 까르나– 짜–하떼 행)

ख: मैं कोरिया जाके कोरियाई इतिहास पढ़ूँगा ।
(맹~ 꼬리야– 자–께 꼬리야–이– 이띠하–쓰 빠룽ʰ~–가–)

क: आप से मिलकर बहुत खुशी हुई ।
(압– 쎄 밀까르 바후뜨 쿠쉬– 후이–)

फिर मिलेंगे ।
(피르 밀렝게)

🔵 शब्दावली

के बाद (께 바–드) –후에 (복합 후치사)	खुशी (쿠쉬–) 기쁨, 희열
इतिहास (이띠하–쓰) 역사	फिर (피르) 다시, 또

가 : 당신이 한국어를 공부하고 무엇을 할 것입니까?

나 : 나는 한국어를 공부한 후에 한국에 가고 싶습니다.

가 : 당신은 한국에 가서 무엇을 하고 싶습니까?

나 : 저는 한국에 가서 한국역사를 공부할 것입니다.

가 : 당신을 만나서 매우 기쁩니다.

　　또 만납시다.

अभिव्यक्तियाँ

आप कोरियाई भाषा पढ़कर क्या करेंगे?
(압- 꼬리야-이- 바ʰ-샤 빠르ʰ까르 꺄- 까렝게?)

पढ़कर(빠르ʰ까르; 공부하고)는 [**पढ़**(빠르ʰ; 동사의 어간) + **कर**(까르; 독립부사구를 만드는 어미)]로 구성된 독립부사구입니다. 독립부사구를 만드는 어미 **कर**(까르)는 '-하고'라는 의미를 주어 2개의 행위를 연속적으로 표현할 때 사용됩니다.

मैं कोरियाई भाषा पढ़ने के बाद कोरिया जाना चाहता हूँ ।
(맹 꼬리야-이- 바ʰ-샤 빠르네 께 바-드 꼬리야- 자-나- 짜-흐따- 훙-)

पढ़ने के बाद(빠르ʰ네 께 바-드; 공부한 후에)는 [부정사의 사격(**पढ़ने**빠르ʰ네) + 복합 후치사 **के बाद**(께 바-드; -후에)]로 독립부사구 **पढ़कर**(빠르ʰ까르; 공부하고)와 같은 의미를 가지고 있습니다. (동사어간) **ने**(네) + **के बाद**(께 바-드) = 독립부사구 어미 **कर**(까르)라고 기억해 두시면 편합니다.

आप से मिलकर बहुत खुशी हुई, फिर मिलेंगे ।
(압- 쎄 밀까르 바후뜨 쿠쉬- 후이, 피르 밀렝게)

독립부사구 **मिलकर**(밀까르; 만나서)는 기쁨의 원인을 나타내고 있습니다. **खुशी**(쿠쉬-; 기쁨, 희열)가 여성명사이므로 **होना**(호나-)의 완료형 **हुई**(후이-; 되었다)가 왔고 '기쁨이 되었다'로 해석할 수 있습니다. 이 문장에서 여격주어(**मुझे**무제ʰ=**मुझको**무즈ʰ꼬)가 생략되어 있는데 감정을 나타내는 경우는 여격주어를 취합니다 (35강 문법 참조).

व्याकरण

✏ 독립부사구

독립부사구는 기본적으로 술부의 동사 이전에 일어난 행위를 표현하는 데에 사용됩니다. 독립부사구는 [술부의 이전 행위를 가리키는 동사의 어간+연결어미 기능을 하는 **कर**(까르)]입니다. 독립부사구는 주어의 성과 수의 영향을 받지 않고 독립적으로 그 형태를 유지하면서 부사적으로 사용됩니다.

मैं सवेरे उठकर समाचार-पत्र [पढ़ता/ पढ़ती] हूँ ।   나는 아침에 일어나서
(맹 싸베레 우트까르 싸마–짜–르 빠뜨르 빠르ʰ따/빠르ʰ띠– 훙~) 신문을 읽습니다. [**सवेरे**싸레베; 아침에]

※ **करना**(까르나; 하다)동사의 독립부사구의 어미는 **के**(께)입니다.
पिताजी आराम करके भोजन करते हैं । 아버님은 휴식을 취하시고 식사하신다.
(삐따–지– 아–람– 까르께 보ʰ잔 까르떼 행) [**आराम**아–람–; 휴식, **भोजन**보ʰ잔; 식사, 음식]

독립부사구는 [부정사의 사격+복합후치사 **के बाद**(께 바–드; –뒤에, 후에)]로 대치될 수 있습니다.
पिताजी आराम कर<u>ने के बाद</u> भोजन करते हैं । 아버님은 휴식을 취하시고 식사하신다.
(삐따–지– 아–람– 까르네 께 바–드 보ʰ잔 까르떼 행)

टिप

✏ 관용적으로 사용되는 독립부사구

सब मिलकर(쌉 밀까르) 모두 함께
हम सब मिलकर क्रिकेट खेलते हैं । 우리 모두 함께 크리켓을 합니다.
(함 쌉 밀까르 끄리께뜨 켈떼 행)   [**खेलना**켈르나–; 경기하다]

एक-एक करके(에끄 에끄 까르께) 하나씩, 하나씩
एक-एक करके सब लोग चले गए थे । 하나씩, 하나씩, 모든 사람이 떠났었다.
(에끄 에끄 까르께 쌉 로그 짤레 가에 테)

कृपा करके(끄리빠– 까르께)/**मेहरबानी करके** (메헤르바–니– 까르께) 친절히, 제발 [**कृपा** 끄리빠–,
मेहरबानी 메헤르바–니–; 친절]

कृपा/मेहरबानी करके आप जल्दी आइए । 제발 빨리 오십시오.
(끄리빠–/메헤르바–니– 까르께 압– 잘디– 아–이에)

बढ़कर(바르ʰ까르) 나은, 우월한
माँ से बढ़कर कोई गुरु नहीं । 어머니보다 우월한 어떤 스승도 없다. [**गुरु**구루; 스승]
(망~ 쎄 바르ʰ까르 꼬이– 구루 네힝~)

सांस्कृतिक जानकारी

인도에서 입시제도는 우리와 조금 다릅니다. 12학년을 마친 학생들이 학력평가시험에서 얻은 성적에 맞춰 원하는 학과에 지원서를 냅니다. 학력평가시험의 4과목 성적과 학과와 관련된 과목의 성적으로 입학이 결정됩니다. 인도공과대학(Indian Institute of Technology)과 같은 이공계 대학을 지원하는 학생 모두를 대상으로 한 공동시험이 따로 있다고 합니다. 인도의 학사과정은 3년이고 전공을 집중적으로 공부하는 Honours와 여러 과목을 공부하는 General이 있습니다. 델리대학교의 경우 산하에 80여 개의 대학(College)이 있고 학사는 물론 석사, 박사 과정도 대학을 통해 입학하게 됩니다. 또한 인도의 대학에는 학-석-박사 외에도 주로 언어와 기술 관련 1년 단위의 certificate, diploma 과정도 있습니다. 인도에서 한국어 교육은 1976년 뉴델리 소재 네루대학교에서 certificate 과정으로 시작되었습니다. 현재는 네루대학교 뿐만 아니라 델리대학교에서도 한국어문학의 학-석-박사과정에서 많은 인도학생들이 한국어를 열심히 공부하고 있습니다.

अध्याय 13

녹야원의 탑

따님이 결혼했나요? क्या आप की बेटी की शादी हुई?

(까- 압- 끼- 베띠- 끼- 샤-디- 후이-?)

33 पाठ

피동적 자동사로 광범위하게 사용되는 होना(호나-; 되다)동사를 타동사 करना(까르나-; 하다)와 대비하여 익혀둡니다.

वार्तालाप

क: क्या आप की बेटी की शादी हुई?
(까- 압- 끼- 베띠- 끼- 샤-디- 후이-?)

ख: अभी नहीं, पर होने वाली है ।
(아비ʰ- 네힝~, 빠르 호네 왈-리- 해)

क: लड़के वाले तो अच्छे हैं न?
(라르께 왈-레 또 앗체 행 나?)

ख: जी हाँ । उन लोगों ने दहेज़ नहीं माँगा ।
(지- 항~. 운 로공 네 다헤즈 네힝~ 망~가-)

शब्दावली

शादी (샤-디-) 결혼: 결혼식

लड़के (라르께) [लड़का 라르까; 아들, 남자애, 남학생] 직격 복수형

लोगों (로공) [लोग 로그; 사람들]의 사격 복수형

दहेज़ (다헤즈) 신부지참금

माँगा (망~가-) [माँगना 망~그나-; 원하다 요구하다, 청구하다]의 남성단수 완료형

가 : 따님이 결혼했나요?

나 : 아직 아니요, 그러나 (곧) 할 것입니다.

가 : 사돈 될 분들은 좋으시지요?

나 : 예. 그들이 신부지참금을 요구하지 않았어요.

अभिव्यक्तियाँ

क्या आप की बेटी की शादी हुई?
(까- 압- 끼- 베띠- 끼- 샤-디- 후이-?)

이 문장의 주어는 **शादी**(샤-디-; 결혼)이고 동사는 **होना**(호나-; 되다)의 여성 완료형 **हुई**(후이-)입니다. 직역하면 아주 어색하지만 '딸의 결혼이 되었습니까?'입니다. 여기에는 결혼 당사자는 자신에 결혼에 능동적으로 대처하지 않고 피동적으로 결혼을 하게 되는 상황이 내포되어 있습니다. 인도에서는 자녀의 결혼은 부모가 한다고 생각합니다. 그래서 부모들이 **मैंने लड़की की शादी की |**(맹네 라르끼- 끼- 샤-디- 끼-; 직역하면 '내가 딸의 결혼을 했다')라고 말합니다. 힌디어에서 **होना**(호나-; 되다)동사는 피동적 자동사로 널리 사용됩니다.

पर होने वाली है |
(빠르 호네 왈-리- 해)

पर(빠르)는 후치사가 아니고 문장 앞에 와서 반대의 의미의 접속사로 사용되었습니다. **होने वाली है**(호네 왈-리- 해; 있을 것이다)는 **होना**(호나-)의 부정사의 사격 **होने**(호네) + **वाला**(왈-라-)가 술부에 와서 가까운 미래를 나타내고 있습니다. 생략된 주어 **शादी**(샤-디-; 결혼)가 여성명사이기 때문에 이에 일치하여 **वाला**(왈-라-)가 **वाली**(왈-리-)로 변했습니다.

लड़के वाले तो अच्छे हैं न?
(라르께 왈-레 또 앗체 행 나?)

문장 끝에 부정어 **न**(나)는 이 문장을 부가의문문으로 만들어 주며 그 의미를 강조하고 있습니다. 이때 주어에 '은, 는'의 의미의 강조사 **तो**(또)를 첨가하여 의미를 더욱 강조하여 표현합니다.
लड़के वाले(라르께 왈-레)는 [명사 + **वाला**왈-라-]로 남자애들 사람 즉 신랑쪽 사람을 뜻합니다. 신부쪽 사람들은 **लड़की वाले**(라르끼- 왈-레)가 됩니다.

◉• व्याकरण

✎ **होना**(호나–)와 **करना**(까르나–)

होना(호나–)동사는 피동적 자동사로 본동사로서 많이 사용됩니다. **होना**(호나–)동사가 자동사라면 이에 상응하는 타동사는 **करना**(까르나–)동사입니다. [명사/형용사/영어단어 + **करना**까르나–]의 동사구에서 명사를 주어로 하거나 형용사로 상태에 관해서 물을 때 **करना**(까르나–) 대신 **होना**(호나–)동사를 써주면 피동적, 수동적인 표현이 됩니다. [명사/형용사 + **करना**까르나–]의 동사구를 **होना**(호나–)동사를 이용하여 아래와 같이 전환할 수 있습니다.

काम करना(깜– 까르나; 일하다)

आप काम कर रहे हैं । 당신이 일을 하고 있다.
(압– 깜– 까르 라헤 행)

आप का काम हो रहा है । 당신의 일이 진행 중이다.
(압– 까 깜– 호 라하– 해)

भोजन करना(보ʰ잔 까르나; 식사하다)

वे भोजन कर चुके हैं । 그들은 이미 식사를 했습니다.
(베 보ʰ잔 까르 쭈께 행)

उनका भोजन हो चुका है । 그들의 식사가 이미 끝났다.
(운까– 보ʰ잔 호 쭈까– 해)

पूरा करना(뿌–라– 까르나; 완성하다)

क्या तूने काम पूरा किया? 너는 일을 마쳤는가?
(꺄– 뚜–네 깜– 뿌–라– 끼야–?)

क्या तेरा काम पूरा हुआ? 너의 일이 끝났는가?
(꺄– 떼라– 깜– 뿌–라– 후아–?)

◉• अभ्यास

✎ **होना**(호나–) 동사의 적합한 형태를 ( ) 안에 넣으면서 힌디어로 말해보십시오.

1. **वहाँ उसका काम (   ) है** । 거기에 그녀의 일이 있다.
   (바항~ 우쓰까– 깜–   해)

2. **अभी भोजन (   ) रहा है** । 지금 식사 중이다.
   (아비ʰ– 보ʰ잔   라하– 해)

3. **क्या आप का काम पूरा (   ) ?** 당신의 일은 끝났습니까?
   (꺄– 압– 까– 깜– 뿌라–   )

답– 1. **होता**(호따–), 2. **हो**(호), 3. **हुआ**(후아–)

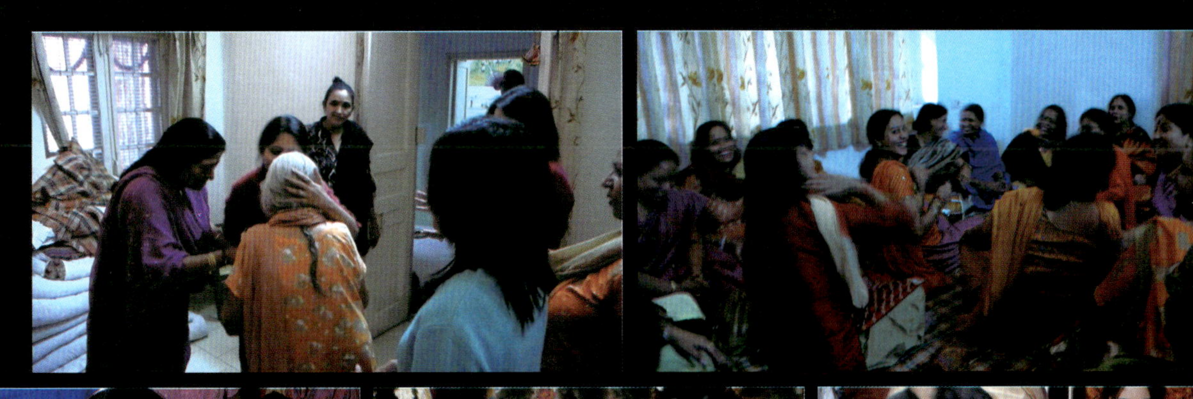

산스크리티크 자나카리 (सांस्कृतिक जानकारी)

인도에서 딸을 시집 보내는 것을 '깐야 단'(कन्या दान; 깐야- 단-)이라고 합니다. '깐야'(कन्या)는 처녀를, '단'(दान)은 종교적인 보시를 뜻합니다. 딸을 시집 보내는 것을 일종의 종교적인 보시인 '단'으로 여기면서 신부지참금제도가 시작되었습니다. 종교적인 보시에는 정한 것이 바쳐 집니다. 생리하면 부정해진다는 생각에서 생리 전의 '정'한 딸을 결혼시키는 조혼이 증가하고 신부지참금제도도 성행하게 되었습니다. 이런 현상은 나날이 심각해져 영국통치가 시작될 때 여성의 결혼 연령은 8, 9세가 되었고 신부지참금은 딸을 가진 부모에게 악마적인 저주가 되어 있었습니다. 최근에도 지참금문제로 고민하던 인도의 딸들은 죽음을 선택하고 지참금으로 시댁을 만족시키지 못한 인도의 며느리들은 원인 불명의 죽음을 당하기도 합니다. 이렇게 인도사회의 심각한 문제를 야기하고 있는 신부지참금제도에 딸에게 재산을 미리 상속하는 측면이 있다는 평가도 있습니다.

신랑 쪽 사람들이 갔나요? **क्या बारात चली गयी?**

(꺄– 바–라–뜨 짤리– 가이–?)

34 पाठ

추정을 나타내기도 하는 होना(호나–)동사의 미래형을 동사의 완료형(동사어간+आ아–, ए에, ई이–) 또는 미완료형(동사어간+ता따–, ते떼, ती띠–)과 함께 써서 '–거야'라고 말하고 싶은 상황을 표현합니다.

वार्तालाप

क: **क्या बारात चली गयी?**
(꺄   바–라–뜨 짤리– 가이–?)

ख: **जी हाँ, आज दोपहर को दो बजे चली गई ।**
(지– 항~, 아–즈 도쁘하르 꼬 도 바제 짤리– 가이–)

क: **क्या बारात में बहुत लोग आए थे?**
(꺄– 바–라–뜨 멩 바후뜨 로그 아–에 테?)

ख: **हाँ । ठीक से पता नहीं कितने ।**
(항   티–끄 쎄 빠따– 네힝~ 끼뜨네)

लेकिन क़रीब डेढ़ सौ लोग आए होंगे ।
(레낀   까립– 데르ʰ 쏘우 로그 아–에 홍게)

शब्दावली

बारात (바–라–뜨) 혼인식에 온 신랑 쪽의 사람들
चली गयी (짤리– 가이–) [चला जाना 짤라– 자–나–; 떠나다]의 여성 완료형
आज (아–즈) 오늘

दोपहर (도쁘하르) 정오: 오후
पता (빠따–) 인식. 이해: 소재: 주소
क़रीब (까립–) 약
डेढ़ (데르ʰ) 1½

가 : 신랑 쪽 사람들이 갔나요?

나 : 예, 오늘 오후 두 시에 갔습니다.

가 : 신랑 쪽 사람들이 많이 왔었나요?

나 : 예, 얼마나 많이 왔는지 잘 모르겠어요.

　　그러나 약 백오십 명쯤 왔을 겁니다.

◉ अभिव्यक्तियाँ

✍ ठीक से पता नहीं कितने ।
(티-끄 쎄 빠따- 네힝~ 끼뜨네)

이 문장에 생략된 문장구성성분을 다 살리면 **मुझे(=मुझको) पता नहीं है कि कितने लोग आए थ**
। (무제ʰ(=무즈ʰ꼬) 빠따- 네힝~ 해 끼 끼뜨네 로그 아-에 테; 얼마나 많은 사람이 왔었는지 나는 알지 못한
다)입니다. **पता**(빠따-)는 명사로 '인식'이라는 뜻인데 여격주어를 취하여 '안다'(**पता होना**빠따- 호
나-)라는 동사구가 됩니다. 부정어 **नहीं**(네힝~)가 와서 부정문 **मुझे(=मुझको) पता नहीं है ।** (무
제ʰ(=무즈ʰ꼬) 빠따- 네힝~ 해; 나는 모른다)가 됩니다.

생략된 문장의 구성요소 가운데 **कि**(끼)는 절을 이끄는 보문표지입니다. 문어체에서 아주 중요하
게 또 많이 사용됩니다. 또한 **आए थ**(아-에 테; 왔었다)는 **आना**(아-나; 오다)의 남성복수완료형
आए(아-에)와 시제를 나타내는 **होना**(호나-)의 남성복수 과거형 **थ**(테)가 온 남성복수 과거완료시제
입니다. 이 시제는 과거에 완료된 사건이나 상태를 표현합니다.

✍ लेकिन क़रीब डेढ़ सौ लोग आए होंगे ।
(레낀　　까립- 데르ʰ 쏘우 로그　아-에 홍게)

주어는 남성복수명사 **लोग**(로그; 사람들)이고 술부에는 **आना**(아-나; 오다) 동사의 남성복수완
료형 **आए**(아-에)와 **होना**(호나-)의 남성복수 미래형 **होंगे**(홍게)로 구성된 추정법 완료가 왔습니다.
होना(호나-)의 미래형은 종종 현재의 행위를 추정할 때 사용되기도 합니다. [**वह घर पर होगा**베
헤 가ʰ르 빠르 호가-; 그는 집에 있을 거야] 여기에서는 동사의 완료형과 함께 사용되어 과거에 일어
났을 사건 또는 과거에 추측되는 상태나 행위를 표현하는 추정법 완료가 되었습니다.

व्याकरण

추정법 완료

추정법 완료는 [동사의 완료형 + **होना**(호나-)의 미래형]로 표현됩니다.
수, 인칭, 성에 따른 추정법 완료는 아래와 같습니다.

인칭＼수	단수 남성/여성	복수 남성/여성
1인칭	मैं उठा होऊँगा/उठी होऊँगी (맹 우타- 호웅~가/ 우티- 호웅~기-)	हम उठे होंगे/उठी होंगी (함 우테 홍게/ 우티- 홍기-)
2인칭	तू उठा होगा/उठी होगी (뚜- 우타- 호가/ 우티- 호기-)	तुम उठे होओगे(होगे)/उठी होओगी(होगी) (뚬 우테 호오게(호게)/ 우티- 호오기-(호기-)) आप उठे होंगे/उठी होंगी (압- 우테 홍게/ 우티- 홍기-)
3인칭	यह उठा होगा/उठी होगी (예헤 우타- 호가/ 우티- 호기-) वह उठा होगा/उठी होगी (베헤 우타- 호가/ 우티- 호기-)	ये उठे होंगे/उठी होंगी (예 우테 홍게/ 우티- 홍기-) वे उठे होंगे/उठी होंगी (베 우테 홍게/ 우티- 홍기-)

추정법 완료는 대부분 과거에 일어났을 사건을 추정할 때 사용됩니다. 드물게 과거에 추측되는 상태나 행위를 가리킬 때도 사용됩니다.

> **आपको मेरा ई.मेल मिला होगा** ǀ 당신이 나의 이메일을 받으셨을 것입니다.
> (압-꼬 메라- 이-.멜 밀라- 호가-)

टिप

미완료형을 활용한 표현

> **अब वह आता होगा** ǀ 지금 그가 오고 있을 것이다.(추정법)
> (압 베헤 아-따- 호가-)

> **यह सड़क लाल क़िला जाती होगी ?** 이 길이 붉은 성으로 갈 것입니다. (추정법)
> (예헤 싸라끄 랄- 낄라- 자-띠- 호기?)

> **आप [आते/आती], तो वे [जाते/जाती]** ǀ 당신이 왔었다면 그(여자)분이
> (압 아떼/아띵~ 또 베 자떼/자띵~) 갔었을 텐데 (가정법)

> **मेरे पास पैसा होता तो मैं मकान ख़रीद [लेता/लेती]** ǀ 내게 돈이 있었다면 집을
> (메레 빠-쓰 빼싸 호따- 또 맹 마깐- 카리-드 레따/레띠-) 사 두었을텐데. (가정법)

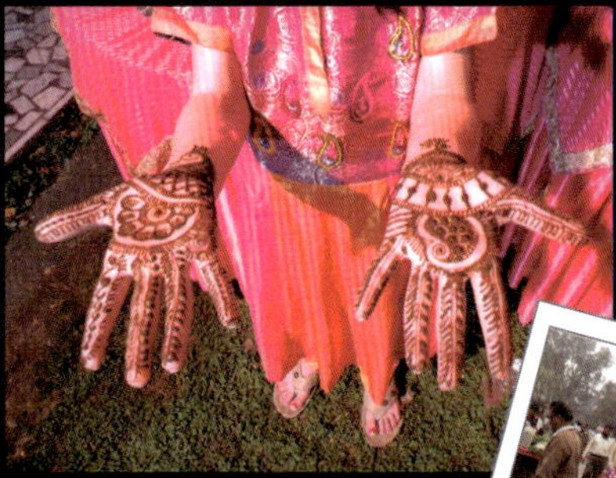

सांस्कृतिक जानकारी

북부 인도에서 전통적으로 같은 자띠(**जाति**자-띠)끼리 결혼하지만 같은 '고뜨라'(**गोत्र**고뜨르, 씨족)끼리는 결혼 하지 않습니다. 그리고 신부는 같은 자띠 안에서 자신보다 지위가 높거나 아니면 동등한 지위의 신랑과 결혼하는 앙혼(仰婚)의 관습이 있습니다. 신랑 쪽 사람들은 자신들이 신부 쪽보다 우월하다고 생각합니다. 이런 신랑 쪽 사람들을 만족시켜 주려고 신부의 아버지는 딸의 결혼식을 아주 성대하게 치르게 됩니다. 먼저 말에 탄 신랑이 악대를 앞장 세운 '바라뜨'(**बारात**바-라-뜨)와 함께 신부의 집에 요란하게 들어섭니다. 장모는 예비사위를 환영하고 먹고 마시는 잔치는 밤 11경까지 지속됩니다. 진짜 예식은 사제의 주도 아래 한밤 2, 3시경 신랑과 신부의 옷을 묶고 성스런 불(**हवन**하반)을 일곱 번 도는 '페레'(**फेरे**)입니다. 신랑 집에서도 새 신부를 맞으면서 거창하게 잔치를 하고 일단 신부 쪽 사람들과 함께 며느리를 친정으로 보냅니다. 그리고 나서 얼마 후 신랑 쪽 사람들이 와서 신부를 시집으로 데리고 갑니다. 이것은 조혼의 폐해를 줄여보려고 시작되었던 관습이라고 생각합니다. 신부는 친정 집을 떠나면서 목 놓아 울어야 합니다. 그렇지 않으면 친정부모가 딸에게 잘하지 못한 것으로 이웃에게 의심을 받게 됩니다.

अध्याय **14**

카주라호의 사원

당신은 어디가 불편하세요? आप को क्या तकलीफ़ है?

(압- 꼬 꺄- 따끌리-프 해?)

35
पाठ

병과 같이 인간의 의지와 상관없이 나타나는 상황을 표현할 때도 여격후치사 को(-에게)를 취하는 주어가 옵니다.

वार्तालाप

क: आप को क्या तकलीफ़ है?
(압- 꼬 꺄- 따끌리-프 해?)

ख: डॉक्टर साहब, कल रात से पेट में दर्द है ।
(닥따르 싸-합, 깔 라-뜨 쎄 뻬뜨 멩 다르드 해)

क: क्या आप को बुख़ार है?
(꺄 압- 꼬 부카-르 해?)

ख: कल बुख़ार था, पर अभी नहीं है ।
(깔 부카-르 타-, 빠르 아비ʰ- 네힝~ 해)

क: अच्छा, ठीक है ।
(앗차-, 티-끄 해)

आप यह प्रिस्क्रिप्शन(prescription) ले जाइए ।
(압- 예헤 쁘리쓰끄립샨 레 자-이에)

दवा लीजिए । एक-दो दिन में ठीक हो जाएगा ।
(다와- 리-지에 에끄-도 딘 멩 티-끄 호 자-에가-)

शब्दावली

तकलीफ़ (따끌리-프) 불편, 고통, 어려움	पेट (뻬뜨) 배
डॉक्टर (닥따르) 의사	दर्द (다르드) 통증, 아픔, 고통
साहब (싸-합) 선생님, 나으리	बुख़ार (부카-르) 열
कल (깔) 어제; 내일	प्रिस्क्रिप्शन (쁘리쓰끄립샨) prescription 처방전
रात (라-뜨) 밤	दवा (다와-) 약

가 : 당신은 어디가 불편하세요?

나 : 의사선생님, 어제 밤부터 배에 통증이 있어요.

가 : 열도 있나요?

나 : 어제 열이 있었어요. 그러나 지금은 없어요.

가 : 그래요, 알았어요.

　　이 처방전을 가지고 가세요.

　　약을 드세요. 하루, 이틀이면 괜찮아질 것입니다.

● अभिव्यक्तियाँ

आप को क्या तकलीफ़ है?
(압– 꼬 꺄– 따끌리–프 해?)

[여격주어(**आप को**압– 꼬) + 상태를 나타내는 추상명사(**तकलीफ़**따끌리–프; 불편, 고통) + **होना** 호나–동사의현재형 **है**해]로 구성된 여격주어 구문의 문장입니다. 힌디어에서 감정, 병, 상태 등과 같은 상황을 표현할 때 여격주어가 옵니다.

एक-दो दिन में ठीक हो जाएगा ।
(에끄 도 딘 멩 티–끄 호 자–에가–)

주어 **आपका पेट**(압–까– 뻬뜨; 당신의 배)가 생략되어 있습니다. 처소격 후치사 **में**(멩)가 기간(**एक- दो दिन**에끄 도 딘; 하루, 이틀)과 함께 사용되어 '–안에'를 표현합니다. **ठीक हो जाएगा**(티–끄 호 자–에가–)에서 본동사는 **हो(ना)**(호(나))이고 **जाएगा**(자–에가–)는 보조동사입니다. 여기에서 보조동사 **जाना**(자–나–)는 상태의 변화를 나타냅니다. **आपका पेट ठीक होगा**(압–까– 뻬뜨 티–끄 호가–)는 '당신의 배가 괜찮을 것이다'이고 **आपका पेट ठीक हो जाएगा**(압–까– 뻬뜨 티–끄 호 자–에가–)는 '당신의 배가 괜찮아질 것이다' 입니다. 인도사람들이 즐겨 하는 낙관적인 말, **सब कुछ ठीक हो जाएगा**(쌉 꾸츠 티–끄 호 자–에가–; 모두 다 괜찮아질 겁니다)도 함께 기억해 두시기 바랍니다.

○• व्याकरण

✎ [여격주어 + 감정, 병, 상태를 나타내는 추상명사 + होना호나–동사] 구문

감정이나 느낌, 병, 상태 등과 같이 인간의 의지와 상관없이 나타나는 상황을 표현할 때 [여격주어 + 감정, 병, 상태를 나타내는 추상명사 + होना호나–동사]로 표현합니다.

हमें(=हमको) अपने देश से प्रेम है । 우리는 우리나라를 사랑한다.
(하멩(=함꼬)   아쁘네 데슈 쎄 쁘렘 해)   [देश데슈; 나라, प्रेम쁘렘; 사랑]

मुझे(=मुझको) इस घटना के लिए खेद है । 나는 이 사건에 대해 유감스럽습니다.
(무제ʰ(=무즈ʰ꼬)   이쓰 가뜨나– 께 리에 케드 해)   [घटना가뜨나; 사건, खेद케드; 유감]

तुम्हें(=तुमको) जुकाम हो गया है? 자네는 감기에 걸렸는가? [जुकाम주깜–; 감기]
(뚬헹(=뚬꼬)   주깜–   호 가야– 해?)

○• टिप

✎ 진료 시 필요한 표현

골절되었습니다. **हड्डी टूट गयी है ।** [हड्डी핫디–; 뼈, टूटना뚜–뜨나–; 부러지다]
　　　　　　　(핫디– 뚜–뜨 가이– 해)

기침이 납니다. **(मुझे) खाँसी (हो रही) है ।** [खाँसी캉씨–; 기침]
　　　　　　　((무제ʰ)　캉–씨– (호 라히–)　해)

배탈이 났습니다. **(मेरा) पेट ख़राब है ।**
　　　　　　　((메라–)　뻬뜨 카랍–　해)

현기증이 납니다. **मुझे चक्कर आ रहे हैं ।** [चक्कर짝까르; 회전, 현기증]
　　　　　　　(무제ʰ 짝까르　아– 라헤 행)

설사를 합니다. **दस्त आ रहे हैं ।** [दस्त다쓰뜨; 설사]
　　　　　　　(다쓰뜨 아– 라헤 행)

말라리아/장티푸스/뎅기열에 걸렸습니다. **मलेरिया/टाईफ़ाइद/डेंगू (हो गया) है ।**
　　　　　　　(말레리야–/따–이파이–드/뎅구–　(호 가야–)　해)

머리/배/목/몸에 통증이 있습니다. **(मेरे) सिर/पेट/गले/बदन में दर्द है ।**
　　　　　　　((메레) 씨르/뻬뜨/갈레/바단　멩 다르드 해)
　　　　　　　[सिर씨르; 머리, गला갈라–; 목, बदन바단; 몸]

सांस्कृतिक जानकारी

인도에는 의약분업이 잘 되어 있어 오래 전부터 병원에서는 진찰만 합니다. 주택가 주변의 상가에는 자그마한 간판이 붙어 있는 개인 병원이 많이 있습니다. 1956년 설립된 All India Institute of Medical Sciences 가 대학종합병원으로 독보적인 존재이었습니다. 그러나 이제는 내노라는 종합병원이 많이 생겼습니다. 이런 서구식 의료체계와 다른, 고대 인도의 의학관련 문헌『아유르베다』(आयुर्वेद아－유르베드)의 원리를 토대로 한 인도의 고유한 의료체계가 있습니다.『아유르베다』의 뜻은 '생명에 관한 지식'이고『아유르베다』의 원리들은 자연과 조화를 이루고 엄격한 규율을 전제하고 있으며 병의 치료뿐만 아니라 예방의학을 중시하였습니다. '아유르베다'식 의료체계는 대체의학으로 서양에서 관심의 대상이 되고 있다고 합니다. 인도에는 대체의학으로 동종요법(同種療法, homeopathy)을 선호하고 사람들이 제법 있습니다.

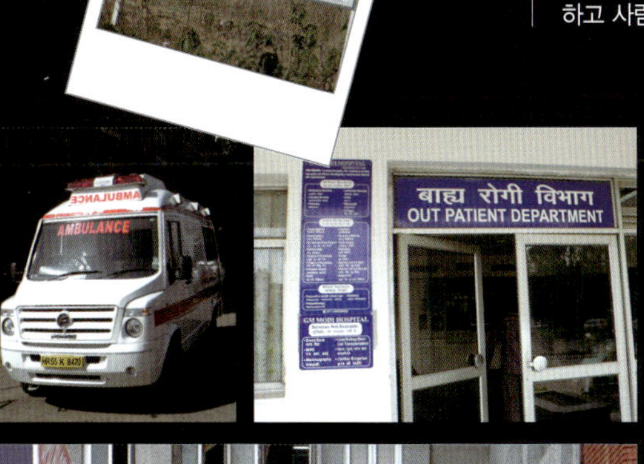

이 약을 어떻게 먹어야 하지요? यह दवा कैसे लेनी होगी?

(예헤　다와－　깨쎄　레니－　호기－?)

36
पाठ

여격주어구문을 좀더 다양하게 표현하기 위해 시제에 따른 용례들을 살펴봅니다.

वार्तालाप

क: इस प्रिस्क्रिप्शन के हिसाब से दवा दीजिए ।
(이쓰　쁘리쓰끄립샨　께 히쌉－　쎄 다와－ 디－지에)

ख: अच्छा, थोड़ी देर इंतज़ार कीजिए ।
(앗차－　토리－ 데르 인뜨자－르 끼－지에)

क: मुझे यह दवा कैसे लेनी होगी?
(무제ʰ 예헤 다와－ 깨쎄　레니－ 호기－?)

ख: एक दिन में तीन बार खाना खाने के बाद ।
(에끄 딘　멩 띤－　바르 카나－　카네 께 바드)

शब्दावली

हिसाब (히쌉－) 수학, 산수: 계산: 의견: 회계: 방안

थोड़ी (토리－) [थोड़ा (토라－); 적은: 조금: 싼: 좀]의 여성형

देर (데르) 늦음, 지연: 시간

इंतज़ार (인뜨자－르) 기다림

इंतज़ार कीजिए (인뜨자－르 끼－지에)
[इंतज़ार करना 인뜨짜－르 까르나; 기다리다]의
आप (압－)에 대한 명령형

बार (바－르) 번(番), 회(回): 때

가 : 이 처방전의 조제대로 약을 주세요.

나 : 네, 잠시 기다리세요.

가 : 나는 이 약을 어떻게 먹어야 하나요?

나 : 하루에 세 번, 식 후에.

अभिव्यक्तियाँ

इस प्रिस्क्रिप्शन के हिसाब से दवा दीजिए ।
(이쓰 쁘리쓰끄립샨 께 히쌉- 쎄 다와- 디-지에)

इस प्रिस्क्रिप्शन के हिसाब से(이쓰 쁘리쓰끄립샨 께 히쌉- 쎄; 이 처방전의 조제대로)에서 후치사 से(쎄)의 영향으로 원래 प्रिस्क्रिप्शन का हिसाब(쁘리쓰끄립샨 까 히쌉-; 처방전의 조제)에서의 का(까-)가 के(께)로 사격 변화하였습니다. 또한 के(께)로 사격 변화한 후치사 का(까-)의 영향으로 यह प्रिस्क्रिप्शन(예헤 쁘리쓰끄립샨; 이 처방전) 에서 यह(예헤)가 इस(이쓰)로 사격 변화 했습니다.

मुझे यह दवा कैसे लेनी होगी?
(무제ʰ 예헤 다와- 깨쎄 레니- 호기-?)

[여격주어(मुझे무제ʰ) + 부정사(लेनी레니-; 복용하다) + होना호나-동사] 구문의 미래형입니다. 동사 लेना(레나-)는 타동사로 목적어의 성과 수에 일치하여야 하고 목적어로 여성명사, दवा(다와-; 약)가 왔기 때문에 부정사 लेना(레나-)와 होना(호나-)동사의 미래형이 이에 일치하여 लेनी होगी(레니- 호기-; 먹어야 할 것이다)가 되었습니다. [여격주어 + 부정사 + होना호나-동사] 구문이 미래와 과거시제에 올 수 있습니다.

एक दिन में तीन बार खाना खाने के बाद ।
(에끄 딘 멩̃ 띤- 바-르 카나- 카네 께 바-드)

[부정사의 사격(खाने카-네) + 복합 후치사 के बाद(께 바-드; -한 후에)]는 독립부사구 खाकर(카-까르; 먹고) 와 같이 '-한 후에', '-하고'라는 의미를 갖습니다. खाना(카-나-; 먹다)는 동사로서 동족목적어 खाना(카-나-; 음식)와 함께 옵니다. 이 문장에서 생략된 구성성분으로 여격주어 आपको(압-꼬)와 목적어 यह दवा(예헤 다와-; 이 약)와 동사 लेनी होगी(레니- 호기-; 먹어야 할 것이다)입니다.

व्याकरण

✏ [여격주어 + 부정사 + **होना**호나–동사/**चाहिए**짜–히에] 구문의 시제

[여격주어 + 부정사 + **होना**호나–동사]의 구문은 현재와 함께 미래, 과거시제가 올 수 있습니다.

मुझे(=मुझको) जाना होगा ǀ 나는 가야 될 겁니다.
(무제ʰ(무즈ʰ꼬)　자–나　호가–)

हमें(=हमको) यह पुस्तक पढ़नी थी ǀ 우리는 이 책을 읽어야 했습니다.
(하멩(=함꼬)　예헤 뿌쓰따끄 빠르ʰ니– 티–)　　　　　　[**पुस्तक** 뿌쓰따끄; 책]

[여격주어 + 부정사 + **चाहिए**짜–히에]의 구문은 현재와 함께 과거시제가 올 수 있습니다.

आपको कल तक एक पत्र लिखना चाहिए था ǀ 당신은 어제까지 편지 한 통을 써야만
(압–꼬　깔　따끄 에끄 빠뜨르 리크나– 짜–히에 타–)　　　　　　　　　했습니다.

मुझे(=मुझको) छुट्टियाँ लेनी चाहिए थीं ǀ 나는 휴가를 내야만 했었습니다.
(무제ʰ(=무즈ʰ꼬)　춧띠양~　레니–　짜–히에　팅~)　　　　　[**छुट्टी** 춧띠–; 휴가]

टिप

✏ [여격주어 + 부정사 + **पड़ना**빠르나–동사] 구문의 상, 법 등에 따른 표현

मुझे(=मुझको) रोज़ बाज़ार जाना पड़ता है ǀ 나는 매일 시장에 가지 않을 수 없다.
(무제ʰ(=무즈ʰ꼬) 로즈 바–자–르 자–나– 빠르따– 해) [**रोज़**로즈; 매일, **बाज़ार**바–자–르; 시장] (현재미완료시제)

तुझे(=तुझको) बहुत काम करना पड़ा ǀ 너는 많은 일을 하지 않을 수 없었다. (단순 과거시제)
(뚜제ʰ(=뚜즈ʰ꼬) 바후뜨 깜– 까르나– 빠라–)

उसे(=उसको) यह दवा लेनी पड़ेगी ǀ 너는 많은 일을 하지 않을 수 없었다. (미래시제)
(우쎄(=우쓰꼬) 예헤 다와– 레니– 빠레기–)

तुम्हें(=तुमको) पत्र लिखना पड़ा था ǀ 자네는 편지를 쓰지 않을 수 없었다. (과거완료시제)
(뚬헹~(=뚬꼬)　　빠뜨르 리크나– 빠라– 타–)

उन्हें(=उनको) यह काम पूरा करना पड़ रहा है ǀ 그들은 이 일을 완성하지 않을 수 없고 있다.
(운헹~(=운꼬) 예헤 깜– 뿌–라– 까르나– 빠르 라하– 해)　　　　　　(현재진행형)

सांस्कृतिक जानकारी

일찍부터 의약분업이 실시된 인도에서는 병원에서 받은 처방전을 가지고 ''캐미스트''에게 가서 약을 구입하면 됩니다. 그리고 아스피린과 같은 간단한 약을 비롯해서 처방전 없이 구매할 수 있는 의약품들도 꽤 됩니다. 인도에 거주하는 한국사람들 중에는 인도 의약품의 품질이 좋다고 하면서 간에 좋은 약이나 자양강장제를 구입하라고 권하는 사람들이 있습니다. 이런 약들은 대부분 '아유르베다'의 원리에 따라 약초로 제조한 의약품(Herbal Medicine)으로 이런 제품을 생산하는 회사들이 인도 안팎에서 급성장하고 있습니다. 1884년에 서부 인도 꼴까따에서 자그마한 '아유르베다' 약국에서 시작한 D사는 인도 최대의 '아유르베다' 의약품 제조업자가 되었고 H사의 경우는 약초를 이용한 '아유르베다'식 조제에 따라 의약품뿐만 아니라 화장품 등 다양한 생활용품으로 시장의 점유율을 높여 가고 있습니다. 인도의 의약품과 생활용품에서 '아유르베다'라는 단어는 자연의 순수성을 추구하는 트렌드의 동의어가 되었습니다.

अध्याय 15

AMRITSAR
शयनयान
SLEEPER CLASS
1-72
TO SEAT/SLEEP
EMERGENCY WINDOW

잔시의 기차역

3월 1일 표를 구할 수 있나요?
क्या पहली मार्च का टिकट मिलेगा?
(꺄–　뻬헬리–　마–르쯔　까–　띠까뜨　밀레가–?)

우리는 여러 상황에 대처하며 '그러면'을 되풀이 하며 살아갑니다. 힌디어에서는 '그러면'이 어떤 식으로 표현되는지 훑어봅니다.

वार्तालाप

क: क्या आप वाराणसी जाने वाली हैं?
(꺄–　압–　와–라–나씨–　자–네　왈–리–　행?)

ख: जी हाँ । क्या पहली मार्च का टिकट मिलेगा?
(지–　항̃　꺄–　뻬헬리–　마–르쯔　까–　띠까뜨　밀레가–?)

क: नहीं, पहली मार्च का नहीं है । दो मार्च का है ।
(네힝̃, 뻬헬리–　마–르쯔　까–　네힝̃　해.　도　마–르쯔　까–　해)

ख: तो दो मार्च का दीजिए ।
(또　도　마–르쯔　까–　디–지에)

शब्दावली

पहली (뻬헬리–) [पहला 뻬흘라–; 첫 번째]의 여성형   टिकट (띠까뜨) 티켓, 표

मार्च (마–르쯔) 3월   दो (도) 둘, 2

가 : 당신은 와라나시에 가려고 합니까?

나 : 예, 3월 1일 표를 구할 수 있나요?

가 : 아니요, 3월 1일 표는 없습니다. 3월 2일 표가 있습니다.

나 : 그럼 3월 2일 표를 주십시오.

◉• अभिव्यक्तियाँ

नहीं, पहली मार्च का नहीं है । दो मार्च का है ।
(네힝~, 뻬흘리- 마-르쯔 까 네힝~ 해. 도 마-르쯔 까- 해)

부정어 **नहीं**(네힝~) 뒤에 생략된 답은 **आपको पहली मार्च का टिकट नहीं मिलेगा**(압-꼬 뻬흘리- 마-르쯔 까- 띠까뜨 네힝~ 밀레가-; 당신이 3월 1일 의 표를 구하지 못할 것이다)입니다.

월일을 말할 때 **पहली मार्च**(뻬흘리- 마-르쯔; 1일, 3월)와 같이 날짜가 먼저 오고 달이 나중에 옵니다. 그리고 1일에는 서수가 오는데 **पहला**(뻬흘라-; 첫 번째) 뒤에 생략되어 있는 **तारीख़**(따-리-크; 날짜)가 여성명사이기 때문에 **पहला**(뻬흘라-)가 **पहली**(뻬흘리-)가 되었습니다.

2일부터는 기수를 써주기 때문에 **दो मार्च**(도 마-르쯔)가 되었습니다. **पहली मार्च का**(뻬흘리- 마-르쯔 까-; 3월 1일의), **दो मार्च का**(도 마-르쯔 까-; 3월 2일의)의 뒤에는 **टिकट**(띠까뜨)가 생략되어 있습니다.

तो दो मार्च का दीजिए ।
(또 도 마-르쯔 까- 디-지에)

조건문의 주절로 **आप**(압-)에 대한 **देना**(데나-; 주다)동사의 명령형이 술부에 온 문장입니다. **तो**(또)는 문장 앞에 오면 조건문의 주절을 이끄는 접속사로 '그러면'으로 해석되고 일상회화에서 많이 사용됩니다. 조건문의 주절에 조건의 성취가 분명히 기대되는 경우와 불분명한 경우에 모두 명령법이 올 수 있습니다.

व्याकरण

조건문

'만약에'에 해당되는 종속접속사로 **यदि**(야디), **अगर**(아가르) 등은 생략되기도 하고 주절을 이끄는 접속사는 **तो**(또; 그러면, 그런 경우에)입니다. 조건문에서는 조건 성취의 가능성에 따라 종속절과 주절에서 각각 다른 법이 옵니다.

조건의 성취가 분명히 기대될 때 직설법으로 표현합니다. 이때 주절도 직설법이 옵니다.

(अगर) वह सुबह नहीं आएगा तो काम पूरा नहीं होगा । 그가 아침에 오지 않으면 일이
((아가르) 베헤 쑤베헤 네힝~ 아-에가- 또 깜- 뿌-라- 네힝~ 호가-) 끝나지 않을 것이다.
[**सुबह** 쑤베헤; 아침(에)]

조건의 성취가 가능하나 분명히 기대할 수 없을 때 기원법(41강 문법 참조)이, 주절에는 기원법, 명령법, 미래시제가 옵니다.

(यदि) तुम आ सको तो मैं भी चलूँ । 자네가 올 수 있다면 내가 갈 텐데.
((야디) 뚬 아- 싸꼬 또 맹 비ʰ- 짤룽~)

조건의 성취가 불가능할 때는 동사의 미완료형[동사어간 + **ता** 따-]으로 표현되는 조건법 일반(가정법)이 오고 주절도 조건법 일반(가정법)이 옵니다.

(अगर) मैं चिड़िया [होता/ होती] तो उड़ [जाता/ जाती] । 내가 새라면 날아갈텐데.
((아가르) 맹 찌리야- 호따-/호띠- 또 우르 자-따-/ 자-띠-) [**चिड़िया** 찌리야-; 새,
उड़ना 우르나-; 날다]

टिप

기차예약 관련 표현

(क्या मुझे) यह फ़ार्म भरना होगा? 이 용지에 기입해야 하나요?
((꺄- 무제ʰ) 예헤 파-름 바ʰ르나- 호가-?) [**फ़ार्म भरना** 파-름 바ʰ르나-; 용지에 쓰다]

आगरा के लिए रिज़र्वेशन कौन सी खिड़की पर मिलेगा? 아그라행 표의 예약을 몇 번 창구에서
(아-그라- 께 리에 리자르베샨 꼬운 씨- 키르끼- 빠르 밀레가?) 합니까? [**खिड़की** 키르끼-; 창, 창문]

ताज एक्सप्रेस से आगरा तक कितने घंटे लगते हैं? 따즈 급행열차로 아그라까지
(따-즈 엑쓰쁘레쓰 쎄 아-그라- 따끄 끼뜨네 간떼 라그떼 행?) 몇 시간 걸립니까? [**घंटा** 간따-; 시간]

क्या महिलाओं की खिड़की अलग से है? 여성전용창구가 있습니까?
((꺄- 마힐라-옹 끼- 키르끼- 알라그 쎄 해?) [**महिला** 마힐라-; 여성, **अलग** 알라그; 다른, 별도의]

सांस्कृतिक जानकारी

기차는 인도의 대표적인 단-장거리 교통수단입니다. 인도의 철도망의 총 연장은 6만 4천 Km이상으로 미국, 러시아, 중국에 이어 세계에서 4위입니다. 운송규모에서는 세계 2위로 물류의 약 65%, 여객의 약 40%를 담당하고 있으며 하루 이용 승객은 3천만 명이라고 합니다. 인도에서 웬만한 곳은 대부분 기차로 연결되어 있으며 장시간 여행이기 때문에 열차시간표가 열차에서 1박을 하도록 짜여 있습니다. 어떤 기차를 타면 2박도 각오해야 하는 경우가 있습니다. 그래서 인도에서 기차로 이동할 때 예약은 필수사항입니다. 예약용지에 기차 번호와 이름, 출발 일과 기차의 등급, 출발 역과 도착 역, 승객이름, 나이, 성별 주소 등 여행자 신상 정보를 기입하고 서명한 후에 예매창구에 제출하면 됩니다. 예약용지에는 같이 여행하는 사람을 한 명도 빠뜨리지 않고 모두 기입해야 합니다. 그리고 인도사람들과 밤을 지낼 마음의 준비도 함께 해두는 것이 좋습니다.

제 시간에 올 것입니까? **क्या वह ठीक समय पर आ रही है?**

(까— 베헤 <u>티</u>—끄 싸마야 빠르 아— 라히— 해?)

38
पाठ

명사와 형용사를 부사로 사용하여 표현의 폭을 넓혀 갈 수 있습니다.

🎧 वार्तालाप

क: ताज एक्सप्रेस कौन से प्लेटफ़ार्म पर आने वाली है?
(따—즈 엑쓰쁘레쓰   꼬운 쎄 쁠레뜨파—름 빠르 아—네 왈—리— 해?)

ख: प्लेटफ़ार्म एक पर आएगी ।
(쁠레뜨파—름 에끄   빠르 아—에기—)

क: क्या वह ठीक समय पर आ रही है?
(까— 베헤 <u>티</u>—끄 싸마야   빠르 아— 라히— 해?)

ख: नहीं, आज आधा घंटा देर से आने वाली है ।
(네힝~, 아—즈   아—다ʰ 간ʰ따— 데르 쎄 아—네 왈—리— 해)

🔵 शब्दावली

समय (싸마야) 시기, 때: 시간: 기회: 여유	आज (아—즈) 오늘
ताज (따—즈) 왕권: 볏: 따즈 마할의 약어: 정상	आधा (아—다ʰ) 절반, 1/2
एक्सप्रेस (엑쓰쁘레쓰) 급행열차	घंटा (간ʰ따—) 시간
प्लेटफ़ार्म (쁠레뜨파—름) 플랫폼	देर (데르) 늦음: 지연

가 : 따즈 급행열차는 어느 플랫폼으로 들어올 것인가요?

나 : 플랫폼 1번으로 들어올 것입니다.

가 : 그 열차는 제 시간에 올 것입니까?

나 : 아니요, 오늘 반시간 늦게 올 예정입니다.

◉• अभिव्यक्तियाँ

✐ **नहीं, आज आधा घंटा देर से आने वाली है ।**
(네힝~, 아즈 아-다ʰ- 간따- 데르 쎄 아네 왈-리- 해)

부정어 **नहीं**(네힝~) 뒤에 '**वह ठीक समय पर नहीं आ रही है**(베헤 티-끄 싸마야 빠르 네힝~ 아- 라히- 해; 그것은 제 때에 오지 않을 것이다)'가 생략되어 있습니다. **देर से**(데르 쎄)는 여성명사(**देर** 데르; 늦음) + 후치사 **से**(쎄)의 결합으로 부사가 되어 '늦게'라고 해석합니다. 이와 같이 힌디어에는 명사와 후치사 **से**(쎄)가 결합되어 부사가 됩니다.

आने वाली है(아네 왈-리- 해; 올 것이다)에서 [부정사의 사격 + **वाला**왈-라-]가 술부에 와서 가까운 미래를 가리키고 있고 생략된 주어 **ताज एक्सप्रेस**(따-즈 엑쓰쁘레쓰; 따즈 급행열차)의 성이 여성이기 때문에 **वाला**(왈-라-)가 **वाली**(왈-리-)로 어형 변화하였습니다. 가까운 미래의 표현법으로 미래시제, 현재진행형, [부정사의 사격 + **वाला**왈-라-]가 옵니다. 맥락에 따라 현재미완료시제도 가까운 미래를 표현할 때도 있습니다.

ताज एक्सप्रेस प्लेटफ़ार्म एक पर आएगी । 따즈급행열차가 1번 플랫폼에 올 것이다.
(따-즈 엑쓰쁘레쓰 쁠레뜨파-름 에끄 빠르 아-에기-) (미래시제)

ताज एक्सप्रेस ठीक समय पर आ रही है । 따즈급행열차가 정시에 오고 있다.
(따-즈 엑쓰쁘레쓰 티-끄 싸마야 빠르 아- 라히-해) (현재진행형)

ताज एक्सप्रेस ठीक समय पर आने वाली है । 따즈급행열차가 정시에 올 예정이다.
(따-즈 엑쓰쁘레쓰 티-끄 싸마야 빠르 아네 왈-리- 해) (부정사사격 + **वाला**왈-라-)

ताज एक्सप्रेस प्लेटफ़ार्म एक पर आती है । 따즈급행열차가 1번 플랫폼에 온다.
(따-즈 엑쓰쁘레쓰 쁠레뜨파-름 에끄 빠르 아-띠- 해) (현재미완료시제)

🔵 व्याकरण

명사의 부사적 용법

명사는 후치사나 복합후치사와 결합하여 부사적인 표현이 됩니다. 그러나 장소나 시간을 나타내는 명사는 후치사 없이 사격이 되어 부사적으로 사용됩니다. 또한 추상명사와 **से**(쎄), **में**(멩) 등의 후치사와 결합하여 부사적인 표현이 됩니다.

मैं कठिनाई से वहाँ पहुँच [सका/ 🔥 सकी] ┃ 나는 어렵게 거기에 도착했다.
(맹 까티나-이- 쎄 바항~ 빠훙쯔 싸까-/싸끼-)   [**कठिनाई** 🔥까티나-이-; 어려움]

पता नहीं कि वास्तव में क्या है ┃ 실제로 무엇인지 모른다.
(빠따- 네힝~ 끼 와-쓰따브 멩 꺄- 해)   [**वास्तव** 와-쓰따브; 실제, 사실, 진실]

형용사의 부사적 용법

बहुत(바후뜨; 많은), **बड़ा**(바라-; 큰), **ज़रा**(자라-), **थोड़ा**(토라-; 적은) 등 많은 형용사가 부사로 사용됩니다. 또한 **-आ**(아-)로 끝나는 형용사가 부사로 사용될 때는 형용사는 사격이 됩니다. 그러나 부사적으로 사용되면서도 문장의 주어의 성수에 일치하여 사용되는 형용사도 있습니다.

वह सीधे स्कूल [जाएगा/ 🔥 जाएगी] ┃ 그(녀)는 곧장 학교에 갈 것이다.
(베헤 씨-데ʰ 쓰꿀- 자-에가/자-에기-)

वह बड़ी सुंदर लड़की है ┃ 그녀는 아주 아름다운 여학생입니다. [**सुंदर** 쑨다르; 아름다운]
(베헤 바리- 쑨다르 라르끼- 해)

🔵 टिप

기차 역에서 필요한 표현

मुझे (कुली) नहीं चाहिए ┃ 나는 (짐꾼이) 필요 없어요. [**कुली** 꿀리-; 짐꾼]
(무제ʰ (꿀리-) 네힝~ 짜-히에)

अपनी मर्ज़ी (से) दे देना ┃ 마음대로 주세요. [**मर्ज़ी** 🔥마르지-; 희망, 욕구]
(아쁘니- 마르지- (쎄) 데 데나-)

गाड़ी(=ट्रेन) लेट हो गयी है ┃ 기차가 늦어졌습니다. [**गाड़ी** 🔥가-리-; 차, 기차, **लेट** 레뜨; 늦은, late]
(가-리-(=뜨렌) 레뜨 호 가이- 해)

पूछताछ की खिड़की पर जाकर पूछ लीजिए ┃ 안내창구에 가서 물어보세요.
(뿌-츠따-츠 끼- 키르끼- 자-까르 뿌-츠 리-지에) [**पूछताछ** 🔥뿌-츠따-츠; 질의, **पूछना** 뿌-츠나-; 질문하다]

(मुझे) सामान सामानघर में रखना है ┃ 짐을 사물보관소에 맡겨야겠다.
((무제ʰ) 싸-만- 싸-만-가ʰ르 멩 라크나- 해)   [**सामानघर** 싸-만-가ʰ르 사물보관소]

सांस्कृतिक जानकारी

장거리 여행자가 많아서인지 인도의 기차역에는 여행자를 위한 편의시설이 비교적 잘 갖추어져 있습니다. 대개 1번 플랫폼에 대기실이 있습니다. 남녀 대기실이 따로 있고 대기실에는 화장실, 간단한 샤워실도 있습니다. 그리고 역 식당에 어디에서나 채식을 먹을 수 있고 어떤 식당에서는 채식주의자와 그렇지 않은 사람들의 자리를 구별해 놓기도 합니다. 채식주의자들이 배려 받는 것을 체험할 수 있습니다. 대도시의 큰 역에는 하루 밤 묵을 수 있는 Retiring Room이라는 숙박시설도 있습니다. 장거리여행을 하여야 하는 인도인들은 먹을 것과 옷, 간이침구 등 바리바리 싸 갖고 기차를 탑니다. 그래서 역마다 '꿀리'(कुली 꿀리-; 짐꾼)가 많습니다. 꿀리는 역에서 여행자들이 필요로 하는 모든 정보를 가지고 있습니다. 연발과 연착이 심한 인도열차를 이용할 때 꿀리는 좋은 안내인이 될 수 있습니다. 그러나 얼마를 받겠냐는 질문에 '마음대로 주세요'는 '꿀리'의 말은 믿지 않는 것이 좋습니다.

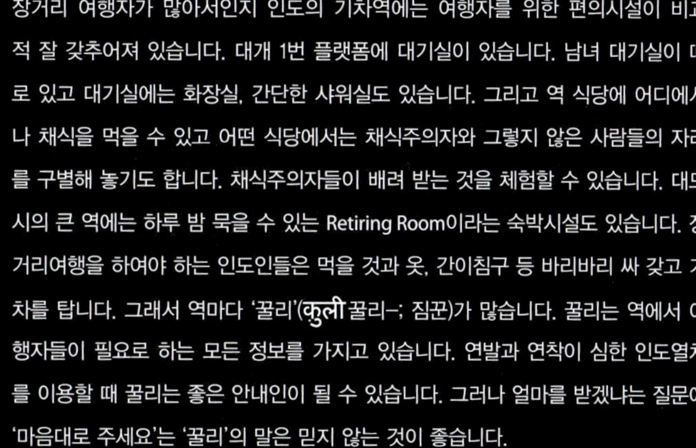
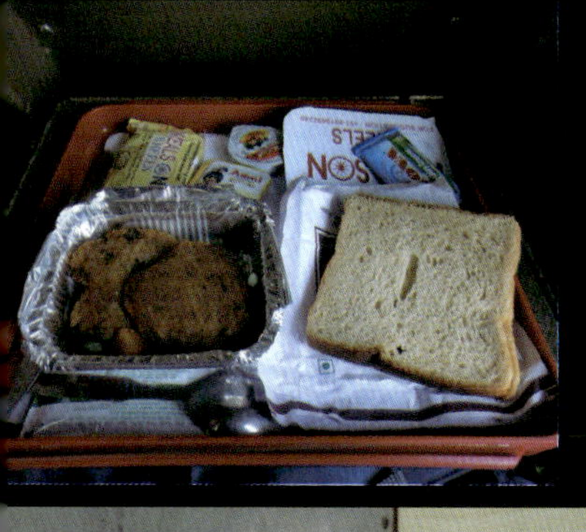

잔시에 도착하면 알려주세요. झाँसी में पहुँचने पर बताइए ।

(장ʰ~-씨- 멩 빠훙~쯔네 빠르 바따-이에)

39
पाठ

다양한 표현을 가능하게 하는 부정사의 격에 관해 살펴봅니다.

वार्तालाप

क: अभी हम लोग कहाँ पर हैं?
(아비ʰ- 함 로그 까항~ 빠르 행?)

ख: हम लोग ग्वालियर पहुँचने वाले हैं ।
(함 로그 그왈-리야르 빠훙~쯔네 왈-레 행)

क: मुझे झाँसी में उतरना है ।
(무제ʰ 장ʰ~-씨- 멩 우따르나- 해)

झाँसी में पहुँचने पर बताइए ।
(장ʰ~-씨- 멩 빠훙~쯔네 빠르 바따-이에)

ख: झाँसी इस रेलगाड़ी का अंतिम स्टेशन है ।
(장ʰ~-씨- 이쓰 렐가-리- 까- 안띰 쓰떼샨 해)

निश्चिन्त रहिए ।
(니슈찐뜨 라히에)

शब्दावली

झाँसी (장ʰ~-씨-) 지명 잔시 웃따르 쁘라데슈
(उत्तर प्रदेश)주의 서남지역에 위치한 도시
पहुँचने (빠훙~-쯔네) [पहुँचना 빠훙~쯔나-; 도착하다]의
사격형태
बताइए (바따-이에) [बताना 바따-나-; 말하다,
　진술하다: 알려주다: 설득하다]의 आप (압-)에 대한
　명령형 (बता 바따- + इए 이에)
ग्वालियर (그왈-리야르) 지명 그와리여르, 마댜 쁘라데
슈(मध्य प्रदेश)주의 대표적 도시

उतरना (우따르나-) 내려오다: 감소하다: 내리다: 벗기다
रेलगाड़ी (렐가-리-) 기차, 열차
अंतिम (안띰) 마지막
स्टेशन (쓰떼샨) 역
निश्चिन्त (니슈찐뜨) 걱정 없는, 염려 없는
रहिए (라히에) [रहना 레흐나-; 머물다: 거주하다, 살다:
　존재하다, 있다: 지내다]의 आप (압-)에 대한 명령형
　(रह 레흐 + इए 이에)

가 : 지금 우리는 어디에 있나요?

나 : 우리는 그와리여르에 도착하려고 합니다.

가 : 저는 잔시에서 내려야 합니다.

　　잔시에 도착하면 알려주세요.

나 : 잔시는 이 기차의 종착역입니다.

　　안심하고 계세요.

◉• अभिव्यक्तियाँ

झाँसी में पहुँचने पर बताइए ।
(장~씨- 멩 빠훙~쯔네 빠르 바따-이에)

बताना(바따-나; 알려주다)동사의 **आप**(압-)에 대한 명령형(**बता**바따- + **इए**이에)이 술부에 온 문장입니다. **झाँसी**(장~씨-) 뒤에 후치사 **में**(멩)는 생략되는 경우가 많습니다.

पहुँचने पर(빠훙~쯔네 빠르; 도착하면, 도착할 경우)는 **पहुँचना**(빠훙~쯔나-)동사의 부정사가 후치사(**पर**빠르)와 결합되어 부정사가 처소격(**पहुँचने पर**빠훙~쯔네 빠르)이 된 것입니다. 힌디어에서는 부정사가 후치사와 결합되어 격을 갖게 되고 이 때 부정사는 **-आ**(아-)로 끝난 명사와 같이 뒤에 온 후치사의 영향을 받아 **-ए**(에)로 어형 변화합니다. 그래서 **पहुँचना**(빠훙~쯔나)가 **पहुँचने**(빠훙~쯔네)로 변화했습니다. **पहुँचने पर**(빠훙~쯔네 빠르)에서 후치사 **पर**(빠르)에는 '-한 경우'라는 의미가 포함되어 있습니다.

निश्चिन्त रहिए ।
(니슈찐뜨　　　라히에)

(**रहना**레흐나-; 살다, 지내다)동사의 **आप**(압-)에 대한 명령형(**रह**레헤 + **इए**이에)의 문장입니다. **निश्चिन्त**(니슈찐뜨)는 **निर्-चिंता**(니르 찐따-)로 **निर्**(니르)는 '없다' 등 반대의 의미를 주는 접두사이고 **चिंता**(찐따-)는 '걱정, 우려: 배려: 근심: 숙고' 등의 의미로 사용되는 여성명사입니다. **निर्**(니르)가 **निश्**(니슈)로 된 것은 자음접변 현상입니다. '**कोई चिंता न कीजिए** ।(꼬이 찐따- 나 끼-지에; 아무 걱정을 마십시오)'라는 표현도 많이 씁니다.

व्याकरण

부정사의 격

1. 부정사가 후치사 없이 직격으로 사용되는 경우는 주격과 대격(목적격)입니다.

जल्दी जाना अच्छा होगा । 빨리 가는 것이 좋을 것이다 (주격)
(잘디- 자-나 앗차- 호가-)

(तुम) खेलना जानते नहीं तो खेलना सीखो । 노는 것을 모르면 노는 것을 배워라. (대격)
((뚬) 켈르나- 잔-떼 네힝~ 또 켈르나- 시-코)   [**खेलना** 켈르나-; 놀다, 경기하다,
जानना 잔-느나-; 알다, **सीखना** 시-크나-; 배우다]

2. 부정사가 후치사와 결합하여 소유격, 여격, 대격, 처소격, 기구격, 탈격이 됩니다. 이 때 부정사가 -आ(아-)로 끝난 명사와 같이 어형 변화합니다.

1) 부정사의 소유격(**का** 까-, **के** 께, **की** 끼-)이 관형적, 서술적으로 사용되어 용도, 소속 등을 표현합니다.

अब जाने का समय है । 지금은 갈 시간이다.
(압 자-네 까- 싸마야 해)

यह मकान रहने का है । 이 집은 거주용입니다.
(예헤 마깐- 레흐네 까- 해)

2) 부정사의 여격 또는 대격(**को** 꼬)이 목적, 의도를 나타내기도 합니다.

मैं किताब ख़रीदने को [गया था/ गयी थी] । 나는 책을 사러 갔었다.
(맹 끼땁- 카리-드네 꼬 가야- 타-/ 가이- 티-)

※ **को**(꼬) 대신에 복합 후치사 **के लिए**(께 리에)가 올 수 있습니다.

3) 부정사의 처소격 중에서 **में**(멩)의 부정사 처소격은 '–하는 데에', **पर**(빠르)의 부정사 처소격은 '하는 때에' '–의 경우에' 또는 '–에 근거하여'라는 뜻으로 사용됩니다.

सात बजने में दस मिनट बाक़ी हैं । 7시 10분전입니다. (7시가 되는 데에 10분이 남았다.)
(싸-뜨 바즈네 멩 다쓰 미나뜨 바-끼- 행)

झाँसी पहुँचने पर बताइए । 잔시에 도착하면 알려주세요.
(장~ 씨- 빠훙~쯔네 빠르 바따-이에)

4) 부정사의 기구격 또는 탈격(**से** 쎄)은 대부분 방법, 수단, 원인, 이유 등을 나타냅니다.

किसान दूध बेचने से पैसे कमाता था । 우유를 팔아서 농민이 돈을 벌었었다.
(끼싼- 두-드ʰ 베쯔네 쎄 빼쎄 까마-따- 타-)   [**दूध** 두-드ʰ; 우유, **किसान** 끼싼-; 농부,
बेचना 베쯔나-; 팔다, **कमाना** 까마-나-; 벌다]

सांस्कृतिक जानकारी

인도의 물건을 영국에 팔아 이윤을 추구하던 동인도회사가 산업혁명 이후 영국에서 대량생산된 제품을 인도에 팔려고 시장을 확대하는 기관으로 그 성격이 바뀌게 되었습니다. 동인도회사는 다양한 정책으로 인도 산업을 피폐화시키고 정치적 세력도 확장시켜 나갔습니다. 달하우지(Lord Dalhosie)총독은 실권주의(Doctrine of Lapse) 즉 직계 자손이 없으면 왕위계승을 인정하지 않는 정책에 따라 인도의 많은 왕국들을 영령인도에 병합했습니다.

잔시의 왕비(라니, **रानी**라−니−) 락슈미바이(**लक्ष्मीबाई**락슈미−바−이− 1828-1858)는 1853년 남편의 사망 이후 동인도회사가 그들의 양자의 왕위계승을 인정하지 않고 자신의 왕국을 영령인도에 병합한 것에 분노를 느끼고 있었습니다. 그리고 그녀는 1857년 동인도회사의 통치에 저항하여 일어났던 세포이 항쟁(**सिपाही विद्रोह**씨빠−히− 비드로흐)에 적극 참여하였습니다. 그녀는 남장을 하고 기병으로 용감하게 싸우다가 1858년 6월에 전사했습니다. 영국군 장군도 '가장 훌륭하고 가장 용감한 군사적 지도자'로 인정했던 '잔씨 끼 라니'(**झाँसी की रानी**장−씨− 끼− 라−니−; 잔시의 왕비)는 용맹성의 상징으로 인도인들의 가슴에 살아 있습니다. 인도인들의 입에서 '잔씨'(**झाँसी**장−씨)라면 연이어 나오는 말이 '끼 라니'(**की रानी**끼− 라−니−; 의 왕비)입니다.

몇 시에 떠날 거예요? **कितने बजे छूटेगी?**
(끼뜨네   바제   추–떼기–?)

40
पाठ

우리 말에 비해 세분화되어 있는 힌디어의 태(態, voice)에 맞는 동사를 잘 선택할 수 있는 지름길은 파생동사와 익숙해지는 것입니다.

वार्तालाप

क: क्या यह बस आगरा जाएगी?
(꺄–   예헤 바쓰 아–그라– 자–에기–?)

ख: हाँ, आगरा जाने वाली है ।
(항~, 아–그라– 자–네 왈–리– 해)

क: कितने बजे छूटेगी?
(끼뜨네   바제 추–떼기–?)

ख: नौ बजे । अभी दस मिनट बाकी हैं । जल्द करो ।
(노우 바제.   아비ʰ– 다쓰 미나뜨   바–끼– 행   잘드   까로)

क: टिकट कहाँ मिलेगा?
(띠까뜨   까항~ 밀레가–?)

ख: बस में ले लेना ।
(바쓰 멩~ 레 레나–)

शब्दावली

छूटेगी (추–떼기–) [छूटना 추–뜨나–; 떠나다, 풀리다: 떨어지다: 자유로워지다: 남겨지다. 뒤에 남다]의 미래형의 3인칭 여성단수형태

आगरा (아–그라–) 지명 아그라 웃따르 쁘라데슈 (उत्तर प्रदेश)의 주요 도시

बाकी (바–끼–) 남은: 나머지

जल्द (잘드) 즉시로, 급히, 빨리

가 : 이 버스 아그라 가요?

나 : 예, 아그라에 갈 거예요.

가 : 몇 시에 떠날 거예요?

나 : 아홉 시에. 이제 10분 남았어요. 서두르세요.

가 : 표를 어디에서 구하지요?

나 : 버스 안에서 사세요.

अभिव्यक्तियाँ

कितने बजे छूटेगी?
(끼뜨네   바제   추-떼기-?)

주어 **बस**(바쓰; 버스)가 생략된 미래시제의 문장입니다. 생략된 주어 **बस**(바쓰)가 여성명사이기 때문에 [**छूटना**(추-뜨나; 떠나다)의 동사어간 **छूट**추-뜨 + 미래시제의 여성단수형태 **एगी**에기- = **छूटेगी**추-떼기-]가 왔습니다. **छूटना**(추-뜨나-)는 자동사로 어떤 것으로부터 떨어져 나가는 것을 표현할 때 광범위하게 사용되는 동사입니다. 이 문장에서 **कितने बजे**(끼뜨네 바제)는 '몇 시입니까' 가 아니고 '몇 시에'라는 부사적 표현입니다.

जल्द करो ।
(잘드   까로)

करना(까르나-; 하다)의 **तुम**(뚬; 자네)에 대한 명령형의 문장입니다. **जल्द**(잘드; 즉시)는 부사입니다. **जल्द**(잘드)보다 더 광범위하고 일반적으로 사용되는 **जल्दी**(잘디-)도 부사이면서 여성명사이기도 합니다. 이 문장에 **जल्दी**(잘디-)가 오는 것이 더 자연스러운 표현일 수 있습니다. 굳이 구별한다면 **जल्द**(잘드)는 '즉각적으로'이라는 의미가 강합니다.

> **मुझे(=मुझको) जल्द ले चलो ।** 나를 즉시 데리고 떠나게.
> (무제ʰ(=무즈ʰ꼬)   잘드   레   짤로)
>
> **जल्दी काम करो ।** 빨리 일하게.
> (잘디-   깜-   까로)

व्याकरण

파생동사 2

아래의 동사들은 (피동적) 자동사가 타동사로 바뀌면서 동사 어간의 자음이 변합니다.

छूटना(추-뜨나-; 놓이다, 떠나다) → छोड़ना(초르나-; 놓다, 남겨두다)

टूटना(또-뜨나-; 깨지다) → तोड़ना(또르나-; 깨뜨리다)

फूटना(푸-뜨나-; 파열되다, 터지다) → फोड़ना(포르나-; 부수다, 터뜨리다)

बिकना(비끄나-; 팔리다) → बेचना(베쯔나-; 팔다)

वह चोर जेल से छूट गया । 그 도둑이 감옥에서 풀려났다. [चोर쪼르; 도둑, जेल젤; 감옥]
(베헤 쪼르 젤 쎄 추-뜨 가야-)

पुलिस ने उस चोर को छोड़ दिया । 경찰이 그 도둑을 풀어주었다. [पुलिस뿔리쓰; 경찰]
(뿔리쓰 네 우쓰 쪼르 꼬 초르 디야-)

वह गिलास आसानी से नहीं टूटता । 그 유리잔이 쉽게 깨지지 않는다.
(베헤 길라-쓰 아-싸-니- 쎄 네힝~ 또-뜨따-)   [आसानी아-싸-니-; 용이함]

उसने यह गिलास तोड़ा । 그가 이 유리잔을 깨뜨렸다.
(우쓰네 예헤 길라-쓰 또라-)

टिप

버스 승차 관련 표현

क्या कोई सीट ख़ाली है? 자석이 있습니까?   [ख़ाली칼-리-; 빈, 공허한]
(꺄- 꼬이- 씨-뜨 칼-리- 해?)

बसें कब-कब आती हैं? 버스는 얼마나 자주 오나요?
(바쎙 깝 깝 아-띠- 행)

पहली/अगली/आख़िरी बस कब जाएगी? 첫/다음/마지막 버스는 언제 갑니까?
(뻬흘리-/아글리-/아-키리- 바쓰 깝 자-에기-?) [अगला아글라-; 다음의, आख़िरी아-키리-; 마지막의]

मैं ग़लत बस में [चढ़ा/चढ़ी] हूँ । 버스를 잘못 탔습니다.
(맹 갈라뜨 바쓰 멩 짜라ʰ-/짜리ʰ- 훙~) [ग़लत갈라뜨; 틀린, 잘못된, चढ़ना짜르ʰ나-; 오르다, 올라가다]

क्या टायर फट गया है? 타이어가 펑크 났는가?
(꺄- 따-야르 파뜨 가야- 해?)

सांस्कृतिक जानकारी

아그라는 델리에서 남쪽으로 약 2백 Km 떨어져 있어 당일 여행이 가능합니다. 아그라는 델리와 마찬가지로 여무나(**यमुना**여무나-) 강변에 위치해 있습니다. 북부 인도에서 여무나강은 갠지스(**गंगा**강가-)강과 함께 성스런 강으로 여신으로 숭배됩니다. 신화에 의하면 여무나강은 비슈누신을 얻기 위해서 고행을 했고 이에 감복하여 비슈누 신의 8번 째 화현(化現)인 끄리슈나(**कृष्ण**)신이 그녀와 결혼했다고 합니다. 이 이야기는 끄리슈나신과 여무나강의 긴밀한 관계를 말해줍니다. 델리에서 여무나강을 따라 아그라 방향으로 가다 보면 여무나강변에 번성한 끄리슈나신과 관련된 힌두교 성지. 마투라(**मथुरा**마투라-), 브린다반(**वृन्दावन**브린다-반) 등을 지나게 됩니다. 특히 브린다반은 어린 끄리슈나신이 보름밤에 피리를 불면 목동의 아내들이 감미로운 피리소리에 끌려 모두 집에서 나와 강강수월래와 같은 춤. '라쓰'(**रास**라-쓰)를 추면서 함께 즐겼던 숲으로 끄리슈나신을 숭배하는 사람들에게는 생각만 해도 희열을 느끼게 하는 장소입니다. 지금 그 곳에는 끄리슈나와 그의 연인, 라다(**राधा**라-다ʰ-)에게 봉헌된 사원이 수백 개가 넘는다고 합니다.

अध्याय 16
41 나는 매우 지쳤어요.
42 강 이 방은 얼마짜리인가요?

개방식 꾸왓뜨울 이슬람 사원

나는 매우 지쳤어요. मैं बहुत थका हूँ ।
(맹~ 바후뜨 타까– 훙~)

41 पाठ

공손하게 자신이 원하는 바를 표현할 수 있는 기원법에 관해 익혀봅니다.

वार्तालाप

क: कोई ख़ाली कमरा है?
(꼬이– 칼–리– 까므라– 해?)

ख: हाँ, है । आप को किस प्रकार का कमरा चाहिए?
(항~ 해. 압– 꼬 끼쓰 쁘라까–르 까– 까므라– 짜–히에?)

क: मुझे सिंगल रूम चाहिए ।
(무제ʰ 씽글 룸– 짜–히에)

ख: आप कमरा देखना पसंद करेंगे?
(압– 까므라– 데크나– 빠싼드 까렝게?)

क: अभी नहीं, मैं बहुत थका हूँ । पहले नाश्ता कर लूँ ।
(아비ʰ– 네힝~, 맹~ 바후뜨 타까– 훙~. 뻬헬레 나–슈따– 까르 룽~)

शब्दावली

थका(타까–) [थकना 타끄나–; 지치다, 피곤해지다]의
남성단수 완료형

कोई(꼬이–) 어떤

ख़ाली(칼–리–) 빈, 공허한

प्रकार(쁘라까–르) 종류

सिंगल रूम(씽글 룸–) 싱글 룸

देखना(데크나–) 보다: 이해하다: 만나다

पसंद(빠싼드) 좋아하는; 취향에 맞는: 좋아함, 애호

पहले(뻬헬레) 먼저: 전에

नाश्ता(나–슈따–) 스넥: 간단한 음식: 아침식사

लूँ(룽~) [लेना 레나–; 갖다: 먹다, 취하다, 사다]의 1인칭
단수 기원법

가 : 빈 방이 있습니까?

나 : 예, 당신은 어떤 종류의 방이 필요합니까?

가 : 나는 싱글 룸이 필요합니다.

나 : 당신은 방을 보시겠습니까?

가 : 지금 아니요. 나는 매우 지쳤습니다. 먼저 간단한 것을 먹을까요?

अभिव्यक्तियाँ

पहले नाश्ता कर लूँ ।
(뻬헬레 나-슈따- 까르 룽-)

주어 **मैं**(맹; 나)가 생략 되어 있고 술부에 온 **नाश्ता कर लूँ**(나-슈따- 까르 룽~)에서 [명사(**नाश्ता**나-슈따-; 아침, 스낵) + **करना**까르나]의 동사구의 어간 **कर**(까르)가 본동사로 오고 **लेना**(레나-)동사의 1인칭 단수 기원법 **लूँ**(룽~) 보조동사로 사용되었습니다. 보조동사 **लेना**(레나-)에는 본동사의 행위로 행위자가 무엇인가 얻는다는 의미가 함축하고 있고 기원법은 화자가 자신의 바람을 나타내고 있습니다.

기원법은 바람, 청유, 허가, 공손한 명령, 불확실성 등을 나타냅니다.

> **क्या मैं अभी जाऊँ?** 제가 지금 갈까요?
>
> (꺄- 맹 아비ʰ- 자-웅~?)

> **आप उस पर विचार करें ।** 당신이 그것에 대해 생각을 해보시지요.
>
> (압- 우쓰 빠르 비짜-르 까렝) [**विचार**비짜-르; 생각, 고려]

> **वह शायद कल आए ।** 그(녀)가 혹시 내일 올지? [**शायद**샤-야드; 아마도]
>
> (베헤 샤-야드 깔 아-에)

간접화법의 명령, 목적절을 이끄는 접속사 **ताकि**(따-끼; -도록), 양보절을 이끄는 접속사 **चाहे**(짜-헤; -이든), 조건문에서 조건성취의 불확실성을 나타낼 때 등 많은 경우 술부의 동사는 기원법의 형태를 취합니다.

व्याकरण

기원법

인칭과 수에 따라 동사어간에 기원법을 만드는 어미를 아래와 같이 붙입니다.

인칭＼수	단수			복수		
1인칭	मैं(맹)	-ऊँ(웅~)	(उठूँ우퉁~)	हम(함)	-एँ(엥)	(उठें우텡~)
2인칭	तू(뚜-)	-ए(에)	(उठे우테)	तुम(뚬) -ओ(오) आप(압-) -एँ(엥)		(उठो우토) (उठें우텡~)
3인칭	यह(예헤) -ए(에) वह(베헤) -ए(에)		(उठे우테) (उठे우테)	ये(예) -एँ(엥) वे(베) -एँ(엥)		(उठें우텡~) (उठें우텡~)

부정어로는 **न**(나)가 사용됩니다.

क्या मैं अभी न जाऊँ? 제가 지금 가지 말까요?

(꺄- 맹~ 아비ʰ- 나 자-웅~?)

टिप

축하 관련 표현

बधाई !/ बधाइयाँ !/ मुबारक हो ! 축하합니다!

(바다ʰ-이-)/ (바다ʰ-이양~)/ (무바-라끄 호) [**बधाई** 바다ʰ-이; 축하, 축하의 말, **मुबारक** 무바-라끄; 상서로운]

नववर्ष की शुभकामनाएँ !/ नया साल मुबारक हो ! 새해 복 많이 받으세요!

(나브바르샤 끼- 슈브ʰ깜-므나-엥)/ (나야- 쌀- 무바-라끄 호) [**नववर्ष** 나브바르샤; 새해, **शुभकामना** 슈브ʰ깜-므나-; 행복을 빎]

नया साल हम सब को शांति देनेवाला हो ! 새해가 우리 모두에게 평화를 주기를!

(나야- 쌀- 함 쌉 꼬 샨-띠 데네왈-라- 호) [**शांति** 샨-띠; 평화]

नववर्ष की शुभकामनाएँ स्वीकार करें ! 새해인사를 받아 주시길

(나브바르샤 끼- 슈브ʰ깜-므나-엥 쓰위-까-르 까렝) [**स्वीकार करना** 쓰위-까-르 까르나-; 인정하다, 받아들이다]

यह शुभ दिन बार बार आए ! 이 좋은 날이 계속 되길.

(예헤 슈브ʰ 딘 바-르 바-르 아-에)

बधाई के लिए (बहुत-बहुत) धन्यवाद ! 축하해주셔서 (대단히) 감사합니다!

(바다ʰ-이- 께 리에 (바후뜨 바후뜨) 단ʰ냐와-드)

मुबारकबाद का शुक्रिया ! 축하에 대해 감사 [**मुबारकबाद** 무바-라끄바-드; 축복의 말]

(무바-라끄바-드 까- 슈끄리야-)

सांस्कृतिक जानकारी

힌두교의 수많은 신, 그리고 그보다 훨씬 더 많을 성자들과 관련된 지역들은 물론이고 인도의 산, 강, 호수, 바다가 다 성스럽게 여겨지니 인도 땅 전체가 성지라고 해도 과언이 아닐 것입니다. 인도의 수많은 성지 중에서 인도의 북 쪽 끝, 웃따르칸드(उत्तराखंड 웃따라-칸드)주의 가르왈(गढ़वाल 가르ʰ왈-)산맥에 위치한 바드리나트(बद्रीनाथ 바드리-나-트), 동쪽 끝, 오리야(उड़ीसा 우리-싸-)주의 해안가에 위치한 뿌리(पुरी 뿌리-), 남쪽 끝, 따밀나두(तमिलनाडु 따밀나-두)주의 해변에 위치한 라매슈바람(रामेश्वरम 라-메슈바람), 그리고 서쪽 끝, 구자라트(गुजरात 구자라-뜨)주에 위치한 드와르까(द्वारिका 드와-리까-)는 '짜르 담'(चार धाम 짜-르 담ʰ-; 직역하면 네 개의 거처)이라고 불리는 4대 성지입니다. 이 성지에는 쉬바신과 비슈누신의 화현인 끄리슈나신을 모신 사원들이 있습니다. 힌두교도들은 생전에 4대 성지를 한 번 순례하고 싶은 소망을 가지고 있었습니다. 전통적으로 인도에서 여행은 바로 이 순례이었습니다. 힌디어로 여행이 '야뜨라'(यात्रा 야-뜨라-), 여행자는 '야뜨리'(यात्री 야-뜨리-)인데 인도의 전통에서 보면 순례, 순례자로 해석하는 것이 맞을 것입니다. 지금도 종교를 정치에 이용하는 일부 정치지도자들은 자신들의 정치유세를 '야뜨라'라고 부릅니다.

이 방은 얼마짜리인가요? **यह कमरा किस रेट का है?**
(예헤　까므라－　끼쓰　레뜨　까－　해?)

42 **पाठ**

부정대명사 कोई(꼬이-)는 명사 앞에 와서 '어떤', कुछ(꾸츠)는 '몇'이라는 뜻으로 많이 사용됩니다.

वार्तालाप

क: कोई अच्छा कमरा दिखाइए ।
(꼬이－　앗차－　까므라－　디카－이에)

ख: आइए, इधर आइए ।
(아－이에, 이다ʰ르 아－이에)

क: यह कमरा किस रेट का है?
(예헤 까므라－　끼쓰　레뜨　까－　해?)

ख: दो हज़ार का है ।
(도　하자－르　까－　해)

क: आप कुछ डिस्काउंट दे सकते हैं?
(압－　꾸츠　디쓰까－운뜨　데　싸끄떼　행)

ख: मुश्किल है, आजकल पीक टाइम है ।
(무슈낄　해, 아－즈깔　삐－끄 따－임 해)

शब्दावली

कोई (꼬이-) 어떤 사람, 누군가 : 어떤

कुछ (꾸츠) 어떤 것: 몇: 좀

डिस्काउंट (디쓰까－운뜨) discount 디스카운트, 할인

मुश्किल (무슈낄) 어려운

आज कल (아－즈깔) 요즘, 요사이

पीक टाइम (삐－끄 따－임) peak time 성수기

가 : 좋은 방을 보여주세요.

나 : 오세요, 이쪽으로 오세요.

가 : 이 방은 얼마짜리인가요?

나 : 2천 루피짜리입니다.

가 : 좀 깎아 줄 수 있습니까?

나 : 어려워요. 요즈음이 한창 시즌이거든요.

◉ अभिव्यक्तियाँ

कोई अच्छा कमरा दिखाइए ।
(꼬이- 앗차-   까므라 디카-이에)

[दिखाना 디카-나; 보여주다]의 आप(압-)에 대한 명령형(दिखा 디카+इए 이에)의 문장입니다. 부정대명사 कोई(꼬이-; 어떤 사람, 누구)는 관형적으로 사용되어 '어떤'을 뜻합니다. 힌디어에서는 부정대명사 कोई(꼬이-)가 관형적으로 많이 사용됩니다.

दिखाना(디카-나-)동사는 사동사(使動詞)입니다. दिखना(디크나-) 또는 दीखना(디-크나)는 '보이다'로 자동사, देखना(데크나-)는 '보다'로 타동사 그리고 दिखाना(디카-나-) '보여주다'로 사동사입니다. 또 다른 사동사의 형태로 आ(아-) 대신 वा(와-)를 첨가한 दिखवाना(디크와-나-; 보여주게 하다)가 있습니다.

आप कुछ डिस्काउंट दे सकते हैं?
(압- 꾸츠 디스까-운뜨 데 싸끄떼 행?)

의문표지 क्या(꺄-)가 생략되고 आप(압-; 당신)이 주어로 온 현재미완료시제(दे सकते हैं데 싸끄 떼 행; 줄 수 있습니다)의 일반의문문입니다. 부정대명사 कुछ(꾸츠; 어떤 것, 무엇인가)가 부사적으로 사용되어 '좀, 약간'이라는 의미를 줍니다. यहाँ से कुछ दूर है । (야항- 쎄 꾸츠 두-르 해; 여기서 좀 멀다.) डिस्काउंट देना(디스까-운뜨 데나-; 깎아주다) 대신 डिस्काउंट करना(디스까-운뜨 까르나-; 깎다) 도 올 수 있습니다.

व्याकरण

부정대명사

정해지지 않은 사람, 물건, 장소 등을 가리키는 부정대명사로 힌디어에는 **कोई**(꼬이-)와 **कुछ**(꾸츠)가 있습니다.

कोई(꼬이-)가 긍정문에서는 '어떤 사람, 누구', 부정문에서는 '아무'라는 뜻을 나타내고 관형적으로 많이 사용됩니다.

> **घर में कोई है?** 집에 누군가 있는가?　　**घर में कोई नहीं है।** 집에 아무도 없다.
> (가ʰ르 멩 꼬이- 해?)　　　　　　　　　　　　(가ʰ르 멩 꼬이- 네힝~ 해)
>
> **कोई बात नहीं।** 아무 것도 아닙니다(괜찮습니다).
> (꼬이- 바-뜨 네힝~)

> ※ **कोई**(꼬이-)의 사격은 **किसी**(끼씨-)입니다.
> **किसी पर भी गुस्सा न करें।** 누구에 대해서도 화를 내지 마시길. [**गुस्सा** 굿싸-; 화, 분노]
> (끼씨- 빠르 비ʰ- 굿싸- 나 까렝)

कुछ(꾸츠)는 긍정문에서는 '어떤 것, 무엇인가', 부정문에서는 '아무 것'도 또한 관형적으로 '몇'이라는 뜻으로 많이 사용됩니다.

> **घर में खाने के लिए कुछ नहीं था।** 집에 먹을 거리가 아무 것도 없다.
> (가ʰ르 멩 카-네 께 리에 꾸츠 네힝~ 타-)
>
> **वहाँ कुछ लोग थे।** 거기에 몇 사람이 있었다.
> (바항~ 꾸츠 로그 테)

टिप

숙박 관련 표현

> **(आप के पास) कोई और कमरा है?** (어떤) 다른 방이 있는가?
> ((압- 께 빠-쓰) 꼬이- 오우르 까므라- 해?)
>
> **आसपास कोई नया होटल खुला है?** 주변에 (어떤) 새 호텔이 개업했는가?
> (아-쓰빠-쓰 꼬이- 나야- 호딸 쿨라- 해?) [**आसपास** 아-쓰빠-쓰; 주변에, 가까이]
>
> **(मुझे) बाथरूम वाला/खिड़की वाला कमरा चाहिए।** 화장실 달린 방/창문 있는 방이 필요하다.
> ((무제ʰ) 바-트룸- 왈-라/키르끼- 왈-라- 까므라- 짜-히에)
>
> **(क्या मैं) कमरा देख [सकता/ सकती] हूँ?** (내가) 방을 볼 수 있는가?
> ((꺄- 맹) 까므라- 데크 싸끄따/싸끄띠- 훙~?)

सांस्कृतिक जानकारी

인도 대도시에서 좋은 호텔의 숙박료는 매우 비쌉니다. 그러나 주정부나 지방자치단체에서 운영하는 여행자 방갈로(Tourist Bungalow)나 흔하지 않지만 출장 가는 공무원을 위한 정부의 숙박시설로 '레스트 하우스'(Rest House) 등은 비교적 깨끗하면서도 가격이 저렴한 숙박시설입니다. 이런 곳은 예약이 필수입니다. 종교기관에서 순례자들을 위해 운영하는 '다름샬라'(धर्मशाला 다름샬−라−)는 아주 저렴하고 누구나 이용할 수 있지만 외국인에게는 많은 불편을 감내해야 하는 비영리 숙박시설입니다. 반면 경제적으로 여유가 있고 중세로 돌아가 호화로운 인도 왕궁이나 성에서의 생활을 맛보고 싶다면 Heritage Hotel에 머물 수 있습니다. Heritage Hotel은 인도의 군주(마하라자 महाराजा 마하−라−자−)들의 궁이나 성을 개조한 별 다섯 개 호텔입니다. 1947년 독립 당시 인도에는 군주국(Princely State)이 562개나 있었습니다. 군주국들이 인도공화국에 병합된 이후 군주들의 많은 성이나 궁이 방치되어 있었습니다. 대형 호텔에서 이런 궁이나 성을 인수하여 호텔로 개조하고 인도왕실생활의 새로운 체험을 할 수 있는 공간으로 선전하고 있습니다. Heritage Hotel은 군주의 후손들이 운영하는 곳도 있지만 대부분 대형호텔의 체인점으로 앞으로 더욱 증가할 추세입니다.

अध्याय 17

갠지스 강의 일출

저는 라즈가뜨에 갔었습니다. मैं राजघाट गया था ।
(맹 라―즈가ʰ―뜨 가야― 타―)

43 पाठ

동사의 완료형(동사어간 + आ)과 미완료형(동사어간 + ता)은 분사가 되어서 형용사처럼 사용됩니다.

वार्तालाप

क: आपने दिल्ली में क्या-क्या देखा है?
(아―쁘네 딜리― 멩̃ 꺄― 꺄― 데카― 해?)

ख: मैं कल राजघाट गया था ।
(맹̃ 깔 라―즈가ʰ―뜨 가야― 타―)

वहाँ महात्मा गाँधी की समाधी बनी हुई है ।
(바항̃ 마하―뜨마― 간̃―디ʰ― 끼― 사마―디ʰ― 바니― 후이― 해)

क: और कहाँ गए थे?
(오우르 까항̃ 가에 테?)

ख: और कहीं नहीं, कल लाल क़िला जाऊँगा ।
(오우르 까힝̃ 네힝̃, 깔 랄― 낄라― 자―웅̃―가―)

शब्दावली

राजघाट(라―즈가ʰ―뜨) 라즈가뜨, '왕의: 중요한: 통치의'의 의미가 있는 राज(라―즈)와는 강변에 빨래, 목욕, 화장(火葬) 등을 위해 계단식으로 만들어 놓은 장소를 뜻하는 घाट(가ʰ―뜨)라는 단어가 합쳐져 명명된, 여무나 강변에 위치한 마하트마 간디(1869–1948)를 화장했던 곳.

महात्मा(마하―뜨마―) 위대한 영혼, [महा(마하―; 거대한: 위대한: 최고의) + आत्मा(아―뜨마―; 영혼: 정신)]

समाधी(싸마―디ʰ―) 묘

बनी(바니―) [बनना 반느나―; 만들어지다, 되다]의 완료형 또는 완료분사의 여성형태

हुई(후이―) ['되다'의 의미의 होना(호나―)]의 여성 완료형

कहीं(까힝̃―) 어디엔가, कहाँ(까항̃―; 어디에) + ही(히―; '바로'라는 의미의 강조사)

लाल(랄―) 붉은

क़िला(낄라―) 성

가 : 당신은 델리에서 무엇–무엇을 보았습니까?

나 : 저는 어제 라즈가뜨에 갔었습니다.

　　거기에는 마하트마 간디의 묘가 만들어져 있습니다.

가 : 그리고 어디에 갔었습니까?

나 : 그리고 어디에도 가지 않았습니다. 내일 붉은 성에 갈 것입니다.

◉• अभिव्यक्तियाँ

✎ **आपने दिल्ली में क्या-क्या देखा है?**
(아-쁘네 딜리- 멩 꺄- 꺄- 데카- 해?)

술부에 타동사, **देखना**(데크나-; 보다)의 완료형 **देखा**(데카-)가 왔으므로 주어 **आप**(압-; 당신)에 행위주격후치사 **ने**(네)가 왔습니다(10강 문법 참조). **आपने**(아-쁘네)와 같이 후치사가 온 주어는 동사에 영향을 미칠 수 없어 동사는 목적어인 **क्या-क्या**(꺄- 꺄-; 무엇–무엇) 에 일치하여야 합니다. 의문대명사를 반복하여 사용하면 복수의 의미가 됩니다. 그러나 힌디어에서는 관례적으로 의문사가 각각 독립적으로 동사에 일치한다고 보기 때문에 동사가 남성 단수형 **देखा**(데카-)가 왔습니다.

✎ **वहाँ महात्मा गाँधी की समाधी बनी हुई है ।**
(바항~ 마하-뜨마- 간~디ʰ- 끼- 싸마-디ʰ- 바니- 후이- 해)

여성명사 **समाधी**(싸마-디ʰ-; 묘)가 주어이고 완료분사 **बनी हुई**(바니- 후이-; 만들어진)가 서술적으로 사용된 문장입니다. **बनी**(바니-)는 **बनना**(반느나-; 되다, 만들어지다)동사의 여성 완료형인데 완료형은 완료분사가 되어 형용사적으로 사용됩니다. 동사의 완료형이나 미완료형이 분사로 사용될 때 남성단수에서는 **होना**(호나-; 되다)의 완료형 **हुआ**(후아-)가, 남성복수에서는 **हुए**(후에) 그리고 여성에서는 **हुई**(후이-)가 와서 분사임을 분명하게 해줍니다. 완료분사를 사용하면 완료된 상태가 오랜 기간 지속되고 있음을 표현합니다.

⦿ व्याकरण

✍ 완료분사

완료분사는 동사의 완료형(동사어간 + आ아-, ए에, ई이-)에 होना(호나-; 되다)의 완료형 हुआ(후아-), हुए(후에), हुई(후이-)로 구성되며 형용사적으로 사용됩니다. 형용사용법의 완료분사는 형용사와 마찬가지로 관형적 그리고 서술적으로 사용되며 आ(아-) 로 끝나는 형용사와 같이 어형 변화합니다. 형용사가 부사의 기능을 하듯이 부사로도 사용됩니다. होना(호나-; 되다)의 완료형 हुआ(후아-), हुए(후에), हुई(후이-)가 생략되기도 합니다.

> सउल हन नदी के किनारे बसा हुआ है । 서울은 한강변에 위치해 있습니다.
> (써울   한   나디-   께   끼나-레   바싸-   후아-   해)   [नदी 나디-; 강, किनारा 끼나-라-; 가, 변]

그러나 타동사의 완료분사가 서술적으로 사용될 때는 남성사격형태를 취합니다.

> वह महिला साड़ी पहने हुए थीं । 그 숙녀는 실크사리를 입고 있었다.
> (베헤   마힐라-   싸-리-   뻬흐네   후에   팅~)   [महिला 마힐라-; 숙녀, रेशमी 레슈미-; 실크의, पहनना 뻬헨느나-; 입다]

⦿ टिप

✍ 미완료분사를 활용한 표현

> मैंने रोते हुए बच्चे को देखा । 내가 울고 있는 아이를 보았다. [रोना 로나-; 울다]
> (맹네   로떼 후에   밧쩨   꼬   데카-)

> बच्चा रोते हुए गया । 아이가 울면서 갔다.
> (밧짜-   로떼 후에   가야-)

> मेरी माँ ने काम करते हुए पूछा । 나의 어머니는 일하시면서 물었다.
> (메리-   망-네   깜-   까르떼 후에   뿌-차-)

> मेरे पिताजी खाते ही काम करते है । 나의 아버지는 식사를 하시자마자 일하신다.
> (메레   삐따-지-   카-떼 히-   깜-   까르떼 행)

> मैं लिखते-लिखते [थक गया/ थक गयी] । 나는 쓰고 쓰다가 지쳤다.
> (맹   리크떼 리크떼   타끄 가야- /타끄 가이-)

सांस्कृतिक जानकारी

델리와 그 주변에 사는 사람들은 성스러운 강에서 삶을 마감하는 것이 다음 생을 좋게 한다는 믿음에서 여무나 강가에 와서 화장을 합니다. 그래서 델리의 여무나 강변을 따라 다양한 종류의 화장터가 있습니다. 니감보드 가뜨(Nigam Bodh Ghat)는 장작 위에 시체를 놓고 기름을 넣으면서 시신을 태우는 전통방식으로 화장을 하는 공동화장터이고 조금 떨어진 곳에는 현대식 전기화장터도 있습니다. 그 곳에서 약 3Km 떨어진 곳에는 화장터로서 기능은 딱 한 번만 한 정치지도자들의 화장터자리가 모여 있습니다. 그 중에서 가장 중심이 되는 곳은 아마도 인도의 국부 마하트마 간디를 화장했던 장소에 세워진 '라즈가뜨'일 것입니다. 간디의 시신을 화장했던 자리에는 검은 대리석 제단이 있고 제단에는 간디가 암살당하면서 마지막으로 했던 말 '해 람'(हे राम헤 람-; '오 신이여')이 금속활자로 붙어 있습니다. 이 곳을 둘러싸고 있는 담을 따라 만들어진 아치형의 방에는 간디의 어록을 새긴 석판이 붙어 있습니다. 진리와 비폭력에 대한 확고한 신념을 가졌던 그가 남긴 어록 중에 라즈가뜨에 가면 접할 수 있는 어록 하나를 소개합니다.–원칙 없는 정치, 불로소득, 분별없는 희열, 인품 없는 지식, 선행 없는 business, 감수성 없는 과학, 떠나거나 버리지 못하는 것은 7가지 사회 악이다.

얼마나 아름다운지요! कितना सुंदर है !
(끼뜨나— 쑨다르 해 !)

일의 행위자를 구별하여 표현하는 힌디어에서 사(역)동사를 잘 익혀두는 것은 정확한 구사력을 위해 필수적입니다.

वार्तालाप

क: क्या यही विश्वविख्यात ताज महल है?
(까— 예히— 비슈버비캬—뜨 따—즈 마할 해?)

ख: जी । कितना सुंदर है !
(지— 끼뜨나— 쑨다르 해 !)

क: किसने बनवाया था?
(끼쓰네 반와—야— 타—?)

ख: मुग़लकाल के बादशाह शाहजहाँ ने सत्रहवीं शताब्दी में बनवाया था ।
(무갈깔— 께 바—드샤—흐 샤—흐자항— 네 싸뜨라하빙— 샤땁—디— 멩 반와—야— 타—)

क: सचमुच बहुत सुंदर है ।
(싸쯔무쯔 바후뜨 쑨다르 해)

शब्दावली

सुंदर (쑨다르) 아름다운: 좋은

यही (예히—) 바로 이것[यह (예헤; 이것) + ही (히—; '바로'를 뜻하는 강조사)]

विश्वविख्यात (비슈버비캬—뜨) 전세계적으로 유명한 [विश्व (비슈버; 세계, 전세계: 우주) + विख्यात (비캬—뜨; 저명한, 유명한, 고명한)]

ताज महल (따—즈 마할) 따즈 마할[ताज (따—즈; 왕관, 볏) + महल (마할; 궁전, 왕궁)]

बनवाया (반와—야—) [बनवाना (반와—나; 만들게 하다] 의 완료형의 남성단수형

मुग़लकाल (무갈깔—) 무갈 시대

बादशाह (바—드샤—흐) (이슬람 계통의) 황제

शताब्दी (샤땁—디—) 백 년: 1세기

सचमुच (싸쯔무쯔) 실제, 사실: 정말

가 : 바로 이것이 세계적으로 유명한 따즈 마할입니까?

나 : 네. 얼마나 아름다운지요!

가 : 누가 만들었나요?

나 : 무갈시대의 황제 샤흐자한이 17세기에 만들었습니다.

가 : 정말 너무 아름답습니다.

◉• अभिव्यक्तियाँ

✎ किसने बनवाया था?
(끼쓰네 반와–야– 타–?)

사동사 **बनवाना**(반와–나; 만들게 하다)의 완료형 **बनवाया**(반와–야–)와 시제를 나타내는 **होना**(호나–)의 남성단수 과거형, **था**(타–)가 온 과거완료시제의 문장입니다. **बनवाना**(반와–나; 만들게 하다)동사는 **बनना**(반느나–; 되다, 만들어지다)서 파생된 사(역)동사입니다. 힌디어에서는 아래의 예문에서와 같이 피동사–능동사–사동사의 구별을 분명하게 하기 때문에 각각의 동사의 형태에 주의하여야 합니다.

> **ताज महल बन गया था।** 따즈 마할이 건설되었다.
>
> (따–즈 마할 반 가야– 타–)

> **मज़दूरों ताज महल बनाया था।** 노동자들이 따즈 마할을 건설했다.
>
> (마즈두–롱 네 따–즈 마할 바나–야– 타–) [**मज़दूर** 마즈두–르 ; 노동자]

> **शाहजहाँ ने ताज महल बनवाया था।** 샤흐자한은 따즈 마할을 건설하게 했다.
>
> (샤–흐자항~ 네 따–즈 마할 반와–야– 타–)

사동사도 타동사와 마찬가지로 완료형이 술부에 오면 주어에 행위주격 후치사 **ने**(네)가 옵니다. 후치사 **ने**(네)가 왔기 때문에 의문대명사 **कौन**(꼬운; 누구)이 **किस**(끼쓰)로 어형 변화하였습니다. 후치사와 결합된 주어는 동사에 영향을 미치지 못하기 때문에 **बनवाना**(반와–나; 만들게 하다)동사가 생략된 목적어 **ताज महल**(따–즈 마할)의 성과 수에 일치하여 완료형의 남성단수 **बनवाया**(반와–야–)가 왔습니다.

●• व्याकरण

힌디의 사동사

동사의 어간에 **वा**(와-)를 첨가하면 사(역)동사가 됩니다. 술부의 동사가 사(역)동사일 때 그 일을 수행하는 사람을 기구격 **से**(쎄) 또는 복합후치사 **के द्वारा**(께 드와-라-)로 표현합니다.

कटना(까뜨나-; 잘리다) **काटना**(까-뜨나-; 자르다) **कटवाना**(까뜨와-나-; -로 하여금 자르게 하다)

मेरे बाल कटे । 내 머리카락이 잘렸다.　[**बाल**발-; 머리카락, 털]
(메레 발- 까떼)

नाई ने मेरे बाल काटे । 이발사가 내 머리카락을 잘랐다.　[**नाई**나-이-; 이발사]
(나-이- 네 메레 발- 까-떼)

मैं ने अभी नाई से बाल कटवाए हैं । 나는 방금 이발사로 하여금 머리카락을 자르게 했다.
(맹 네 아비ʰ- 나-이- 쎄 발- 까뜨와-에 행)

●• टिप

인도의 세계문화유산 (**विश्व दाय स्मारक** 비슈버 다-에 스마-라끄)

아잔따/엘로라동굴(**अजंता/एलोरा गुफाएँ** 아잔따-/엘로라- 구파-엥) 기원전 2세기-기원후 7세기에 만들어졌고 아잔따에는 29개의 불교동굴사원이, 엘로라에는 불교, 힌두교, 자이나교의 34개 동굴사원이 있습니다. 1983년 등록.

마하발리뿌람 사원(**महाबलीपुरम स्मारक समूह** 마하-발리-뿌람 쓰마-라끄 싸무-흐) 7세기 남부 인도의 빨라바(**पल्लव**)왕조가 건설한 해안가에 쉬바사원을 중심으로 한 사원군. 1984년 등록.

꼬나르끄(**कोणार्क** 꼬나-르끄)**의 태양사원**(**सूर्य मंदिर** 쑤-르여 만디르) 13세기 동부 인도의 왕조에서 벵갈만 해변가에 건설한 12쌍의 말이 끄는 마차모양의 사원. 1984년 등록.

고아의 교회들(**गोवा के चर्च** 고와- 께 짜르쯔) 동방선교에서 순교한 예수회의 성 프란시스 사비에르(St. Francis Xavier)의 시신이 안치되어 있는 아기예수교회를 비롯하여 16-18세기 사이에 포르투갈의 영토였던 고아에 세워진 교회들. 1986년 등록.

카주라호 사원들(**खजुराहो स्मारक समूह** 카주라-호 쓰마라끄 싸무-흐) 10-11세기에 중부 인도의 짠델(**चंदेल**)왕조가 건설한, 성애(性愛)를 그린 조각으로 유명한 힌두교와 자이나교 사원군. 1986년 등록.

산치의 불교 유적(**सांची बौद्ध स्मारक** 싼-찌- 보웃드ʰ 쓰마-라끄) 기원전 2세기-1세기에 세워진 세계 최초의 불탑(**स्तूप** 쓰뚭-)을 중심으로 한 불교유적지. 1989년 등록.

※인도의 역사적 건축물 중에서 따즈 마할을 비롯하여 2011년 현재 20여 개가 세계문화유산으로 등록되어 있습니다.

샤흐자한(**शाहजहाँ**샤-흐자항-)은 무갈제국의 위대한 황제로 그의 통치시대는 무갈제국의 최고의 전성기이었다 그는 할아버지 아끄바르(**अकबर**아끄바르)대제처럼 광대한 제국의 영토를 확고히 하고 확장하는 데에 열성적이었다. 확고해진 광대한 영토는 많은 풍요와 부를 가져왔고 상업과 문화가 번창했으며 무갈제국의 수도였던 아그라에 장대하고 미려한 건축물이 건설되었다. 개인적으로 샤자한은 자신이 가장 사랑하던 아내 뭄따즈(**मुमताज**뭄따-즈)가 14번째 아이를 낳다가 1631년 사망하자 그녀를 위해 묘궁(墓宮) 따즈 마할을 아그라에 건설하기 시작했다. 그리고 그는 따즈 마할이 한창 건축 중이었던 1638년 수도를 아그라에서 델리로 옮기고 새로운 수도 샤흐자하나바드(**शाहजहानाबाद**샤-흐자하-나-바-드)를 건설하기 시작하였다. 10년 후에 장엄미와 균형미를 자랑하는 '붉은 성'(**लाल क़िला**랄- 낄라-)과 자마 이슬람사원(**जामा मस्जिद**자-마- 마쓰지드), 그리고 짠드니 쪼우끄(**चाँदनी चौक**짱-드니- 쪼우끄)가 완공되었고 몇 년이 지난 1653년 따즈 마할도 완공되었습니다. 그로부터 5년이 지난 후 그는 병환으로 쇠약해졌고 6번 째 아들, 오랑제브(**औरंगजेब**오우랑그제브)가 왕권을 찬탈하고 아버지를 아그라성에 감금했습니다. 그리고 그는 아그라성에서 따즈 마할을 바라보며 쓸쓸하게 여생을 마쳤다고 합니다. 그러나 그가 건설한 따즈 마할, 델리의 '붉은 성' 등은 인도건축과 이슬람건축을 조화롭게 융합한 건축물들로 형상을 만드는 것을 금기시하는 이슬람문화가 인도에 남긴 최고의 예술작품이 되었습니다.

갠지스 강물은 신성하게 여겨지지 않습니까?
गंगा जल पवित्र माना जाता है न?
(강가 잘 빠비뜨르 마-나- 자-따- 해 나?)

45 पाठ

인도사람들이 즐겨 쓰는 수동태(=동사의 완료분사 + 수동태를 만드는 문법 조동사 जाना 자-나-동사)의 문장을 익혀둡시다.

🎧 वार्तालाप

क: पाठक जी, वाराणसी क्यों प्रसिद्ध है?
(빠- 타끄 지-, 와-라-나씨- 꽁 쁘라씻드ʰ 해?)

ख: क्योंकि वाराणसी हिन्दुओं का सब से प्रमुख तीर्थ स्थान है ।
(꽁끼 와-라-나씨- 힌두옹 까 쌉 쎄 쁘라무크 띠-르트 쓰탄- 해)

क: हिन्दू लोग वहाँ जा कर क्या करते हैं?
(힌두- 로그 바항~ 자- 까르 꺄- 까르떼 행)

ख: हिन्दू लोग गंगा में स्नान करते हैं और पूजा करते हैं ।
(힌두- 로그 강가~ 멩 쓰난- 까르떼 행 오우르 뿌-자- 까르떼 행)

क: मैं ने सुना है कि हिन्दू लोग गंगा में स्नान करके गंगा जल अपने घर ले जाते हैं ।
(맹 네 쑤나- 해 끼 힌두- 로그 강가~ 멩 쓰난- 까르께 강가~ 잘 아쁘네 가ʰ르 레 자-떼 행)

ख: गंगा जल पवित्र माना जाता है न? इसलिए ले जाते हैं ।
(강가 잘 빠비뜨르 마-나- 자-따- 해 나? 이쓸리에 레 자-떼 행)

🔵 शब्दावली

गंगा (강가-) 갠지스강

जल (잘) 물

पवित्र (빠비뜨르) 신성한, 성스러운: 깨끗한, 정한: 순수한

पाठक (빠-타끄) 브라만(사제)계층의 성(姓): 독자

वाराणसी 🔔 (와-라-나씨-) 와라나씨-웃따르 쁘라데슈 주에 위치한 힌두교의 최대 성지

प्रसिद्ध (쁘라씻드ʰ) 유명한

क्योंकि (꽁끼) 왜냐하면

हिन्दुओं (힌두옹) [हिन्दू 힌두-; 힌두교도]의 복수사격

प्रमुख (쁘라무크) 주요한, 중심적인, 중추적: 중요한,

तीर्थ (띠-르트) 성지 순례지: 중심지

स्थान (쓰탄-) 장소

स्नान (쓰난-) 목욕

पूजा (뿌-자-) 숭배, 예배: 존경

सुना (쑤나-) [सुनना 쑨느나-; 듣다: 청취하다]의 남성단 수완료형

कि (끼) 영어의 that 과 같이 절을 이끄는 표지

가 : 빠타끄 님, 와라나시는 왜 유명합니까?

나 : 왜냐하면 와라나시는 힌두들의 가장 주요한 성지이기 때문입니다.

가 : 힌두들은 거기에 가서 무엇을 합니까?

나 : 힌두들은 갠지스강에 목욕하고 숭배합니다.

가 : 제가 힌두들은 갠지스강에서 목욕하고 갠지스 강물을 집에 가져간다고 들었어요.

나 : 갠지스 강물은 신성하게 여겨지지 않습니까? 그래서 가지고 갑니다.

◉ अभिव्यक्तियाँ

✒ मैं ने सुना है कि हिन्दू लोग गंगा में स्नान करके गंगा जल अपने घर ले जाते हैं ।
(맹 네 쑤나 해 끼 힌두- 로그 강가- 멩 쓰난- 까르께 강가- 잘 아쁘네 가르 레 자-떼 행)

술부에 **सुनना**(쑨느나; 듣다)동사의 완료형 **सुना**(쑤나-)가 왔기 때문에 주어 **मैं**(맹)에 행위주격후치사 **ने**(네)가 왔습니다. **सुना**(쑤나-)는 남성단수 완료형인데 목적어에 해당하는 **कि**(끼)가 이끈 절을 남성단수로 보기 때문에 이에 일치한 것입니다. **कि**(끼)는 영어에서 종속절에 오는 that과 같이 힌디어에서 절을 이끄는 표지로 자신의 생각, 느낌 등을 표현할 때 사용됩니다.

✒ गंगा जल पवित्र माना जाता है न? इसलिए ले जाते हैं ।
(강가- 잘 빠비뜨르 마-나- 자-따- 해 나? 이쓸리에 레 자-떼 행)

माना जाता है(마-나- 자-따- 해; 여겨진다)는 [**मानना**(만-느나; 인정하다, 믿다, 여기다) 동사의 완료분사, **माना**(마-나-)와 + 수동태를 만들어 주는 문법조동사 **जाना**(자-나-)의 남성단수 미완료형 **जाता**(자-따-) 그리고 **होना**(호나-)동사의 단수 현재형 **है**(해)가 온 수동태의 남성단수 현재완료시제입니다. 수동적인 표현을 대표하는 수동태는 인도인들이 즐겨 쓰는 표현법 중에 하나입니다.

इसलिए ले जाते हैं(이쓸리에 레 자-떼 행; 그래서 가지고 간다)에서 주어 **हिन्दू लोग**(힌두- 로그; 힌두교도들)가 생략되어 있습니다. 접속사 **इसलिए**(이쓸리에; 그러므로, 그래서)는 앞의 내용이 뒤의 내용의 이유, 원인, 근거가 될 때 오는 접속사입니다.

व्याकरण

수동태

수동태는 [완료분사(본동사)+ **जाना** 자-나-(문법조동사)]로 표현하고 행위자를 모르거나 표현할 필요가 없을 때, 관습적인 행위를 표현할 때, 또는 공문 등의 공적인 표현에서 사용됩니다.

चिट्ठी भेजी गयी थी । 편지가 보내졌다. [**चिट्ठी** 찟티-; 편지]
(찟티-   베^h지-   가이-   티-)

गंगा में स्नान किया जाता है । 갠지스강에서 목욕이 행해진다.
(강가-   멩   쓰난-   끼야-   자-따-   해)

प्रतिदिन पूजा की जाती थी । 매일 예배가 행해졌었다. [**प्रतिदिन** 쁘라띠딘; 매일]
(쁘라띠딘   뿌-자-   끼-   자-띠-   티-)

क्या किया जाना होगा? 무엇이 행해져야 할 것인가? (부정사)
(꺄-   끼야-   자-나-   호가-?)

आप को सूचित किया जाएगा । 당신에게 알려줄 것이다.
(압-   꼬   쑤-찌뜨   끼야-   자-에가-) [**सूचित करना** 쑤찌뜨 까르나-; 알려주다]

※수동구문은 시제, 법에 따라 사용되고 부정사로도 사용됩니다.

수동문에서 행위자는 드러나지 않으나 행위자를 표현해 주고 싶은 경우는 후치사 **से** (쎄), 복합후치사 **के द्वारा** (께 드와-라-)를 사용하는데 복합후치사 **के द्वारा** (께 드와-라-)는 공문, 신문 등의 공적인 언어에서 많이 사용됩니다.

चिट्ठी उससे भेजी गयी थी । 편지가 그에 의해 보내졌었다.
(찟티-   우쓰쎄   베^h지-   가이-   티-)

अभ्यास

जाना (자-나-)동사의 적합한 형태를 (   )에 넣어서 수동태를 만들면서 힌디어로 말해보십시오.

1. **कल पूजा की (   ) थी ।** 어제 예배가 행해졌다. (과거완료시제)
(깔   뿌-자-   끼-   티-)

2. **गंगा में स्नान किया (   ) रहा है ।** 갠지스강에서 목욕이 행해지고 있다.(현재진행형)
(강가-   멩   쓰난-   끼야-   라하- 해)

3. **क्या किया (   ) चाहिए?** 무엇이 행해져야 하는가? (부정사)
(꺄-   끼야-   짜-히에?)

답- 1. **गयी** (가이-), 2. **जा** (자-), 3. **जाना** (자-나-)

सांस्कृतिक जानकारी

인도의 많은 강들과 마찬가지로 갠지스강도 여신으로 숭배됩니다. 갠지스강물의 신성성에 대한 힌두교도들의 믿음은 절대적입니다. 신화에 따르면 갠지스강은 원래 천상의 강이었다고 합니다. 바기라트(भगीरथ바가기-라트)왕이 장례를 치르지 못해 구천을 헤매는 조상들의 장례를 치르고 그 영혼을 천국에 보내려고 갠지스강을 지상으로 내려오도록 고행을 하였다고 합니다. 왜냐하면 화장(火葬)한 재를 갠지스강에 뿌리기만 해도 그 영혼이 천국에 간다는 믿음이 있었기 때문입니다. 그가 혹독한 고행 끝에 갠지스강을 쉬바신의 머리카락을 타고 땅 위에 흘려 내려오게 했다는 것입니다. 갠지스 강변에 쉬바신의 도시라고 불리는 와라나씨는 인도의 고대 도시의 하나로 힌두교 최대의 성지이며 가장 매력적인 관광지이고 상업의 중심지이며 독립운동 당시 민족교육의 산실이요 많은 인물을 길러낸 곳입니다. 그러나 일반 대중 힌두교도들에게 와라나씨는 갠지스 강변에 있는 수많은 사원과 화장(火葬)도 할 수 있고 성스런 갠지스강에서 목욕도 할 수 있는 '가뜨'(घाट가가-뜨)들이 있어 중요합니다. 순례자들은 와라나씨를 떠날 때 갠지스강물을 떠가는 것을 잊지 않습니다. 와라나씨 공항에서는 갠지스 강물을 조금이라도 더 많이 가져가려는 순례자들과 규정대로 가져갈 것을 설득하며 물통을 빼앗는 공항직원들 사이에 시비가 끝이지 않습니다. 와라나씨는 삶이 죽음과 한데 어울려져 시끌법적합니다.

오르차의 자한기르 궁전

당신은 힌디어를 아시나요? क्या आप को हिंदी आती है?
(까- 압- 꼬 힌디- 아-띠- 해?)

46 पाठ

'오다'라는 의미로 익숙한 आना(아-나-)동사가 여격주어를 취하면서 '알다'라는 뜻이 됩니다.

वार्तालाप

क: क्या आपको बॉलीवुड की फ़िल्में पसंद हैं?
(까- 압-꼬 볼리-우드 끼- 필르멩 빠싼드 행?)

ख: जी हाँ, मुझे बॉलीवुड की फ़िल्में बहुत पसंद हैं ।
(지- 항~, 무제ʰ 볼리-우드 끼- 필르멩 바후뜨 빠싼드 행)

क: क्या आप को हिंदी आती है?
(까- 압- 꼬 힌디- 아-띠- 해?)

ख: जी...... थोड़ी बहुत जानता हूँ । समझ लेता हूँ ।
(지-...... 토리- 바후뜨 잔-따- 훙~. 싸마즈ʰ 레따- 훙~)

शब्दावली

बॉलीवुड(볼리-우드) 볼리우드, 뭄바이 중심의 인도영화계((봄베이(बंबई 밤바이-)+할리우드(हालिवुड 할-리우드)의 합성어)

पसंद (빠싼드) 좋아하는, 애호하는: 좋아함, 애호

फ़िल्में (필르멩) [फ़िल्म 필름; 필름: 영화]의 복수

थोड़ी(토리-) [थोड़ा토라-; 조금, 적은: 싼]의 여성형

जानता(잔-따-) [जानना 잔-느나-; 알다]의 남성단수 현재미완료형

समझ(싸마즈ʰ) [समझना 싸마즈ʰ나-; 이해하다]의 어간

가 : 당신은 볼리우드 영화를 좋아하십니까?

나 : 네, 저는 볼리우드 영화를 매우 좋아합니다.

가 : 당신은 힌디어를 아시나요?

나 : 네..... 좀 압니다. 이해할 수 있습니다.

◉• अभिव्यक्तियाँ

क्या आप को हिंदी आती है?
(까- 압- 꼬 힌디- 아-띠- 해?)

आना(아-나-)동사는 '오다'라는 뜻인데 '알다'라는 의미로 사용될 때 여격주어가 옵니다. 주어에 후치사 को(꼬)가 왔기 때문에 동사는 목적어에 해당되는 여성명사 हिंदी(힌디-)에 일치하여 आती(아-띠-)가 왔습니다. आना(아-나-)동사가 여격주어를 취하면서 '알다'라고 사용되는 구문은 배워서 익혀 할 수 있는 것을 표현할 때 옵니다. 감정을 나타내는 추상명사와 आना(아-나-)동사가 함께 올때도 여격주어를 취합니다.

जी...... थोड़ी बहुत जानता हूँ । समझ लेता हूँ ।
(지-...... 토리- 바후뜨 잔-따- 훙-. 싸마즈ʰ 레따- 훙-)

थोड़ी बहुत जानता हूँ(토리- 바후뜨 잔-따- 훙~; 좀 압니다)에서 जानना(잔-느나-; 알다) 동사는 직격주어를 취합니다. 이 문장에서는 직격주어 मैं(맹)가 생략되어 있습니다. थोड़ी बहुत(토리- 바후뜨; 조금)에서 थोड़ा(토라-; 조금)와 बहुत(바후뜨; 많은)는 반대의 의미를 갖는 단어가 함께 왔습니다. 이 때 앞에 있는 단어 थोड़ा(토라-; 조금)의 의미를 갖습니다. 뒤에 생략된 हिंदी(힌디-)가 여성이기 때문에 थोड़ा(토라-)가 थोड़ी(토리-)로 변했습니다.

समझ लेता हूँ(싸마즈ʰ 레따- 훙~; 이해할 수 있다)에서 복합동사 समझ लेना(싸마즈ʰ 레나-)의 본동사로 온 समझना(싸마즈ʰ나-; 이해하다)는 자동사와 타동사로 다 사용됩니다. '할 수 있다'라는 의미의 보조동사로 사용된 लेना(레나-)동사는 सकना(싸끄나-; 할 수 있다) 동사보다는 의미가 약하며 '그럭저럭 해낸다'는 뉘앙스를 줍니다. 그러나 लेना(레나-)동사는 '아주 간신히 해낸다'는 뉘앙스를 주는 पाना(빠-나-; 얻다) 동사보다는 의미가 강합니다.

◐ व्याकरण

✐ 여격주어를 취하는 **आना**(아-나-) 동사구문

आना(아-나-)동사가 '알다'의 뜻으로 사용될 때 여격주어가 옵니다.

क्या आपको कोरियाई भाषा आती है? 당신은 한국어를 아십니까?
(꺄- 압-꼬 꼬리야-이- 바ʰ-샤- 아-띠- 해)

मुझे(=मुझको) गाड़ी चलाना नहीं आता | 나는 운전할 줄 모릅니다.
(무제ʰ(=무즈ʰ꼬) 가-리- 짤라-나- 네힝~ 아-따-)

※ '알다'라는 뜻의 **जानना**(잔-느나-)동사는 직격주어를 취합니다.

क्या आप कोरियाई भाषा [जानते/ ⭘जानती] हैं? 당신은 한국어를 아십니까?
(꺄- 압- 꼬리야-이- 바ʰ-샤- 잔-떼/잔-띠- 행?)

आना(아-나-)동사가 감정을 나타내는 추상명사와 함께 올 때 여격주어를 취합니다.

माताजी को बहुत गुस्सा आया था | 어머님은 매우 화가 나셨다. [**गुस्सा**굿싸-; 화, 분노]
(마-따-지- 꼬 바후뜨 굿싸- 아-야- 타-)

※ 감정을 나타내는 추상명사가 **करना**(까르나-)와 함께 오기도 합니다. 이 때는 직격주어를 취합니다.

माताजी ने बहुत गुस्सा किया है | 어머니가 매우 화를 내셨다.
(마-따-지- 네 바후뜨 굿싸- 끼야- 해)

◐ टिप

✐ 여격주어를 취하는 '알다'의 동사(구)

मालूम होना(말-룸- 호나-) 안다, 알려지다, **पता होना**(빠따- 호나-) 안다, **पता चलना**(빠따- 짤르나-) 알게 되다

मुझे(=मुझको) मालूम/पता है कि आप मेरी बात मानेंगे | 나는 당신이 내 말을 들을 것이라는 것을 안다.
(무제ʰ(=무즈ʰ꼬) 말-룸-/ 빠따- 해 끼 압- 메리- 바-뜨 마-넹게)

उसे(=उसको) पता चलता है | 그는 알게 된다.
(우쎄(=우쓰꼬) 빠따- 짤따- 해)

※ **मालूम/पता**(말-룸-/빠따-)가 **करना**(까르나-)동사와 결합하여 직격주어를 취하기도 하는데 이 때의 의미는 의지를 가지고 능동적으로 '알아내다'를 뜻합니다.

सांस्कृतिक जानकारी

볼리우드라고 하면 뭄바이(**मुंबई**뭄바이-)를 근거지로 한 힌디어영화산업을 가리킵니다. 1년에 1천 편이상 영화를 제작하는 인도에서 볼리우드는 가장 중요한 인도영화산업의 중심지입니다. 그러나 볼리우드영화에 대한 비판이 많습니다. 볼리우드영화가 현실성이 결여된 사랑 이야기를 전개하면서 인도의 가치와 이상과 문화를 침해하고 현실문제를 희화, 단순화하여 대중을 우매하게 만든다는 것입니다. 그러나 대다수의 관객이 볼리우드영화를 즐겨 본다는 것을 무시할 수 없습니다. 대다수의 인도관객들은 3시간 정도의 긴 상영시간도 잊고 화려한 화면에 노래와 춤, 삼각관계의 사랑, 선-악의 대결, 액션 등의 양념이 적당히 버물어져 있는 '마쌀라'(**मसाला** 마쌀-라-)영화에 빠져 현실의 고달픈 삶을 잠시 잊어버립니다. 인도의 신경제정책 이후 볼리우드 영화의 배경은 인도를 떠나 서구세계로 가고 있습니다. 우리나라에서도 상영되었던 'My name is Khan'과 같은 영화에서도 알 수 있듯이 미국, 영국, 호주 등을 배경으로 한 영화가 많이 제작되고 있습니다. 그러면서 볼리우드영화의 언어에도 인도영어의 비중이 나날이 높아져 가고 있습니다. 요즈음 볼리우드영화는 인도 디아스포라가 있는 서구에서 새롭게 평가받고 있습니다.

'따블라' 연주자는 누구였나요? तबला वादक कौन थे?

(따블라– 와–다끄 꼬운 테?)

47 पाठ

접사들을 찾아내어 익히는 습관을 들이면 어휘력이 놀랍게 향상됩니다.

🎧 वार्तालाप

क: वाह, आज का तबला-वादन अति सुंदर था न?
(와–흐, 아–즈 까 따블라– 와–단 아띠 쑨다르 타– 나?)

ख: हाँ, सचमुच । तबला वादक कौन थे?
(항–, 싸쯔무쯔. 따블라– 와–다끄 꼬운 테?)

क: वे उस्ताद ज़ाकीर हुसैन थे ।
(베 우쓰따–드 자–끼–르 후쎄인 테)

वे हिन्दुस्तान में सब से प्रसिद्धि संगीतकारों में से एक हैं ।
(베 힌두쓰딴– 멩 쌉 쎄 쁘라씻드ʰ 쌍기–뜨까–롱 멩 쎄 에끄 행)

क्या मैं आप के लिए उन की एक सी.डी. ले लूँ?
(꺄– 맹 압– 께 리에 운 끼– 에끄 씨–.디–. 레 룽–?)

ख: नहीं, इस बार नहीं, फिर कभी ।
(네힝–, 이쓰 바–르 네힝–, 피르 까비ʰ–)

🔵 शब्दावली

तबला(따블라–) 따블라, 인도의 타악기 중에 하나

वादक(와–다끄) 연주자

वाह(와–흐) 우아, 와(감탄사)

वादन(와–단) 연주: 말함

अति(아띠–) 극도, 극단: 극히, 극도로, 비상하게

उस्ताद(우쓰따–드) 스승, 마에스트로: 능숙한

संगीतकारों(쌍기–뜨까–롱) [संगीतकार쌍기–뜨까–르; 음악가]의 복수 사격형

सी.डी.(씨–.디–.) CD

가 : 우아, 오늘 따블라 연주는 환상적이었지 않아요?

나 : 예, 정말 (그래요). 따블라 연주자는 누구였나요?

가 : 그분은 우스따드 자끼르 후쎄인이었어요.

　　그 분은 인도에서 가장 유명한 음악가 중에서 한 분이시지요.

　　제가 당신을 위해 그분의 CD를 하나 살까요?

나 : 아니요. 이 번이 아니고, 다시 언젠가.

◉• अभिव्यक्तियाँ

तबला वादक कौन थे?

(따블라– 와–다끄　꼬운　테?)

주어 **तबला वादक**(따블라– 와–다끄; 따블라 연주자)를 존칭복수로 받아 **होना**(호나–)동사의 남성 복수 과거형 **थे**(테)가 왔습니다. **वादन**(와–단)은 연주라는 뜻이고 **वादक**(와–다끄)는 연주자라는 뜻입니다. 접미사 **क**(까)는 '하는 자'라는 의미를 갖습니다.

वे हिन्दुस्तान में सब से प्रसिद्धि संगीतकारों में से एक हैं ।

(베 힌두쓰딴–　멩 쌉 쎄 쁘라씻드ʰ 쌍기–뜨까–롱 멩 쎄 에끄 행)

주어 **वे**(베; 그 분)는 존칭복수입니다. **सब से प्रसिद्ध**(쌉 쎄 쁘라씻드ʰ; 가장 유명한)는 모두를 비교 대상으로 하여 표현한 최상급입니다. **संगीतकारों में**(쌍기–뜨까–롱 멩)에서 후치사 **में**(멩)의 영향을 받아 복수남성명사 **संगीतकार**(쌍기–뜨까–르; 음악가)가 사격으로 어형 변화하여 **संगीतकारों** 이 되었습니다. **संगीतकारों में से**(쌍기–뜨까–롱 멩 쎄; 음악가들 중에서)에서 후치사가 결합되어 쓰였습니다. 후치사 **में**(멩), **पर**(빠르)가 **का**(까–), **से**(쎄)와 결합될 수 있습니다.

　　जहाज़ पर के सभी यात्री डरे । 배에 탄 모든 승객들은 두려웠다.

　　(자하–즈 빠르 께 싸비ʰ– 야–뜨리– 다레)　**[जहाज़** 자하–즈: 배, **सभी** 싸비ʰ–; 모든,

　　　　　　　　　　　　　　　　　यात्री 야–뜨리–; 여행자, **डरना** 다르나–; 두려워하다]

संगीतकार(쌍기–뜨까–르)는 **संगीत**(쌍기–뜨; 음악) + **कार**(까–르)의 복합어로 '**कार**(까–르)'는 '행위자, 가(家)'의 의미를 주는 접미사입니다.

⊙ व्याकरण

접사

힌디어에서 한정복합어를 만드는 데에 주요한 구성단어 중에 여러 종류의 접두사와 접미사가 있습니다. -क(까), -कार(까-르)는 '– 하는 사람'이라는 뜻을 주는 접미사입니다.

लेखन(레칸; 글쓰기) **लेखक**(레카끄; 작가)
चित्र(찌뜨러; 그림) **चित्रकार**(찌뜨러까-르; 화가)

그 밖의 접미사 -ई(이-)는 명사를 형용사(또는 '–한 사람')로, 또는 명사나 형용사를 추상명사로 만들고 접미사 -ता(따-)는 명사나 형용사를 추상명사로 만듭니다.

ग़रीब(가리-브; 가난한) **ग़रीबी**(가리-비-; 가난)
कवि(까비; 시인) **कविता**(까비따-; 시)

접두사들도 많이 있습니다.

अ(아; 반(反)) **अ**(아)+**प्रसन्न**(쁘라싼느; 기쁜, 즐거운) = **अप्रसन्न**(어쁘라싼느)
दुर्(두르; 나쁜) **दुर्**(두르)+**गंध**(간드ʰ; 냄새) = **दुर्गंध**(두르간드ʰ; 악취)
सु(쑤; 좋은, 더) **सु**(쑤)+**गंध**(간드ʰ; 냄새) = **सुगंध**(쑤간드ʰ; 향기)

⊙ टिप

인도의 주요 악기

따블라– (**तबला**) 오른손으로 치는 따블라–(**तबला**) 또는 다–양~(**दायाँ**)이라고 불리는 작은 북과 왼손으로치는 닥가–(**डग्गा**) 또는 바–양~(**बायाँ**)이라고 불리는 조금 큰 북으로 구성된 타악기
딴–뿌–라– (**तानपूरा**) 땀부–라(**तम्बूरा**) 깊고 그윽한 소리를 내는 반주용의 네 줄 현악기
방~쑤리– (**बाँसुरी**) 인도의 피리
비–나– (**वीणा**) 24 플렛(Fret)의 일곱 줄 현악기로 오랜 전통을 지닌 남부 인도음악의 주요 악기
셰흐나–이– (**शहनाई**) 한국의 태평소와 유사한 관악기
싸로드 (**सरोद**) 깊고 장중한 소리를 내는 4–5개 주요 현을 비롯하여 20여줄의 현악기
싸–랑기– (**सारंगी**) 다채로운 음을 내는 약 40개 현을 활로 연주하는 악기
싼뚜–르 (**संतूर**) 80여 현을 가벼운 나무 망치 2개로 두들겨 연주하는 타현악기
씨따–르 (**सितार**) 7개의 주요 현과 11개의 공명현(共鳴絃)으로 구성된 현악기
하–르모념 (**हारमोन्यम**) 아코디언과 비슷한 소리를 내는 풍금과 같은 직사각형의 반주용 악기

सांस्कृतिक जानकारी

인도음악의 근원은 고대인도의 『사마베다』라고 할 수 있습니다. 『사마베다』는 베다시대에 행해지던 제사의식에서 신을 초대하려고 노래하던 사제들이 사용하던 노래모음집입니다. 인도의 고전음악은 『사마베다』에서 그 기원을 찾지만 지금의 음악체계가 이루어진 것은 이슬람문화의 유입 이후 입니다. 북부 및 중앙 인도의 고전음악은 이슬람 통치자들의 지원 아래 '힌두스따니'(हिन्दुस्तानी힌두쓰따–니–) 음악으로, 남부인도의 음악은 주로 사원을 중심으로 '까르나따까'(कर्नाटक까르나–따끄)음악으로 발전하였습니다. '힌두스따니'음악에는 세속적인 사랑이 주가 되었고 '까르나따까'음악에는 신에 사랑이 주를 이루었습니다.

인도음악은 성악과 기악으로 크게 나눌 수 있는데 예전에는 성악이 주가 되었고 악기들은 주로 반주용으로 사용되었습니다. 그러나 시간이 흐름에 따라 반주용 악기들이 독주용 악기로 발전하였습니다. 인도의 악기들 중에서 '따블라', '싼뚜르' 등이 이슬람문화의 유입과 더불어 인도의 대표적인 악기가 되었다면 '하르모념'은 19세기 선교사들에 의해 소개되어 인도의 대중적인 악기가 되었습니다. 인도사람들은 외래의 악기를 자신의 방식으로 바꾸고 자신들의 음악을 연주합니다. 기타를 무릎에 놓고 연주하는 1994년 그래미상 수상자, 비쉬버 모한 밧뜨(Vishwa Mohan Bhatt)의 연주를 한 번 접해 보라고 권하고 싶습니다. 그에 의해 서양 악기 기타는 '모한 비나'(मोहन वीणा모한 비나–)가 되었습니다. 인도에서 사용되는 서양 악기들을 보면 모든 것을 수용하되 인도화하여 수용하는 인도문화의 특성을 새삼 확인하게 됩니다.

매 월요일에 휴관입니다. हर सोमवार को बंद रहता है ।
(하르　쏨와-르　꼬　반드　레헤따-　해)

48 पाठ

'살다'라는 뜻으로 익숙한 रहना(레흐나-)동사가 상태나 행위의 지속성을 표현하는 데에 사용되는 것을 살펴봅니다.

वार्तालाप

क: म्यूज़ियम कितने बजे खुलता है?
(뮤-지염　끼뜨네　바제　쿨따-　해?)

ख: म्यूज़ियम सुबह दस बजे खुलता है ।
(뮤-지염　쑤베헤　다쓰　바제　쿨따-　해)

क: म्यूज़ियम कितने बजे बंद होता है?
(뮤-지염　끼뜨네　바제　반드　호따-　해?)

क: म्यूज़ियम शाम को पाँच बजे बंद होता है ।
(뮤-지염　샴-　꼬　빵-쯔　바제　반드　호따-　해)

और हर सोमवार को बंद रहता है ।
(오우르 하르　쏨와-르　꼬　반드　레헤따-　해)

शब्दावली

हर (하르) 매, 각

सोमवार (쏨와-르) 월요일

बंद (반드) 닫힌, 폐쇄한

रहता (레흐따-) [रहना 레흐나-; 살다, 유지되다]의
남성단수 미완료형

म्यूज़ियम (뮤-지염) museum 박물관

खुलता (쿨따-) [피동사 खुलना 쿨르나; 열리다]의
남성단수 미완료형

सुबह (쑤베헤) 아침

शाम (샴-) 저녁, 늦은 오후

가 : 박물관이 몇 시에 여나요?

나 : 박물관이 오전 10시에 엽니다.

가 : 박물관이 몇 시에 닫나요?

나 : 박물관이 오후 5시에 닫습니다.

　　그리고 매 월요일에 휴관입니다.

अभिव्यक्तियाँ

म्यूज़ियम कितने बजे बंद होता है ।
(뮤-지염　끼뜨네　바제 반드 호따- 해)

होना(호나-; 이다) 동사는 능동사 करना(까르나-; 하다) 에 대한 피동사라고 할 수 있습니다(33강 문법 참조). 이 문장은 होना(호나-)동사의 남성 단수 미완료형, होता(호따-)와 시제를 나타내는 होना(호나-)의 2,3인칭 단수 현재형 है(해)가 온 현재미완료시제입니다. 이 문장과 होता(호따-)가 없는 문장, म्यूज़ियम कितने बजे बंद है? (뮤-지염 끼뜨네 바제 반드 해? ; 박물관이 몇 시에 닫느냐?)는 우리 말 해석에서 차이를 나타내기 힘듭니다. 그러나 두 문장의 차이는 앞에 문장이 일반적인 사실을 이야기한다면 뒤의 문장은 일회성의 사실을 표현하는 것입니다. 한 문장의 है(해)는 시제표지이고 다른 문장의 है(해)는 본동사입니다.

हर सोमवार को बंद रहता है ।
(하르 쏨와-르　꼬　반드 레흐따- 해)

주어 म्यूज़ियम(뮤-지염; 박물관)이 생략되어 있고 बंद रहना(반드 레흐나; 닫혀 있다)의 남성단수 현재미완료시제가 온 문장입니다. हर(하르)는 '매'라는 뜻입니다. [हर रोज़ 하르 로즈; 매일, हर महीना 하르 마히-나; 매달, हर साल 하르 쌀-; 매년]

बंद रहना(반드 레흐나-)에서 रहना(레흐나-)동사가 와서 बंद(반드; 닫힌)이라는 형용사가 가리키는 상태가 오래 지속됨을 표현하고 있습니다. रहना(레흐나-)동사의 1차적 의미는 '살다'이지만 상태나 행위의 지속성을 표현할 때도 옵니다.

○● व्याकरण

✎ रहना (레흐나–) 동사

रहना (레흐나–) 동사의 1차적 의미는 '살다'입니다. 여기에서 의미가 확대되어 상태나 행위의 지속성을 표현할 때도 रहना (레흐나–) 동사를 사용합니다.

रहना (레흐나–) 동사는 여격주어를 취하는 추상명사 또는 형용사와 함께 와서 지속성을 표현합니다.

क्या तुम्हें(=तुमको) बुख़ार रहता है? 자네는 (계속) 열이 있는가?
(꺄   뚬헹(뚬꼬)   부카–르 레흐따– 해?)

आप के लिए यह ठीक रहेगा । 당신에게 이것이 괜찮겠네요.
(압– 께 리에 예헤 티–끄 라헤가–)

रहना (레흐나–) 동사는 형용사 역할을 하는 분사와도 결합하여 모든 시제와 법에서 사용됩니다.

미완료분사 + रहना (레흐나–) 동사는 미완료분사가 가리키는 행위가 습관적임, 완료분사 + रहना (레흐나–) 동사는 완료분사가 가리키는 행위가 완료된 상태가 지속되고 있음을 표현합니다.

पत्र भेजते रहना । 편지를 (종종) 보내게나.
(빠뜨러 베흐즈떼 레흐나–)

वह दुकान तो रात-भर खुली रहती है । 그 상점은 밤새 열려 있다.
(베헤 두깐–   또 라–뜨 바–르 쿨리– 레흐띠– 해) [**दुकान** 두깐–; 가게, **रात–भर** 라–뜨 바–르; 밤새]

※ रहना (레흐나–) 동사의 완료형이 진행형을 만드는 문법적이 조동사로 사용됩니다(28강 문법 참조).

○● टिप

✎ 박물관/미술관 관련 표현

राष्ट्रीय आधुनिक कला सग्रहालय किस तरफ़ है? 국립현대미술관이 어느 쪽으로 있습니까?
(라–슈뜨리–여 아–두흐니끄 깔라– 쌍그라할–라에 끼쓰 따라프 해?) [**आधुनिक** 아–두흐니끄; 현대의, 근대의,
कला 깔라–; 예술]

क्या आजकल कोई विशेष प्रदर्शनी लगी है? 요즘 어떤 특별전이 있나요?
(꺄   아–즈깔   꼬이– 비셰슈 쁘라다르샤니– 라기– 해?) [**विशेष** 비셰슈; 특별한, **प्रदर्शनी** 쁘라다르샤니–; 전시]

बिना अनुमति के फ़ोटो खींचना मना है । 허가 없이 사진을 찍는 것은 금지되어 있습니다.
(비나– 아누마띠 께 포또   킹쯔나–   마나– 해) [**बिना** 비나– ~ **के** 께; –없이, **अनुमति** 아누마띠; 허가,
승낙, **खींचना** 킹쯔나–; 끌다]

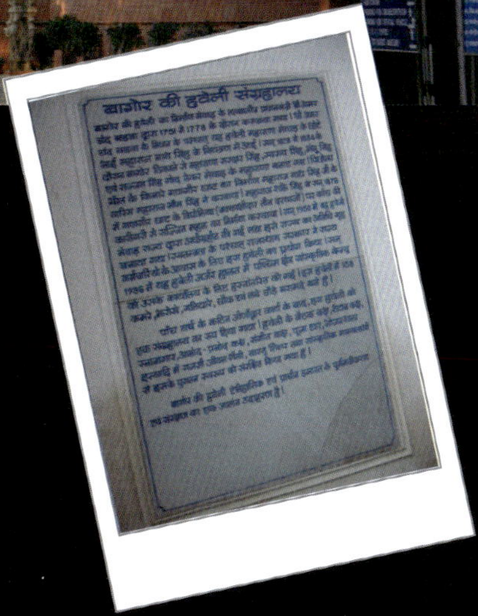

सांस्कृतिक जानकारी

한반도의 15배가 되는 인도의 넓은 영토에서 기원전 3천년 고대 인더스문명으로 시작해서 1950년 인도연방공화국을 선포하기 전까지 수많은 왕조들의 영욕과 부침의 역사는 지속되어 왔습니다. 그래서 인도 대륙에는 수많은 왕조들의 유적으로 넘쳐납니다. 역사적인 유적지에는 어김없이 크고 작은 박물관이 있어 박물관을 둘러봄으로 그 지역을 좀더 잘 이해할 수 있습니다. 인도에서 규모가 가장 큰 꼴까따 소재 인도 박물관(Indian Museum), 뉴델리 소재 인도국립박물관(National Museum of India)를 비롯하여 인도에는 박물관이 무려 750여 개에 달한다고 합니다. 2십만 점이 넘는 소장품을 자랑하는 인도국립박물관은 시대별, 주제별, 장르별로 나누어 소장품을 전시하고 있습니다. 인더스 문명에서 나온 청동으로 된 춤추는 소녀상을 비롯하여 많은 인장과 당시 생활용품들, 슝가(शुंग슝그) 왕조(기원전 2세기~기원전 1세기)와 쿠산(कुषाण꾸샨–)왕조(기원 후 1세기~4세기경)의 유물, 굽타(गुप्त굽뜨)시대(기원후 320년~약 500년)의 수많은 신상, 간다라(गांधार간–다"–르)와 마투라(मथुरा마투라–)양식의 불상, 남부 인도의 촐라(चोल쫄)왕조의 청동상, 중세 무갈 시대의 세밀화 및 인도의 다양함을 보여주는 민속공예 작품, 인도의 악기, 무기, 직물 등이 전시되어 있습니다. 인도의 역사의 유구함과 인도문화의 다양함을 가장 빨리 체험하는 방법은 인내심을 가지고 인도박물관을 돌아보는 것일 수 있습니다. 그리고 내국인에게는 입장료를 10루피를 받으면서 외국인에게는 그 보다 30배나 더 많은 입장료를 받는 것으로 기분 상하지 마십시오.

그것은 크리켓입니다. वह तो क्रिकेट है ।
(베헤 또 끄리께뜨 해)

49 पाठ

후치사가 없는 부정사의 단순사격과 함께 오는 동사와 형용사를 잘 익혀 둡시다.

वार्तालाप

क: हिन्दुस्तान में सब से लोकप्रिय खेल कौन सा है?
(힌두쓰딴– 멩 쌉 쎄 로끄쁘리여 켈 꼬운 싸– 해?)

ख: वह तो क्रिकेट है ।
(베헤 또 끄리께뜨 해)

क: क्या आप क्रिकेट मैच देखना पसंद करते हैं?
(꺄– 압– 끄리께뜨 매쯔 데크나– 빠싼드 까르떼 행?)

ख: जी हाँ, मुझे बहुत पसंद है ।
(지– 항–, 무제ʰ 바후뜨 빠싼드 해)

क: क्या आज दोपहर को दो बजे पाकिस्तानी टीम के साथ हिन्दुस्तानी
टीम का मैच है?
(꺄– 아–즈 도쁘하르 꼬 도 바제 빠–끼쓰따–니– 띰– 께 싸–트 힌두쓰따–니– 띰– 까– 매쯔 해?)

ख: जी हाँ । क्या आप मेरे साथ देखने चलेंगे?
(지– 항–. 꺄– 압– 메레 싸–트 데크네 짤렝게?)

शब्दावली

क्रिकेट (끄리께뜨) cricket 크리켓

हिन्दुस्तान (힌두쓰딴–) 인도: 중부와 북부 인도

लोकप्रिय (로끄쁘리여) 인기 있는 [लोक(로끄; 세계: 세간: 공중, 대중)+प्रिय (쁘리여; 사랑스러운: 연인)]

खेल (켈) 경기, 운동: 놀이, 유희

मैच (매쯔) match 시합, 경기

दोपहर (도쁘하르) 정오: 오후

पाकिस्तानी (빠–끼쓰따–니–) 파키스탄의: 파키스탄사람

[पाकिस्तान 빠–끼쓰딴–; 파키스탄 Pakistan-Panjab, Afgana, Kashmir, Sindhi, Balochistan에서 네 지역의 지명의 첫 글자와 발로찌스딴의 마지막 글자를 합성하여 지어진 이름].

के साथ (께 싸–트) –와 함께 (복합후치사)

हिन्दुस्तानी (힌두쓰따–니–) 인도의, 인도식의: 인도사람: 인도언어

टीम (띰–) team 팀

가 : 인도에서 가장 인기 있는 경기는 어떤 것인가요?

나 : 그것은 크리켓입니다.

가 : 당신이 크리켓 경기를 보는 것을 좋아합니까?

나 : 네, 제가 아주 좋아합니다.

가 : 오늘 오후 두 시에 파키스탄과 인도팀의 경기가 있지요?

나 : 네, 당신이 제와 함께 보러 가시겠습니까?

अभिव्यक्तियाँ

हिन्दुस्तान में सब से लोकप्रिय खेल कौन सा है?

(힌두쓰딴–   멩 쌉 쎄 로끄쁘리여 켈   꼬운 싸– 해?)

कौन सा(꼬운싸–; 어떤 종류의)에서 의문대명사 **कौन**(꼬운; 누구)이, 형용사 또는 다른 단어에 첨가되어 형태나 질이 비슷함을 표현하는 **सा**(싸–)와 함께 와서 '무슨 종류의'라는 뜻으로 사용되었고 여기에는 여러 가능성이나 선택이 존재함을 내포하고 있습니다. **सा**(싸–)는 **आ**(아)로 끝나는 형용사처럼 어형 변화하지만 **खेल**(켈; 경기)이 남성단수명사이기 때문에 **सा**(싸–)가 그대로 왔습니다. **सा**(싸–)가 기수 **एक**(에끄; 하나)와 결합하면 '비슷한, 같은 종류의'라는 의미가 됩니다. 여성일 때는 **एक सी**(에끄 씨–)가 됩니다.

सब लड़कियाँ एक सी हैं । 모든 여자애들이 비슷하다.

(쌉   라르끼양~ 에끄 씨– 행)

क्या आप मेरे साथ देखने चलेंगे?

(꺄–   압– 메레 싸–트 데크네 짤렝게?)

देखना(데크나–; 보다)가 후치사 없이 사격 **देखने**(데크네)가 되었습니다. 후치사가 오지 않는 단순사격 부정사가 **चलना**(짤르나–)와 같은 이동동사와 결합하면 목적, 동기 등을 나타냅니다. 부정사 뒤에 목적과 의도를 나타내는 대격 후치사 **को**(꼬)나 복합후치사 **के लिए**(께 리에)가 올 수도 있습니다.

क्या आप मेरे साथ देखने को चलेंगे?

(꺄–   압– 메레 싸–트 데크네 꼬 짤렝게?)

क्या आप मेरे साथ देखने के लिए चलेंगे?

(꺄–   압– 메레 싸–트 데크네 께 리에 짤렝게?)

그러나 이동동사와 함께 올 때는 단순사격 부정사가 더 많이 사용됩니다.

◉• व्याकरण

부정사의 단순사격

후치사 없이 사격이 된 부정사를 단순사격부정사라고 합니다. 부정사의 단순사격과 함께 오는 동사, 형용사가 있습니다.

1. 부정사의 단순사격이 이동동사와 함께 사용되어 목적, 동기 등을 나타냅니다.

मैं हिंदी सीखने हिंदुस्तान [जानेवाला/ जानेवाली] हूँ । 나는 힌디어를 배우려고
(맹 힌디- 씨-크네 힌두쓰딴- 자-네왈-라-/자-네왈-리- 훙-) 인도에 갈 것입니다.

2. 부정사의 단순사격이 देना(데나-)동사와 함께 '허락하다, -하게 하다'라는 뜻으로 사용됩니다.

अब मुझे(=मुझको) जाने दें । 나를 지금 가게 허락하십시오.
(압 무제ʰ(=무즈ʰ꼬) 자-네 뎅)

3. 형용사 लायक़(라-야끄), योग्य(요겨) ('-할 만한 가치가 있다')는 단순사격부정사와 결합합니다.

दिल्ली देखने लायक़/योग्य है । 델리는 볼 만하다.
(딜리- 데크네 라-야끄/요겨 해)

※ लगना(라그나-)동사가 '(-하기) 시작하다'라는 뜻으로 사용될 때 부정사의 단순사격이 옵니다.

मैं कल से काम करने [लगूँगा/ लगूँगी] । 나는 내일부터 일을 하기 시작하겠다.
(맹 깔 쎄 깜- 까르네 라궁-가-/라궁-기-)

◉• टिप

크리켓 관련 표현

आज के खेल में विकेट कीपर कौन है?　오늘 경기에서 위켓키퍼는 누구입니까?
(아-즈 께 켈 멩 위께뜨 끼-빠르 꼬운 해?) [खेल 켈; 경기, 놀이, विकेट कीपर 위께뜨 끼-빠르;
위켓키퍼, 포수]

अभी बल्लेबाज़ी कौन कर रहा है?　지금 누가 타격을 하고 있습니까?
(아비ʰ- 발레바-지- 꼬운 까르 라하- 해?) [बल्लेबाज़ी 발레바-지-; 타격]

वह तो शानदार बल्लेबाज़/गेंदबाज़ है । 그는 훌륭한 타자/투수입니다.
(베헤 또 샨-다-르 발레바-즈/겐드바-즈 해) [बल्लेबाज़ 발레바-즈; 타자, गेंदबाज़ 겐드바-즈; 투수]

बल्लेबाज़ ने छक्का/चौका मारा है । 타자가 6점(홈런)/4점을 쳤다.
(발레바-즈 네 착까-/쪼우까- 마-라 해) [छक्का 착까-; 6점, चौका 쪼우까-; 4점,
मारना 마-르나-; 치다, 때리다]

गेंदबाज़ ने गेंद उछाल दी है । 투수가 공을 던졌다.
(겐드바-즈 네 겐드 우찰- 디- 해) [गेंद 겐드; 공, ;(위로) उछालना 우찰-르나-; (위로) 던지다]

सांस्कृतिक जानकारी

인도의 국기는 필드하키라고 알려져 있습니다. 그러나 인도에서 가장 인기 있는 경기는 크리켓입니다. 크리켓은 한 팀이 11명으로 구성되어 있고 두 팀이 교대로 공격과 수비를 하면서 공을 배트로 쳐서 많은 점수를 얻은 팀이 승리하게 됩니다. 타자가 계속 득점할 수 있어서 이 운동은 언제 끝날 줄 모르는 경기입니다. 공식적으로 5일 정도를 경기일정으로 잡는다고 합니다. 그러나 하루에 끝나는 경기(One Day International)도 있습니다. 크리켓은 영국에서 가장 먼저 시작되어 현재 영연방국가에서 아주 인기 있는 경기가 되었습니다. 인도에서도 크리켓 선수들은 국민들의 영웅으로 대접받고 있고 특히 파키스탄과의 경기가 있는 날이면 전 인도가 열광합니다. 인도에 진출한 삼성과 LG는 크리켓 월드컵을 공식후원하고 있습니다. 크리켓은 배트와 공만 있으면 어디에서나 할 수 있는 아주 융통성 있는 운동이라고 할 수 있습니다. 인도 어디에 가도 남자아이들이 크리켓을 하는 모습을 쉽게 볼 수 있습니다.

अध्याय 19
50 오늘이 며칠이지요?　51 '홀리'는 봄의 축제입니다.
52 대단히 감사합니다.

'홀리축제'중인 힌디어를 공부하는 유학생들

오늘이 며칠이지요? आज कौन सी तारीख़ है?

(아-즈 꼬운 씨- 따-리-크 해?)

50
पाठ

연도와 날짜의 표현법이 영어의 표현법과 비슷한 듯하면서도 조금 다른 것을 익혀둡시다.

वार्तालाप

क: आज आप दफ़्तर नहीं जा रहे हैं?
(아-즈 압- 다프따르 네힝~ 자- 라헤 행?)

ख: आज छुट्टी है ।
(아-즈 춋띠- 해)

क: आज कौन सी तारीख़ है?
(아-즈 꼬운 씨- 따-리-크 해?)

ख: आज छब्बीस जनवरी है ।
(아-즈 챱비-쓰 잔바리- 해)

आज भारत का गणतंत्र दिवस है ।
(아-즈 바ʰ-라뜨 까- 간딴뜨르 디바쓰 해)

शब्दावली

तारीख़ (따-리-크) 날짜: 역사적 사건의 날

दफ़्तर (다프따르) 사무실

छुट्टी (춋띠-) 휴일: 휴가: 방과후, 일과 후

छब्बीस (챱비-쓰) 26

भारत (바ʰ-라뜨) 인도

गणतंत्र (간딴뜨르) 공화제: 공화국

दिवस (디바쓰) 날

गणतंत्र दिवस (간딴뜨르 디바쓰) 인도연방공화국기념일

가 : 오늘 당신 사무실에 가지 않습니까?

나 : 오늘 휴일입니다.

가 : 오늘이 며칠이지요?

나 : 오늘이 1월 26일입니다.

　　　오늘 인도의 공화일(Republic Day)입니다.

◉• अभिव्यक्तियाँ

✎ आज आप दफ़्तर नहीं जा रहे हैं?

(아-즈　압-　다프따르 네힝~ 자- 라헤 행?)

आप(압-)을 주어로 하는 현재진행형의 부정문으로 의문표지 **क्या**(꺄-)가 생략되어 있습니다. 의미로 보면 **आप अभी तक दफ़्तर नहीं गए हैं**(압- 아비ʰ- 따끄 다프따르 네힝~ 가에 행; 당신이 사무실에 아직까지 가지 않았다)입니다. 현재의 시점에서 행위가 완료되지 않음을 표현하고 있어 현재완료시제의 부정문이 올 수 있습니다. 그러나 힌디어에서 현재진행형이나 현재완료형의 부정문은 흔하지 않습니다.

✎ आज कौन सी तारीख़ है?

(아-즈　꼬운　씨- 따-리-크 해?)

तारीख़(따-리-크; 날짜)가 여성명사이기 때문에 **कौन सा**(꼬운 싸-; 어떤 종류의, 무슨)의 **सा**(싸-)가 **सी**(씨-)로 변화였습니다. **कौन सा**(꼬운 싸-) 대신 의문사 **क्या**(꺄-; 무엇)가 관형적으로 **तारीख़** 앞에 올 수도 있고 의문사로서 동사 앞 즉 **तारीख़**(따-리-크) 뒤에 올 수도 있습니다.

　　आज क्या तारीख़ है? (오늘 무슨 날짜입니까?)

　　(아-즈 꺄- 따-리-크 해?)

　　आज तारीख़ क्या है? (오늘 날짜가 무엇입니까?)

　　(아-즈 따-리-크 꺄- 해?)

✎ आज छब्बीस जनवरी है ।

(아-즈 찹비-쓰　잔바리- 해)

달(月)과 날짜를 함께 표현할 때의 어순이 날짜(**छब्बीस** 찹비-쓰; 26)가 먼저 오고 달(**जनवरी** 잔바리-; 1월)이 나중에 옵니다.

𝄃 व्याकरण

🖌 날짜와 연도 읽는 법

달(月)과 날짜를 표현할 때 먼저 날짜가 오고 다음에 달이 옵니다. 이때 1일은 서수로 오고 서수 **पहला**(뻬흘라–;첫 번째)가 생략된 여성명사 **तारीख़**(따–리–크; 날짜)에 일치하여 **पहली**(뻬흘리–)로 어형 변화합니다. 2일부터는 기수를 사용합니다.

पहली नवम्बर (को) 11월 1일(에)　　**दो नवम्बर (को)** 11월 2일(에)
(뻬흘리– 나밤바르　　(꼬))　　　　　　(도　나밤바르　　(꼬))

नवम्बर की दो तारीख़(को) (나밤바르 끼– 도 따–리–크 (꼬); 11월의 2일에)라고 표현할 수 있습니다. 달을 쓰지 않고 날짜만 이야기 할 때는 일반적으로 **तारीख़**(따–리–크)를 생략하지 않습니다.

연도를 읽을 때는 영어와 같이 천, 백 단위와 십, 일 단위를 함께 읽습니다. 힌디어에서는 천, 백 단위에서 백이라는 숫자를 생략하지 않습니다. 2000년대에는 **हज़ार**(하자–르; 천)라는 단위를 씁니다.

सन(싼) 1990 (= **उन्नीस सौ नब्बे**운니–쓰 쏘우 납베) **(में** 멩) 1990년(에)
सन(싼) 2011 (= **दो हज़ार ग्यारह**도 하자–르 갸–라하) **(में** 멩) 2011년(에)

날짜와 연도를 다 쓸 때는 날짜, 달, 연도의 순으로 옵니다.

दो नवम्बर दो हज़ार ग्यारह (में) 2011년 11월 2일(에)
(도　나밤바르　도　하자–르　갸–라하 (멩))

𝄃 टिप

🖌 인도에는 전통과 관련된 명절이나 종교 의례를 지킬 때 사용되는 달력이 있습니다. 인도 고유의 달 이름은 아래와 같습니다.

चैत्र(째뜨러)/**चैत**(째뜨)	**वैशाख**(배샤–크)/**बैसाख**(배싸–ㅅ크)
आषाढ़(아–샤–르ʰ)/**आसाढ़**(아–싸–르ʰ)	**ज्येष्ठ**(즈예슈트)/**जेठ**(제트)
श्रावण(슈라–반)/**सावन**(싸–반)	**भाद्रपद**(바ʰ–드러빠드)/**भादों**(바ʰ–동)
आश्विन(아–슈빈)/**आसिन**(아–씬)/**क्वार**(꼬와–르)	**कार्तिक**(까–르띠끄)/**कातिक**(까–띠끄)
मार्गशीर्ष(마–르그쉬–르슈)/**अगहन**(아가한)	**पौष**(뽀우슈)/**पूस**(뿌–쓰)
माघ(마–그ʰ)	**फाल्गुन**(팔–군)/**फागुन**(파–군)

인도의 고유한 역의 1월은 **चैत्र**(째뜨러)(**चैत** 째뜨)이고 대체로 3월 20일 이후에 시작되고 각 달은 약간의 차이는 있지만 한 달이 30일 안팎으로 되어 있습니다.

사ंस्कृतिक जानकारी

독립운동을 주도하던 인도국민회의당은 1929년 라호르(**लाहौर**라-호우르) 전당대회에서 새 지도자 자와하랄 네루(**जवाहरलाल नेहरू**자와-하르랄- 네흐루 1889-1964)의 지도 아래 영국통치에 대해 완전독립을 요구하는 결의안을 의결하고 1월 26일을 독립일로 지정했습니다. 1930년 1월 26일 독립일로 지켜진 이후 1월 26일은 독립의 의미를 지닌 날이 되었습니다. 1947년 8월 15일 영국으로부터 독립한 이후 인도는 제헌의회의 활동을 통해 헌법을 제정하였습니다. 그리고 완전 독립을 주장한지 20주년이 되는 1950년에 1월 26일에 헌법을 공포하여 인도가 연방공화국임을 선포하였습니다. 이를 기념하여 해마다 1월 26일 Republic Day(인도연방공화국기념일)를 국경일로 경축하고 있습니다. 이날 델리의 인디아 게이트를 중심으로 대통령 관저로 가는 길 라즈빠트(**राजपथ**라-즈빠트)에서 각 주와 인도 군대가 펼치는 퍼레이드가 장관을 이룹니다. Republic Day의 주인공은 국가의 수반인 대통령이고 대통령은 주빈으로 외국의 수반을 한 명 초대하여 함께 퍼레이드를 참관합니다. 2011년도에는 우리나라 대통령이 주빈으로 초대되어 인도에서 한국의 높아진 위상을 실감하게 하였습니다. Republic Day를 즈음하여 대통령 관저와 정부청사가 있는 라이시나 언덕의 야경도 장관을 이룹니다.

'홀리'는 봄의 축제입니다. होली वसंत का त्यौहार है ।

(홀리– 바싼뜨 까– 또우하–르 해)

51 पाठ

1차적인 의미가 '떨어지다'인 पड़ना(빠르나–)동사의 활용을 살펴봅니다.

वार्तालाप

क: आज का मौसम कितना सुंदर है !
(아–즈 까– 모우쌈 끼뜨나– 쑨다르 해!)

ख: परन्तु मुझे ठंड लग रही है ।
(빠란뚜 무제ʰ 탄드 라그 라히– 해)

क: इस साल होली देर से आ रही है ।
(이쓰 쌀– 홀리– 데르 쎄 아– 라히– 해)

इसलिए ठंड पड़ रही है ।
(이쓸리에 탄드 빠르 라히– 해)

ख: होली क्या है?
(홀리– 꺄– 해?)

क: होली वसंत का त्यौहार है ।
(홀리– 바싼뜨 까– 또우하–르 해)

होली से गर्मी होने लगती है ।
(홀리– 쎄 가르미– 호네 라그띠– 해)

शब्दावली

होली(홀리–) 인도의 대표적 봄 축제

वसंत(바싼뜨), बसंत(바싼뜨) 봄

त्यौहार(또우하–르), त्योहार(또하–르) 축제, 명절

मौसम(모우쌈) 날씨: 기후

परन्तु(빠란뚜) 그러나

ठंड(탄드) 추위: 한기: 감기

साल(쌀–) 해, 연(年)

इसलिए(이쓸리에) 그래서

पड़(빠르)[पड़ना빠르나; 떨어지다: 위치하다,
존재하다: 생기다, 발생하다]동사의 어간

गर्मी(가르미–) 더위: 열: 여름(गर्मियाँ가르미양~)

가 : 오늘 날씨가 얼마나 좋은지요!

나 : 그러나 저는 춥습니다.

가 : 금년에 홀리가 늦습니다.

　　그래서 춥습니다.

나 : 홀리가 무엇인가요?

가 : 홀리는 봄의 축제입니다.

　　홀리부터 더워지기 시작합니다.

अभिव्यक्तियाँ

आज का मौसम कितना सुंदर है !
(아-즈 까- 모우쌈　끼뜨나-　쑨다르 해!)

[주어(आज का मौसम아-즈 까- 모우쌈; 오늘의 날씨) + 의문사 कितना(끼뜨나-; 얼마나) + 형용사(सुंदर쑨다르; 아름다운)]로 된 감탄문입니다. 주어 मौसम(모우쌈)이 남성단수명사이기 때문에 감탄문을 만들어 주는 कितना(끼뜨나-)가 어형 변화하지 않았습니다. 감탄문에서 कितना(끼뜨나-)와 -आ(아-)로 끝나는 형용사는 주어의 성과 수에 일치하여 변화합니다.

날씨와 관련해서 सुंदर(쑨다르; 아름다운)보다 일반적으로 사용되는 형용사는 बढ़िया(바린야-; 아주 좋은, 최고의)입니다. बढ़िया(바린야-)는 -आ(아-)로 끝나는 형용사이지만 어형 변화하지 않습니다.

इसलिए ठंड पड़ रही है ।
(이쓸리에　탄드 빠르 라히- 해)

접속사 इसलिए(이쓸리에; 그래서, 그러므로)는 앞의 내용이 뒤의 내용의 이유, 원인, 근거가 될 때 옵니다. पड़ना(빠르나-)동사는 본동사와 보조동사로 주요하게 사용되는데 이 문장에서와 같이 날씨와 관련하여 본동사로 사용될 때 होना(호나-; 있다)보다 더위나 추위의 정도가 매우 심하다는 뜻을 내포하고 있습니다.

सर्दी की ऋतु में उत्तर भारत में सर्दी होती है ।　겨울철에 북부 인도는 춥습니다.
(싸르디-끼- 리뚜 멩 웃따르 바-라뜨 멩 싸르디- 호띠- 해) [ऋतु리뚜; 계절, 철, सर्दी싸르디-; 추위]

हिमालय में बर्फ़ गिरने पर उत्तर भारत में सर्दी पड़ती है ।　히말라야에 눈이 내리면
(히말-라에 멩 바르프 기르네 빠르 웃따르 바-라뜨 멩 싸르디- 빠르띠- 해)　북부 인도는 (아주) 춥습니다.
[बर्फ़바르프; 눈, गिरना기르나-; 떨어지다, उत्तर웃따르; 북(北)]

व्याकरण

पड़ना (빠르나-) 동사

본동사로 사용될 때 पड़ना (빠르나-) 동사는 떨어지다: 위치하다, 존재하다: 생기다, 발생하다 등의 다양한 의미로 사용되는데 무엇인가 방치되어 있다는 뉘앙스를 주는 경우가 많습니다.

ज़मीन बंजर पड़ी रही । 땅이 황폐하게 버려져 있다.
(자민- 반자르 빠리- 라히-) [**ज़मीन** 자민-; 땅, 토지, **बंजर** 반자르; 황폐한]

보조동사로 사용될 때 पड़ना (빠르나-) 동사는 [여격주어 + 부정사 + पड़ना 빠르나-동사]의 구문에서 부정사가 가리키는 행위가 강제적임을 의미합니다 (36강 문법 참조).

बहुत काम होने के कारण मुझे रोज़ दफ़्तर जल्दी जाना पड़ता है । 일이 많아서 나는
(바후뜨 깜- 호네 께 까란 무제ʰ 로즈 다프따르 잘디- 자-나- 빠르따- 해)   매일 사무실에
일찍 가지 않을 수 없습니다.

또한 의미보조동사로서 본동사의 행위가 돌발적임을 표현합니다.

पिताजी दादाजी के देहांत की ख़बर सुनकर गिर पड़े । 아버지는 할아버지의
(삐따-지- 다-다-지- 께 데한-뜨 끼- 카바르 쑨까르 기르 빠레)   사망 소식을 듣고 쓰러지셨다.
[**दादा** 다-다-; 할아버지, **देहांत** 데한-뜨; 죽음]

टिप

날씨 (मौसम 모우쌈) 관련 표현

जून में मौसम ख़राब रहता है । 6월에는 날씨가 나쁘다.
(준- 멩 모우쌈 카랍- 레흐따- 해)

आजकल बहुत गर्मी पड़ती है । 오늘 아주 덥다.
(아-즈깔 바후뜨 가르미- 빠르띠- 해)

धूप／हवा बहुत तेज़ है । 햇볕／바람이 매우 강하다.
(두ʰ-쁘/하와- 바후뜨 떼즈 해)   [**धूप** 두ʰ-쁘; 햇볕, **हवा** 하와-; 공기, 바람, **तेज़** 떼즈; 강한, 날카로운]

बारिश हो रही है । 비가 오고 있다. [**बारिश** 바-리슈; 비]
(바-리슈 호 라히- 해)

※ 인도의 기후는 대체로 3-4 달의 겨울과 여름 그리고 2달의 우기와 우기 후의 계절로 나누어집니다. 그러나 인도의 전통적 6계절은 **वसंत** (바싼뜨; 봄), **ग्रीष्म／गरमी** (그리-슘/가르미-; 여름), **वर्षा／बरसात** (바르샤-/바르싸-뜨; 우기), **शरत** (샤라뜨; 가을), **हेमंत／जाड़ा／सर्दी** (헤만뜨/자-라-/싸르디-; (초)겨울) 그리고 **शिशिर／पतझड़** (쉬쉬르/빠뜨자ʰ르; (늦)겨울, 잎이 떨어지는 철) 입니다.

सांस्कृतिक जानकारी

홀리는 인도 고유 달력의 12번째 달인 팔군(फाल्गुन팔-군)의 보름, 대개 양력으로 2월이나 3월에 지켜지는 봄의 축제입니다. 이 날 사람들은 '구랄'(गुलाल구랄-)이라는 색깔 있는 고운 곡물가루 또는 '아비르'(अबीर아비-르)라고 불리는 빨간 색 가루를 서로의 얼굴, 목, 머리카락에 뿌리거나 발라주고 분무기로 물감을 탄 물을 뿜어대면서 자신들의 기쁨을 표현합니다. 북을 치고 노래하며 흥에 겨워 춤을 추고 방그(भाँग 방ʰ-그; 대마초)를 먹기도 합니다. 환희와 흥분은 오전 내내 계속되지만 오후가 되면 차분한 분위기에서 목욕을 하면 몸의 묵은 때를 씻어냅니다. 그리고 서로 집을 방문해서 포옹을 하고 '미타이'(मिठाई 미타-이-; 당과)를 나누면서 서로에 대한 미움이나 오해와 같은 마음의 때를 씻어냅니다. 전통적으로 홀리는 이틀 동안 지켜졌다고 합니다. 첫 날에는 마른 나뭇가지나 낙엽을 모아서 태우는 '홀리 연소'가 있었습니다. '홀리 연소'는 겨울의 잔재들을 다 태워버리고 새 봄을 맞는다는 상징성을 가지고 있지만 인도의 신화와도 관계가 있습니다. 불에 타지 않는 초능력을 가진 홀리까(होलिका홀리까-)가 신심이 돈독한 남동생 쁘라흘라드(प्रह्लाद쁘라흘라-드)를 죽이려고 남동생을 품에 안은 채 불타는 장작더미에 앉았습니다. 그러나 홀리까는 재가 되었고 남동생은 불 가운데 웃으며 앉아 있었다고 합니다. 사람들은 악의 소멸과 선의 승리를 기념하여 불을 지피며 홀리축제를 지키게 되었다고 합니다. 인도사람들은 쓸데없는 것을 공개적으로 태우는 것을 홀리라고 부릅니다.

대단히 감사합니다. बहुत-बहुत धन्यवाद ।
(바후뜨　바후뜨　단ʰ야와ー드)

52 पाठ

삶을 넉넉하게 만드는 감사의 표현법을 익혀 둡니다.

वार्तालाप

क: दीवाली आने वाली है ।
(디ー왈ー리ー 아ー네　왈ー리ー 해)

ख: दीवाली तो भारत का सब से बड़ा त्यौहार है न?
(디ー왈ー리ー 또 바ʰ라뜨 까ー 쌉 쎄 바라ー 또우하ー르 해 나?)

क: हाँ । दीवाली बड़ी धूमधाम से मनाई जाती है ।
(항ー.　디ー왈ー리ー 바리ー　둠ʰ담ʰー 쎄 마나ー이ー 자ー띠ー 해)

इस दीवाली पर मेरे यहाँ आइए ।
(이쓰 디ー왈ー리ー 빠르 메레 야항ー 아ー이에)

ख: अवश्य ।
(아바샤)

बहुत-बहुत धन्यवाद ।
(바후뜨 바후뜨　단ʰ야와ー드)

शब्दावली

दीवाली (디ー왈ー리ー) 인도의 대표적인 가을 축제의 이름

धूमधाम (둠ʰー담ʰー) 성대함: 성황: 활기참

मनाई (마나ー이ー) [मनाना 마나ー나ー; 지키다, 경축하다: 달래다: 기원하다]의 완료분사의 여성형

अवश्य (아바샤) 물론: 필히, 분명히: 필연적: 불가피한

가 : 곧 디왈리이네요

나 : 디왈리는 인도의 가장 큰 명절이지 않습니까?

가 : 예. 디왈리가 매우 성대하게 지켜집니다.

　　　이 번 디왈리에 저희 집에 오세요.

나 : 물론입니다. 대단히 감사합니다.

अभिव्यक्तियाँ

इस दीवाली पर मेरे यहाँ आइए ।
(이쓰 디–왈–리– 빠르 메레 야항~ 아–이에)

इस दीवाली पर(이쓰 디–왈–리– 빠르; 이번 디왈리에)에서 후치사 **पर**(빠르)는 '–때에' 라는 뜻을 줍니다.

여기에서 힌디어에서 많이 사용되는 관계사를 소개하기 위해 위의 문장을 관계절의 문장으로 전환시켜 보면 아래와 같습니다.

जब दीवाली आएगी तब मेरे यहाँ आइए । 디왈리가 오면 나의 집에 오십시오.
(잡　디–왈–리– 아–에기– 땁　　메레 야항~ 아–이에)

जब(잡)은 때를 표현하는 관계부사이고 이에 상응하는 상관사는 **तब**(땁)입니다. 관계사 **जब**(잡)은 주절에 나오는 상관사 **तब**(땁)과 연결됩니다. 즉 관계절 **जब दीवाली आएगी**(잡 디–왈–리– 아–에기–)가 주절의 **तब**(땁)과 연결되어 '디왈리가 왔을 때'라고 해석됩니다. 힌디어에는 관계대명사뿐만 아니라 **जब**(잡) ~ **तब**(땁) ~ 과 같은 관계부사 그리고 관계형용사가 있습니다.

अवश्य । बहुत-बहुत धन्यवाद ।
(아바샤.　　바후뜨 바후뜨 단ʰ냐와–드)

अवश्य(아바샤; 물론, 필히, 확실히)는 앞에서 익힌 **ज़रूर**(저루–르; 틀림없이, 분명히), **क्यों नहीं**(꾱 네힝~; 왜 아닙니까, 물론)와 같이 상대방의 제안을 흔쾌히 받아들일 때 사용하는 부사입니다.

बहुत-बहुत धन्यवाद(단ʰ냐와–드; 아주 많이 감사합니다) 에서 **बहुत**(바후뜨)를 두 번 반복하여 의미를 강조하고 있습니다. **बहुत**(바후뜨)를 한 번만 써서 **बहुत धन्यवाद**(바후뜨 단ʰ냐와–드)라고 해도 해석은 '대단히 감사합니다'입니다. **बहुत**(바후뜨)를 반복해서 쓰면 더 강한 감사의 마음을 주고 받을 수 있습니다.

व्याकरण

관계사

힌디어에는 사람이나 사물, 때, 장소, 방법, 양, 질 등을 연결해주는 관계사가 오는 관계절이 많이 사용됩니다. 관계사와 주절에서 관계절을 받는 상관사를 표로 보면 아래와 같습니다.

종류		관계사	상관사
관계대명사		जो(조)	वह(베헤)/वे(베)
관계부사	시간	जब(잡)	तब(땁)
	장소	जहाँ(자항~)	वहाँ(바항~)
		जिधर(지다ʰ르)	उधर(우다ʰ르)
	방법	जैसे(재쎄)	वैसे(배쎄)
관계형용사	양	जितना(지뜨나~)	उतना(우뜨나~)
	질	जैसा(재싸~)	वैसा(배싸~)

위의 관계사를 활용한 문장을 보면 아래와 같습니다.

जो मेरे पास है वह आप का ही है । 내게 있는 것은 바로 당신의 것이다.
(조 메레 빠–쓰 해 베헤 압– 까– 히– 해)

जहाँ बैंक है वहाँ डाकघर है । 은행이 있는 그 곳에 우체국이 있다
(자항~ 뱅끄 해 바항~다–끄가ʰ르 해)

टिप

감사의 표현

धन्यवाद, आप को भी (दीवाली की बधाइयाँ) ! 감사합니다, 당신에게도 (디왈리를 축하합니다).
(단ʰ냐와–드, 압– 꼬 비ʰ– (디–왈–리– 끼– 바다ʰ–이양~))

आपकी बड़ी कृपा/मेहरबानी है । 당신 덕분입니다.
(압–끼– 바리– 끄리빠–/메하르바–니– 해) **[कृपा**🔥끄리빠–, **मेहरबानी**🔥메하르바–니–; 친절, 자비]

मैं [आपका/🔥आपकी] आभारी हूँ । 당신께 신세를 많이 졌습니다.
(맹 압–까–/ 압–끼– 아–바ʰ–리– 훙~) **[आभारी**아–바ʰ–리–; 은혜를 입은, 감사한]

जी नहीं, धन्यवाद/शुक्रिया । 아닙니다, 감사합니다. (거절의 표현)
(지 네힝~, 단ʰ냐와–드/슈끄리야–)

वाह, ख़ूब ! शाबाश ! 야, 대단해, 아주 잘 했어.
(와–흐, 쿱–! 샤–바–슈!) **[ख़ूब**쿱–; 아주 좋은: 잘, 실컷, **शाबाश**샤–바–슈; 칭찬의 말]

디왈리는 인도 고유 달력의 8번째 달인 까르띡끄(**कार्तिक**까-르띠끄)달의 삭일(朔日. 양력으로 10월 또는 11월)에 지켜지는 빛의 축제입니다. 디왈리의 어원은 '디쁘'(**दीप**디-쁘; 우유기름을 넣어 불을 밝히는 종지 모양의 작은 등) + 아왈리(**अवली**아발리-; 줄)의 복합어인 디빠왈리(**दीपावली**디-빠-발리-)에서 나왔습니다. 디왈리가 오면 인도인들은 '알쁘나'(**अल्पना**알쁘나-)라는 색색의 쌀가루로 정교한 문양을 그려 집안을 단장하고 특히 문과 복도를 따라 발자국 문양을 그려 놓습니다. 그리고 집 전체와 마당을 '디쁘'나 색색의 전구 또는 초 등으로 장식합니다. 디왈리 날 밤에 모든 등을 밝혀 칠흑과 같은 어둠을 보름보다 밝게 밝힙니다. 지역마다 형태는 다르지만 디왈리만큼 인도에서 전국적으로 지켜지는 축제는 드물 것입니다. 농민에게는 우기가 시작 될 때 파종한 여름작물을 수확하는 기쁨을 표현하기 위한 감사절이고 상인에게는 새롭게 회계연도를 시작하는 새해를 맞는 축제입니다. 이날 상인들이 부와 번영의 여신 '락슈미'(**लक्ष्मी**락슈미-)를 숭배하는 의식을 행합니다. 상인뿐만 아니라 거의 모든 인도사람들이 락슈미여신을 집안에 맞아들이기 원합니다. 언급한 문과 복도를 따라 그려진 발자국문양은 바로 부와 번영의 여신 락슈미의 도래를 상징합니다. 또한 디왈리는 『라마야나』(**रामायण**라-마-얀)의 주인공이며 비슈누 신의 7번째 화신인 '람'(**राम**람-)과 깊은 연관성을 가지고 있습니다. 그가 14년 동안 귀양살이를 마치고 특히 자신의 아내, 시따(**सीता**씨-따-)를 납치해 갔던 랑까(**लंका**랑까-)왕국의 잔인하고 사악한 왕, '라반'(**रावण**라-반)를 죽이고 아요댜(**अयोध्या**아요댜-)왕국으로 돌아오자 백성들은 이 기쁨을 표현하려고 등을 밝혔고 그 후로 빛이 어두움을, 선이 악을 이긴 것을 상징하여 해마다 디왈리축제를 지켜 오고 있다고 합니다. 디왈리는 우리 나라의 추석+설날쯤 되는 인도 최대의 축제입니다.

무엇? क्या? (꺄-)
어떤 종류? कौन सा? (꼬운 싸-)
누구? कौन? (꼬운)
누구 것? किसका? (끼쓰까)
얼마나? कितना? (끼뜨나)
얼마나 많이? कितने? (끼뜨네)
몇 번? कितनी बार? (끼뜨니- 바-르)
언제? कब? (깝)
언제부터? कब से? (깝 쎄)
어디에? कहाँ? (까항~)
어디까지? कहाँ तक? (까항~ 따끄)
어디에서부터? कहाँ से? (까항~ 쎄)
어느 쪽? किधर? (끼다ʰ르)
어떤? कैसा? (깨싸-)
어떻게? कैसे? (깨쎄)
왜? क्यों? (꾱~)
몇 시? कितने बजे? (끼뜨네 바제)
몇 시간? कितने घंटे? (끼뜨네 간떼)
OK? ठीक है? (티-끄 해)

아버지 पिता (삐따-), बाप (밥-)
어머니 माता (마-따-), माँ (망~)
부모 माँ-बाप (망~밥-), माता-पिता (마-따- 삐따-)
남편 पति (빠띠)
아내 पत्नी (빠뜨니-)
부부 पति-पत्नी (빠띠 빠뜨니-)
아들 बेटा(베따-), पुत्र(뿌뜨르), लड़का (라르까-)
딸 बेटी (베띠-), पुत्री (뿌뜨리-), लड़की (라르끼-)
남자형제 भाई (바ʰ-이-)
여자형제 बहन (베헨)
남매 भाई-बहन (바ʰ-이- 베헨)
친할아버지 दादा (다-다-)
친할머니 दादी (다-디-)
외할아버지 नाना (나-나-)
외할머니 नानी (나-니-)
숙부 चाचा (짜-짜-)
숙모 चाची (짜-찌-)
외삼촌 मामा (마-마-)
외숙모 मामी (마-미-)
이모 मौसी (모우씨-)
이모부 मौसा (모우싸-)
시어머니, 장모 सास (싸-쓰)
시아버지, 장인 ससुर (싸쑤르)
며느리 बहू (바후-)
사위 दामाद (다-마-드)
형부, 매형 जीजा (지-자-)
형수, 새 언니 भाभी (바ʰ-비ʰ-)
처남 साला (쌀-라-)
처제 साली (쌀-리-)

1 एक (에끄)		2 दो (도)	
3 तीन (띤-)		4 चार (짜-르)	
5 पाँच (빵~쯔)		6 छः (체ʰ)	
7 सात (싸-뜨)		8 आठ (아-트)	
9 नौ (노우)		10 दस (다쓰)	
11 ग्यारह (갸-라흐)		12 बारह (바-라흐)	
13 तेरह (떼라흐)		14 चौदह (쪼우다흐)	
15 पंद्रह (빤드라흐)		16 सोलह (쏠라흐)	
17 सत्रह (싸뜨라흐)		18 अठारह (아타-라흐)	
19 उन्नीस (운니-쓰)		20 बीस (비-쓰)	
30 तीस (띠-쓰)		40 चालीस (짤-리-쓰)	
50 पचास (빠짜-쓰)		60 साठ (싸-트)	
70 सत्तर (쌋따르)		80 अस्सी (앗씨-)	
90 नब्बे (납베)		100 सौ (쏘우)	

0 शून्य (슌-녀)
1백 एक सौ (에끄 쏘우)
2백 दो सौ (도 쏘우)
1천 हज़ार (하자-르)
1만 दस हज़ार (다쓰 하자-르)
십만 लाख (라-크)
백만 दस लाख (다쓰 라-크)
천만 करोड़ (까로르)
1억 दस करोड़ (다쓰 까로르)
십억 अरब (아라브)
백억 दस अरब (다쓰 아라브)
천억 खरब (카라브)
조 दस खरब (다쓰 카라브)

7월 जुलाई (줄라-이-) 8월 अगस्त (아가쓰뜨)
9월 सितम्बर (씨땀바르)
10월 अक्टूबर (악뚜-바르)
11월 नवम्बर (나밤바르)
12월 दिसम्बर (디쌈바르)
일요일 रविवार (라비와-르)
월요일 सोमवार (쏨와-르)
화요일 मंगलवार (망갈와-르)
수요일 बुधवार (부드ʰ와-르)
목요일 वृहस्पतिवार (브리하쓰빠띠와-르)
(गुरूवार) (구루와-르)
금요일 शुक्रवार (슈끄러와-르)
토요일 शनिवार (샤니와-르)

서수

첫째 पहला (뻬헬라-) 둘째 दूसरा (두-쓰라-)
셋째 तीसरा (띠쓰라-) 넷째 चौथा (쪼우타-)
다섯째 पाँचवाँ (빵~쯔왕~)
여섯째 छठा (차타-)
일곱째 सातवाँ (싸-뜨왕~)
일곱째 सातवाँ (싸-뜨왕~)
이후는 [기수 + वाँ (왕~)]입니다.
여덟째 आठवाँ (아-트왕~)
아홉째 नौवाँ (노우왕~)
열째 दसवाँ (다쓰왕~)
열한 번째 ग्यारहवाँ (갸-라흐왕~)

시간과 때

그제 परसों (빠르쏭)
낮 दिन (딘)
나중에 बाद में (바-드 멩)
날짜 तारीख़ (따-리-크)
내일 कल (깔)
늘 हमेशा (하메샤-)
때때로 कभी-कभी (까비ʰ- 까비ʰ-)
모레 परसों (빠르쏭)
바로 지금 अभी (아비ʰ-)
밤 रात (라-뜨)
빨리 जल्दी (잘디-)
새벽 भोर (보ʰ르)
어제 कल (깔)
아침 सुबह (쑤베헤)
오늘 आज (아-즈)
오전에 सवेरे (싸베레)
오후에 दोपहर को (도쁘하르 꼬)
요일 दिन (딘)

달(月), 요일

1월 जनवरी (잔바리-) 2월 फ़रवरी (파르바리-)
3월 मार्च (마-르쯔) 4월 अप्रैल (아쁘랠)
5월 मई (마이-) 6월 जून (준-)

일분 एक मिनट (에끄 미나뜨)
자주 अक्सर (악싸르)
저녁 शाम (샴-)
지금 अब (압)
정오 दोपहर (도쁘하르)
즉시 फ़ौरन (포우란)
천천히 धीरे (디ʰ-레)
한 시간 एक घंटा (에끄 간따-)
한 번 एक बार (에끄 바-르)

남쪽 दक्षिण (닥쉰)
동쪽 पूर्व (뿌-르브)
북쪽 उत्तर (웃따르)
서쪽 पश्चिम (빠슈찜)
오른쪽 दाईं ओर (다-잉- 오르)
왼쪽 बाईं ओर (바-잉- 오르)
뒤에 पीछे (삐-체)
밑에 नीचे (니-쩨)
밖에 बाहर (바-하르)
안에 अंदर (안다르)
앞에 आगे (아-게)
여기 यहाँ (야항-)
위에 ऊपर (우-빠르)
이쪽 इधर (이다ʰ르)
저기 वहाँ (바항-)
저쪽 उधर (우다ʰ르)

가다 जाना (자-나)
가르치다 पढ़ाना (빠라ʰ-나)

सिखाना (씨카-나)
가져오다 लाना (라-나), ले आना (레 아-나)
갖다 लेना (레나)
거짓말하다 झूठ बोलना (주ʰ-트 볼르나)
건너다 पार करना (빠-르 까르나)
걸리다(시간) लगना (라그나)
계산하다 हिसाब करना (히쌉- 까르나)
고치다 ठीक करना (티-끄 까르나)
공부하다 पढ़ना (빠르ʰ나)
구하다 बचाना (바짜-나)
기다리다 इंतज़ार करना (인뜨자-르 까르나)
प्रतीक्षा करना (쁘라띡-샤- 까르나)
내리다 उतरना (우따르나)
노래하다 (गाना) गाना ((가-나) 가-나)
노력하다 कोशिश करना (꼬쉬슈 까르나)
닫다 बंद करना (반드 까르나)
대답하다 जवाब देना (자와-브 데나)
उत्तर देना (웃따르 데나)
대화하다 बात करना (바-뜨 까르나)
던지다 डालना (달-르나)
도와주다 मदद करना (마다드 까르나)
도착하다 पहुँचना (빠훙쯔나)
돌다 मुड़ना (무르나)
돌리다 मोड़ना (모르나)
돌아오다 वापस आना (와-빠쓰 아-나)
듣다 सुनना (쑨느나)
들다 उठाना (우타-나)
떠나다 छूटना (추-뜨나)
떨어지다 पड़ना (빠르ʰ나)
마시다 पीना (삐-나)
만나다 मिलना (밀르나)
만지다 छूना (추-나)
만들게 하다 बनवाना (반느와-나)
만들다 बनाना (바나-나)
만들어지다 बनना (반느나)

말하다 कहना (께흐나-), बोलना (볼르나-)
머물다 रूकना (루끄나-), ठहरना (떼헤르나-)
먹다 (खाना) खाना ((카-나-) 카-나-)
목욕하다 नहाना (나하-나-)
묻다 पूछना (뿌-츠나-)
바꾸다 बदलना (바달르나-)
받다 लेना (레나-)
배우다 पढ़ना (빠르ʰ나-), सीखना (씨-크나-)
벗다 उतारना (우따-르나-)
보내다 भेजना (베ʰ즈나-)
보여주다 दिखाना (디카-나-)
부르다 बुलाना (불라-나-)
사다 ख़रीदना (카리-드나-)
사랑하다 प्रेम करना (쁘렘 까르나-)
사용하다 इस्तेमाल करना (이쓰떼말- 까르나-)
살다 रहना (레흐나-)
세다 गिनना (긴느나-)
세우다 रोकना (로끄나-)
씻다 धोना (도ʰ나-)
쉬다 आराम करना (아-람- 까르나-)
시작하다 आरंभ करना (아-람브ʰ 까르나-)
          शुरू करना (슈루- 까르나-)
쓰다(글을) लिखना (리크나-)
앉다 बैठना (배트나-)
알다 जानना (잔-느나-)
알려주다 बताना (바따-나-)
열다 खोलना (콜르나-)
열리다 खुलना (쿨르나-)
오다 आना (아-나-)
오르다 चढ़ना (짜르ʰ나-)
요구하다 माँगना (망~그나-)
완료되다 चुकना (쭈끄나-)
요리하다 पकाना (빠까-나-)
울리다(벨이) बजना (바즈나-)
움직이다 चलना (짤르나-)

움직이게 하다 चलाना (짤라-나-)
웃다 हँसना (항ʰ쓰나-)
원하다 चाहना (짜-흐나-)
이해하다 समझना (싸마즈ʰ나-)
인정하다 मानना (만-느나-)
일하다 काम करना (깜- 까르나-)
읽다 पढ़ना (빠르ʰ나-)
잃다 खोना (코나-)
입다 पहनना (뻬헨느나-)
자다 सोना (쏘나-)
잡다 पकड़ना (빠까르나-)
전화하다 फ़ोन करना (폰 까르나-)
좋아하다 पसंद करना (빠싼드 까르나-)
          पसंद आना (빠싼드 아-나-)
주다 देना (데나-)
채우다 भरना (바ʰ르나-)
죽다 मरना (마르나-)
초대하다 निमंत्रण करना (니만뜨란 까르나-)
춤추다 नाचना (나-쯔나-)
팔다 बेचना (베쯔나-)
하다 करना (까르나-)
할 수 있다 सकना (싸끄나-)

형용사

색깔

갈색 भूरा (부ʰ-라-)
검정색 काला (깔-라-)
노란색 पीला (삘-라-)
보라색 बैंगनी (뱅가니-)
분홍색 गुलाबी (굴라-비-)
빨간색 लाल (랄-)
오렌지색 नारंगी (나-랑기-)
파란색 नीला (닐-라-)

초록색 हरा (하라-)
하얀색 सफ़ेद (싸페드)

상태와 형태

가벼운 हल्का (할까-)
가짜의 नक़ली (나끌리-)
건강한 स्वस्थ (쓰와쓰트)
기름진 चिकना (찌끄나-)
긴 लंबा (람바-)
깊은 गहरा (게흐라-)
깨끗한 साफ़ (싸-프)
나쁜 बुरा (부라-), ख़राब (카랍-)
넓은 चौड़ा (쪼우라-)
더러운 गंदा (간다-)
딱딱한 कड़ा (까라-)
뚱뚱한 मोटा (모따-)
마른 पतला (빠뜰라-)
무거운 भारी (바ʰ-리-)
바쁜 व्यस्त (뱌쓰뜨)
비싼 महँगा (메헹가-)
새로운 नया (나야-)
설은 कच्चा (깟짜-)
오래된 पुराना (뿌라-나-)
위험한 ख़तरनाक (카따르나-끄)
연한 नरम (나람), मुलायम (물라-얌)
이상한 अजीब (아집-)
익은 पक्का (빠까-)
작은 छोटा (초따-)
재미있는 दिलचस्प (딜짜쓰쁘)
좋은 अच्छा (앗차-)
진짜의 असली (아쓸리-)
짙은 गहरा (게흐라-)
짧은 छोटा (초따-)
큰 बड़ा (바라-)
틀린 ग़लत (갈라뜨)
훌륭한 बढ़िया (바리ʰ야-)

흥미로운 रोचक (로짜끄)

감각과 미각

달콤한 मीठा (미-타-)
뜨거운 गर्म (가름)
맛있는 स्वादिष्ट (쓰와-디슈뜨)
　　　मज़ेदार (마제다-르)
매운 तीखा (띠-카-)
신 खट्टा (캇따-)
싱거운 फीका (피까-)
쓴 कडुआ (까루아-), कड़वा (까르와-)
짠 नमकीन (나므낀-)
차가운 ठंडा (탄다-)

인도음식

바ʰ-뜨(भात) 밥
짜-발(चावल) 쌀 또는 밥
짜빠-띠-(चपाती🔥), 로띠-(रोटी🔥) 통밀 빵
뿌-리-(पूड़ी🔥) 기름에 튀긴 빵
빠랑~-타-(परॉंठा) 기름에 구운 통밀 빵
달-(दाल🔥) 콩 수프
따르까-리-(तरकारी🔥) 국물이 있는 야채 반찬
싸-그(साग) 마른 채소 반찬
쌀라-드(सलाद) 인도식 샐러드
아짜-르(अचार) 피클
라-에따(रायता) 썬 야채를 넣은 시큼하고 짭짤한
'다히'(커드)
짜뜨니-(चटनी🔥) 신선한 소스
빠-빠르(पापड़) 둥글 납작한 모양의 콩 칩
다히-(दही) 떠 먹는 요구르트
키쯔리-(खिचड़ी🔥) 죽

남부인도음식

이들리-(इडली🔥) 쌀과 콩을 불렸다가 갈아서 찐
담백한 맛의 빵

도싸–(डोसा) 쌀과 콩을 불렸다가 갈아서 철판에 구운 얇고 바삭바삭한 음식

웃따빰(उत्तपम) 쌀과 콩을 불렸다가 갈아서 둥글 넙적하게 지진 음식

쌍~바르(साँबार) 야채가 들어간 남부인도의 콩 수프

무글라이음식

까밥–(कबाब) 꼬챙이에 끼워 불에 직접 구운 음식

꼬프따–(कोफ्ता) 갈은 고기나 야채를 경단처럼 만들어 소스에 내놓는 음식

딴두–리– 치킨(तंदूरी चिकन) '딴두르'(तंदूर 딴두–르; 화덕)에서 구운 양념한 닭

꼬르마–(कोरमा) 닭고기나 양고기를 야채 등과 함께 요리한 진한 국물의 갈색 음식

난–(नान) '딴두르'에서 구운 백밀빵

비르야–니–(बिरयानी) 닭고기나 양고기를 넣어 양념하여 볶은 밥

뿔라–우(पुलाव) 고기나 야채를 향신료와 함께 우유 기름에 볶은 밥.

음료

빠–니–(पानी) 물

우블라– 후아– 빠–니–(उबला हुआ पानी) 끓인 물

미네랄 와–따르(मिनरल वाटर) 광천수

짜–에(चाय) 인도 홍차

두–드ʰ왈–리– 짜–에(दूधवाली चाय) 우유홍차

마쌀–라– 짜–에(मसाला चाय) 향신료 넣고 끓인 우유홍차

랏씨–(लस्सी) '다히'(커드)에 물과 향신료를 넣어 섞은 음료

맛타–(मट्ठा) '다히'(커드)를 저어서 기름을 뺀 음료

라쓰(रस) 주스

까–피–(काफ़ी) 커피

두–드ʰ(दूध) 우유

샤랍–(शराब) 술

스낵

싸모싸–(समोसा) 향신료로 맛을 낸 감자를 소로 넣고 튀긴 삼각형의 인도식 만두

바라–(बड़ा) 콩류를 갈아서 둥글게 튀긴 음식

다히– 바라–(दही बड़ा) '다히'(커드)를 바라 위에 얹어 먹는 음식

골 갑뻬(गोल गप्पा) 작은 원형으로 바삭바삭 튀긴 것 안에 시큼, 달콤하고 시원한 국물을 넣어 먹는 간식

나므낀–(नमकीन) 짭짤하게 양념한 과자와 견과류 간식

빤–(पान) 구장 잎에 빈랑, 석회, 타바코(tabacco) 등을 넣어 먹는 인도인들의 대표적인 기호식품

과일, 견과

구아바 अमरूद (아므루드)

귤 संतरा (싼뜨라–), किन्नू (끼누–)

레몬 निम्बू (님부–)   망고 आम (암–)

무화과 अंजीर (앙자–르)   바나나 केला (껠라–)

배 नाशपाती (나–슈빠–띠–)   사과 सेब (쎄브)

수박 तरबूज़ (따르부–즈), तरबूज़ा (따르부–자–)

석류 अनार (아나–르)

오렌지 नारंगी (나–랑기–)

자두 जामुन (자–문)

잭푸르트 कटहल (까뜨할)

찌구(감과 같은 갈색 과일) चीकू (찌–꾸–)

참외 खरबूज़ा (카르부–자–)

코코넛 नारियल (나–리얄)

파인애플 अनन्नास (아난나–쓰)

파파야 पपीता (빠삐–따–)

포도 अंगूर (앙구–르)

건포도 किशमिश (끼샤미샤)

대추야자 खजूर (카주–르)

땅콩 मूंगफली (뭉–그팔리–)

아몬드 बादाम (바–담–)   호도 अखरोट (아크로뜨)

캐슈너트 काजू (까–주–)

피스타치오 पिस्ता (삐쓰따–)

가지 बैंगन (뱅간)
감자 आलू (알-루-)
강낭콩(잎 채 먹는) सेम (쎔)
고구마 शकरकंद (샤까르깐드)
당근 गाजर (가-자르)
레이디스 핑거 भिंडी (빈디-)
무 मूली (물-리-)
박 लौकी (로우끼-)
시금치 पालक (빨-라끄)
양배추 बंदगोभी (반드고비-)
양파 प्याज़ (빠-즈)
완두콩 मटर (마따르)
오이 खीरा (키-라-)
     ककड़ी (까끄리-; 가는 오이)
콜리플라워 फूलगोभी (풀-고비-)
토마토 टमाटर (따마-따르)
파 हरा प्याज़ (하라- 빠-즈)
고추 मिर्च (미르쯔)
풋고추 हरी मिर्च (하리- 미르쯔)
피망 शिमला मिर्च (쉬믈라- 미르쯔)
호박 कद्दू (깟두-)

강황 हल्दी (할디-)
겨자 सरसों (싸르쏭)
계피 दालचीनी (달-찌-니-)
고기 मांस (만-쓰), गोश्त (고슈뜨)
고수풀 धनिया (다니야-)
고추 मिर्च (미르쯔)
달걀 अंडा (안다-)
마늘 लहसुन (레흐쑨)
박하 पुदीना (뿌디-나-)
버터 मक्खन (막칸)

새우 झींगा (징-가-)
생선 मछली (마츨리-)
생강 अदरक (아다라끄)
설탕 चीनी (찌-니-)
소금 नमक (나마끄)
식초 सिरका (씨르까-)
아위 हींग (힝그)
얼음 बर्फ़ (바르프)
우유기름 घी (기-)
육식 मांसाहार (만-싸-하-르)
정향 लौंग (로웅그)
채소 सब्ज़ी (싸브지-)
채식 शाकाहार (샤-까-하-르)
커민 ज़ीरा (지-라-)
타마린드 इमली (이믈리-)
후추 काली मिर्च (깔-리- 미르쯔)
향신료 मसाला (마쌀-라-)

싸-리-(साड़ी) 여성이 착용하는 바느질하지
          않는 원피스
도-띠-(धोती) 하체를 두르는 바느질하지 않은
          남성하의
룽기-(लुंगी) 폭이 60cm 길이가 2m의 얇은
          천으로 남성들이 하반신에 착용
까미-즈(कमीज़) 몸에 붙는 칼라가 있는 셔츠
꾸르따-(कुरता) 칼라가 없고 헐렁하고 긴 셔츠
빠-자-마-(पाजामा) 통이 넓은 남성용 바지
꾸르따-빠-자-마-(कुरता-पाजामा)
인도남성들의 일상복
쌀와-르(सलवार) 모양이 우리나라의 한복에
는 속바지 같은 여성 하의
쌀와-르-까미-즈(सलवार-कमीज़)
인도여성들의 활동적인 일상복

쭈리-다-르 빠-자-마-(चूड़ीदार पाजामा)
통이 좁은 여성용 바지. 젊은 여성들이 착용
레흥가-(लहँगा) 잔주름을 잡은 인도식 긴 치마
삐띠-꼬뜨(पेटीकोट) 사리-(साड़ी)
안에 입는 허리에서 발목까지 오는 속치마
샬(शाल) 주로 겨울철에 보온용으로 사용하는 되는 솔
블라-우즈(ब्लाउज़) / 쫄리-(चोली) 싸리에
맞추어 입는, 몸에 붙는 상의
궁ᷥ-가ʰ뜨(घूँघट) 전통적으로 여성들이 내외 하던
전통적인 베일
두빳따-(दुपट्टा) 크고 넓고 얇은 인도식 스카프

생활용품

가위 कैंची (깬찌-)
거울 आईना (아-이-나-), दर्पण (다르빤)
그릇 बर्तन (바르딴)
끈 पट्टी (빳띠-)
물건 चीज़ (찌-즈), सामान (싸-만-)
바늘 सूई (쑤-이-)
배터리 बैट्री (배뜨리-)
병 बोतल (보딸)
비누 साबुन (싸-분)
샌달 चप्पल (짭빨)
샴푸 शैंपू (샘뿌-)
성냥 माचिस (마-찌쓰)
　　　दियासलाई (디야-쓸라-이-)
손수건 रूमाल (루-말-)
손전등 टोर्च (또르쯔)
솜 रूई (루-이-)
수건 तौलिया (또울리야-)
숟갈 चम्मच (짬마쯔), चमचा (짜마짜-)
시계 घड़ी (가ʰ리-)
실 धागा (다ʰ-가-)
안경 ऐनक (애나끄)

알약 गोली (골리-)
약 दवा (다와-), दवाई (다와-이-)
양말 मोजा (모자-)
양초 मोमबत्ती (몸밧띠-)
유리잔 गिलास (길라-쓰)
잉크 स्याही (쓰야-히-)
재털이 ऐशट्रे (애쉬뜨레), राखदान (라-크단-)
접시 थाली (탈-리-), प्लेट (쁠레뜨)
젓가락 चोपस्टिक (쫍쓰띠끄)
종이 कागज़ (까-가즈)
치약 टूथपेस्ट (뚜-트뻬쓰뜨)
칫솔 टूथब्रश (뚜-트브루슈)
칼 छुरी (추리-), चाकू (짜-꾸-)
컵 प्याला (쁄-라-)
펜 क़लम (깔람), पेन (뻰)
포크 काँटा (깡ᷥ-따-)
풀(접착) गोंद (곤드)

동물

개 कुत्ता (꿋따-)
거북이 कछुआ (까추아-)
고양이 बिल्ली (빌리-)
곰 भालू (발ʰ-루-)
기린 जिराफ़ (지라-프)
낙타 ऊँट (웅ᷥ-뜨)
당나귀 गधा (가다ʰ-)
돼지 सूअर (쑤-아르)
말 घोड़ा (고라-)
뱀 साँप (쌍ᷥ-쁘)
사슴 हिरन (히란)
사자 शेर (셰르), सिंह (씽흐)
소 गाय (가-에), बैल (밸)
양 भेड़ (베ʰ르)

여우 लोमड़ी (로므리-)
염소 बकरा (바끄라-), बकरी (바끄리-)
원숭이 बंदर (반다르)
쥐 चूहा (쭈-하)
코끼리 हाथी (하-티-)
토끼 ख़रगोश (카르고쉬)
표범 चीता (찌-따-)
호랑이 बाघ (바-그ʰ)

새

공작 मोर (모르)
까마귀 कौवा (꼬우와-)
닭 मुर्गा (무르가-), मुर्गी (무르기-)
독수리 गिद्ध (깃드ʰ)
매 बाज़ (바-즈)
백조 हंस (한쓰)
비둘기 कबूतर (까부-따르)
뻐꾸기 कोयल (꼬얄)
솔개 चील (찔-)
앵무새 तोता (또따-)
오리 बत्ख़ (밧따크)
올빼미 उल्लू (울루-)

신체부위

가슴 छाती (차-띠-)
귀 कान (깐-)
눈 आँख (앙̃-크)
다리 टाँग (땅̃-그)
등 पीठ (삐-트)
머리 सिर (씨르)
머리카락 बाल (발-)

목 गर्दन (가르단)
몸 शरीर (샤리-르), बदन (바단)
발 पैर (빼르)
배 पेट (뻬뜨)
뺨 गाल (갈-)
뼈 हड्डी (핫디-)
손 हाथ (하-트)
손가락 उँगली (웅글리-)
심장 हृदय (흐리다에), दिल (딜)
어깨 कंधा (깐다ʰ-)
얼굴 चेहरा (쩨흐라-)
이마 माथा (마-타-)
입 मुँह (뭉̃흐)
입술 होठ (홍̃트)
치아 दाँत (당̃-뜨)
코 नाक (나-끄)
팔 बाँह (방̃-흐)
피 ख़ून (쿤-)
피부 चमड़ा (짜므라-)
허리 कमर (까마르)
허파 फेफड़े (페프레)
혀 जीभ (지-브ʰ)